ལྷ་ས་པོ་ཏ་ལ།
拉薩布達拉宮

ལྷ་སའི་ཇོ་ཁང་གི་གསེར་གྱི་རྒྱ་ཕིབས།

拉薩大昭寺金頂

མངའ་རིས་གུ་གེའི་རྒྱལ་རབས་དུས་ཀྱི་དགོན་སྡེ།

阿里古格王朝寺廟群

甘肅藏敦煌藏文文獻

㉘

甘肅省圖書館卷

GL.t.001 — 095

主　編

李芬林　　勘措吉

編　纂

甘肅省圖書館

敦煌研究院

上海古籍出版社

上海 2021

顧 問

馬 德

主 編

李芬林　勘措吉

副主編

萬瑪項傑　盛岩海　劉 瑛　曾雪梅

編 輯

萬瑪項傑　勘措吉　完麼才讓　萬德冷智

童世峰　韓 磊　王振宇　劉拉毛卓瑪　馬 德

攝 影

盛岩海　陳文斌

責任編輯

府憲展　曾曉紅

༄༈ གནས་སྐུ་ས་ཁྱལ་དུ་ཉར་བའི་ཉུན་ཤོང་བོད་ཡིག་ཡིག་རྙིང་།

㉘

གནས་སྐུ་ཞིང་ཆེན་དཔེ་མཛོད་ཁང་གི་སྐྱགས་བམ།

GL.t.001 — 095

གཙོ་སྒྲིག་པ།

ཡི་ཀྲིང་ལེན། ཁམས་འཚོ་སྐྱིད།

སྒྲིག་སྒྱུར་སྟེ་ལས།

གནས་སྐུའི་ཞིང་ཆེན་རིག་དངོས་ཅུའུ།

ཉུན་ཤོང་ཞིབ་འཇུག་སྐྱིང་།

ཉུང་ཉེ་དཔེ་རྙིང་དཔེ་སྐྲུན་ཁང་།

2021 བོར་ཉུང་ཉེ་ནས།

བློ་འདོན་པ།
སྣ་ཏེ།

གཙོ་སྒྲིག་པ།
ཡི་སྦྱིང་ལེན། ཁམས་འཚོ་སྒྲིད།

གཙོ་སྒྲིག་གཞོན་པ།
གཡུ་རྩིག་པདྨ་དབང་རྒྱལ། ཉིན་ཡིན་ཏེ། ཁུའུ་ཡུག བཅུན་ཞི་མས།

ཚོམ་སྒྲིག་ཁོངས་མི།
གཡུ་རྩིག་པདྨ་དབང་རྒྱལ། ཁམས་འཚོ་སྒྲིད། པདྨ་ཚོ་རིང་། བན་ཏེ་ལྷུན་འགྲུབ།
ཐོང་ཏི་ཐྲིན། ཅན་ལེ། བང་ཀྱིན་ཡོས། དཔའ་རིས་ལྷ་མོ་སྒྲོལ་མ། སྣ་ཏེ།

པར་ལེན་པ།
ཉིན་ཡིན་ཏེ། ཁྱུབ་ཕྱུན་ཡིན།

ཚོམ་སྒྲིག་འགགས་ཁུར་པ།
ཁྱུའུ་ཞན་ཀྱག བཅུན་ཁོ་ཚོང་།

TIBETAN DOCUMENTS FROM DUNHUANG
IN GANSU

㉘

Collected in Gansu Provincial Library
GL.t.001 — 095

CHIEF EDITORS

Li Fenlin   Khamsvtshoskyid

PARTICIPATING INSTITUTION

Gansu Provincial Library

Dunhuang Academy

SHANGHAI CHINESE CLASSICS PUBLISHING HOUSE

Shanghai 2021

CONSULTANT

Ma De

CHIEF EDITORS

Li Fenlin   Khamsvtshoskyid

VICE EDITORS IN CHIEF

Gyurngogpadmadbangrgyal   Sheng Yanhai   Liu Ying   Zeng Xuemei

EDITOR COMMISSION

Gyurngogpadmadbangrgyal   Khamsvtshoskyid   Padmatshering   Bandelhunvgrub

Tong Shifeng   Han Lei   Wang Zhenyu

Dpavrislhamosgrolma   Ma De

PHOTOGRAPHERS

Sheng Yanhai   Chen Wenbin

EDITORS IN CHARGE

Fu Xianzhan   Zeng Xiaohong

總　序

馬　德

　　1900年，封閉千年的敦煌莫高窟藏經洞開啓，出土大量中國古代的寫本、印本和美術品，被看作世界近代考古史上的重大發現。敦煌出土文獻的流散，客觀上也促成了世界範圍内關於敦煌的研究，一百多年間方興未艾。而且由對於敦煌遺書的不斷深入挖掘，研究領域得到不斷拓展，新興學科相繼涌現。

　　敦煌文獻就寫本文獻講，除漢文文獻之外，民族文獻中以藏文文獻最豐，這部分文獻被稱爲敦煌藏文文獻，或曰敦煌吐蕃文獻，頗受學界青睞。敦煌地區保存的大量吐蕃時期的歷史遺迹、遺物和吐蕃古藏文文獻資料，其全面性、完整性和系統性等，在國内外都是獨一無二的。這些文獻詳細而完整地記録了吐蕃治理下的敦煌和隴右地區的政治、經濟、軍事、文化、民族關係。同時，敦煌在吐蕃佔領和治理時期留下了大量的漢文文獻，也記載了吐蕃治理敦煌時期的歷史社會面貌，可以與藏文文獻相對照和印證。國内外學者利用敦煌藏經洞出土的藏、漢文文獻，進行了百餘年深入細致的研究，内容涉及吐蕃文與吐蕃文獻，吐蕃敦煌石窟，吐蕃治理敦煌時期的經濟、政治、歷史、宗教、文化、民俗風情、民族關係等各個領域，吐蕃歷史文化的面貌得以更清晰地展示給世人。

　　同漢文文獻一樣，敦煌藏經洞藏文文獻出土後遭到帝國主義分子的劫掠，劫餘部分後運至北京，並有零星散佈於中國各地。目前遭劫文獻分藏世界各地，大體情況是：海外藏近5000件（號），其中法國國家圖書館藏4200多件，英國國家圖書館藏1400多件，俄羅斯、日本等地也有零星收藏；國外英、法所藏早有目録刊佈；近年來上海古籍出版社與國外收藏單位協商，陸續出版了法、英、俄等所藏敦煌文獻圖録，也包括英、法所藏敦煌藏文文獻圖録。國内敦煌藏文文獻的收藏情況大概是：除中國國家圖書館藏240餘件外，北京大學圖書館、上海博物館、上海圖書館、天津藝術博物館、重慶中國三峽博物館、南京博物院等都有零星收藏，剩餘部分基本上都收藏在甘肅省内各地，以敦煌市博物館收藏數量最多。

　　1910年，清朝政府將敦煌文獻劫餘部分運往北京時，尚留部分藏文寫經於敦煌莫高窟藏經洞，並下令由當地政府將藏文寫經運往甘肅省城蘭州；1920年,甘肅省教育廳指令敦煌知縣“將該項番字經卷，悉數運送來省，交由省圖書館保存”，並派人會同敦煌縣地方政府，共同對所剩的藏文寫經進行了清理查驗。當時，從莫高窟藏經洞内清理出藏文經卷94捆，重440餘斤；帶夾板經書11打，重1744斤。但當時運往蘭州的只是少部分，即卷式寫經“1捆4斤”（約10卷），梵篋寫經“1打66斤”（1076頁），移交甘肅省公立圖書館（今甘肅省圖書館）保管外，剩餘的藏文經卷由莫高窟寺院和敦煌民眾教育館保存。1950年，敦煌縣民眾教育館將近9000頁梵夾式藏文寫經移交敦煌縣文化館（今敦煌市博物館）保存。至於94捆重440餘斤的卷式寫經，除運至蘭州的1卷外，其餘93卷至今無保管和處理情況的記載，流失情況無法得知。從各地陸續發現（包括敦煌研究院和敦煌市博物館所藏）的寫經看，這些應該就是1920年以後流失的文獻；但除了國家圖書館和甘肅省圖書館有明確記載，所藏爲從敦煌運交的一部分，其他各地所藏披露者不足500卷，還有相當數量的敦煌藏文寫經下落不明。

1978年以來，國內專家、學者對甘肅省內各地所藏敦煌藏文文獻先後進行了調查和整理，並有少量的研究成果問世。2004年以來，敦煌研究院組成由我擔任負責人的項目組，對甘肅省內各地所藏敦煌莫高窟藏經洞所出藏文文獻進行全面調查、整理。2005年3月，敦煌研究院將《甘肅各地藏敦煌藏文文獻整理研究》正式批准立爲院級課題。2006年，《甘肅藏敦煌藏文文獻整理研究》又被批准爲教育部人文社會科學重點研究基地重大項目，使得整理工作得以順利進行。2011年9月，《甘肅藏敦煌藏文文獻叙錄》由讀者出版集團甘肅民族出版社出版。

甘肅藏敦煌藏文文獻的價值主要表現在如下三個方面：一是對敦煌吐蕃時期的寫經情況及寫經、校經制度有突出展示，二是有一批內容包括吐蕃上層統治者之間的往來書信、佛教活動的發願文、契約、詩文等重要社會文書，三是保存了吐蕃時期部分重要歷史人物的抄經、校經題記及有關的社會活動記載。這些都對研究敦煌和吐蕃的歷史文化，以及唐代民族交往、早期漢藏關係與民族共識等有重大的歷史和現實意義。

2012年7月，全國古籍整理出版規劃領導小組將《甘肅藏敦煌藏文文獻》大型圖錄批准列入2011—2021國家古籍整理出版規劃項目（第294號）。2012年10月，以本人爲首席專家的敦煌文獻研究所的研究團隊通過競標，從事多年的基礎工作"敦煌遺書數據庫建設"作爲國家社會科學重大招標項目被批准立項，甘肅藏敦煌藏文文獻的數字化工作與圖錄編輯的前期部分工作同步進行。2015年5月，敦煌研究院項目組與上海古籍出版社啓動了圖錄的正式編纂工作，並經申請於2016年4月得到國家出版基金的部分資助。2019年，《甘肅藏敦煌藏文文獻》的出版和數字化工作得到中央相關部委的關注和支持。

從2004年算起，經歷了十幾年連續不斷的編輯、整理和研究工作，在各收藏單位的大力支持和編輯團隊的共同努力下，《甘肅藏敦煌藏文文獻》圖錄30餘冊即將全部面世了。無論是在敦煌文化研究和藏族歷史文化研究等學術領域，還是在甘肅省文物博物館事業推進方面，都是一件劃時代意義的大事。我們期望本圖錄的出版，能夠爲敦煌研究、藏學研究帶來更多的高水平的新成果，推動敦煌和藏學研究的進步和發展，爲展示歷史上中華民族的共同體意識，增強民族凝聚、實現民族復興發揮重要作用。

目　録

GL.t.001 — 095

彩色圖版目録

འགོ་བརྗོད།

ཅུན་ཆོང་ཞིབ་འཇུག་སྐྱིད། སྣ་ཏེ།

སྐྱི་ལོ་༡༠༠ལོར་ཅུན་ཆོང་མའི་ཀའོ་བྲག་ཕུག་ཡང་བཅུ་བདུན་པ་ལས། ལོ་རོ་སློང་ཕྱག་རིང་ལ་གཏེར་དུ་བཞུགས་པའི་ཀུན་གཤོའི་གནའ་ཡིག་ལག་བྲིས་མ་དང་དཔར་མ། རེ་མོའི་བརྩམས་ཆོས་འགོར་ཆེན་བྱུང་ཞིང་དེ་ནི་འཛམ་སྐྱིད་ཀྱི་ཉེ་རབས་གནའ་དཔྱོད་ལོ་རྒྱུས་ཆོད་ཀྱི་གསར་རྙེད་གྲུབ་འབྲས་ཆེས་ཆོ་མཚར་བ་ཞིག་ཏུ་མཐོང་། ཅུན་ཆོང་བྲག་ཕུག་ལས་ཐོན་པའི་ཡིག་རྙིང་འདི་དག་འཛམ་བྲིན་གི་ཡུལ་གྲུ་གནས་ཤོར་བར་བརྟེན་ནས། ཉེ་བའི་ལོ་རོ་བརྒྱ་ཕྱག་ལྐུག་གི་རེ་ལ་འཛམ་སྐྱིང་གི་ཡུལ་ལུང་གནས་ཤོར་ཅུན་ཆོང་གི་སྐོར་ལ་ཞིབ་འཇུག་བྱས་པ་མ་ཟད། ཅུན་ཆོང་ཡིག་རྙིང་ཀྱི་མཐུད་དུ་སྐྱོག་འདོན་གནན་ནས་ཞིབ་འཇུག་གི་ཁྱབ་ཁོངས་རྒྱ་ཆེར་ཕྱིན་ཏེ་རིག་ཚན་གསར་བཞའ་གཅིག་བརྟེས་གཉིས་མཐུད་ཀྱིས་དར།

ཅུན་ཆོང་བོད་ཀྱི་ཡིག་རྙིང་ལག་བྲིས་མ་འདི་དག་ལ་མཚོན་ན། རྒྱ་ཡིག་ཡིག་རྙིང་མ་གཏོགས་པའི་མི་རིགས་ཁག་གི་ཡིག་རྙིང་ཁོང་བརྗོད་བྱ་དང་རྗོད་བྱེད། གསང་འགྱུར་ སོགས་གང་ཅིའི་ཐད་ནས་ཕུན་སུམ་ཚོགས་ཤོས་དེ་ཡིན། དེར་བརྟེན་ཅུན་ཆོང་རིག་གཞུང་ཞིབ་འཇུག་ཁོ་ན་ཅུན་ཆོང་བོད་ཡིག་ཡིག་རྙིང་ངམ་ཅུན་ཆོང་བོད་བཙན་པའི་ཡིག་རྙིང་ཞེས་གཏང་འཛོག་ཞིན་ཏུ་མཐོན་པོ་གནན་གཞིན་ཡོད། ཅུན་ཆོང་ས་ཁུལ་ནས་རྙེད་པའི་བོད་བཙན་པོའི་དུས་སྐབས་ཀྱི་ཕྱལ་ཏེན་དང་བོད་ཡིག་ཡིག་རྙིང་ལྷ་ཕུའི་ཁྱབ་རྒྱ་ཆེ་ཞིང་འཕྱས་སྨྲ་ཚོང་བ། མ་ལག་དང་སྐྲུན་པ་ཞིག་འཛམ་སྐྱིང་ཡུལ་གྲུ་གཞན་གང་དུའང་མ་མཆིས་སོ།།

ཡིག་རྙིང་འདི་དག་ནས་བོད་བཙན་པོའི་དབང་ལོག་གི་ཅུན་ཆོང་དང་ཡུན་ཡུག་ས་ཁུལ་ཀྱི་ཆབ་སྲིད་དང་། དཔལ་འབྱོར། དམག་དོན། རིག་གནས། མི་རིགས་ཕན་ཚུན་བར་ཀྱི་འབྲེལ་བ་སོགས་ཞིབ་ཕྲར་བཀོད་ཡོད། དེ་བཞིན་དུ་བོད་བཙན་པོས་ཅུན་ཆོང་དབང་བསྒྱུར་གནན་སྐབས་ཀྱི་རྒྱའི་ཡིག་རྙིང་མང་པོའི་ནང་དུའང་སྐབས་དེའི་ལོ་རྒྱུས་དང་སྐྱི་ཚོགས་རྣམ་པ་བཀོད་ཡོད་པས་བོད་རྒྱ་ཡིག་རྙིང་ཁག་ཞན་སྟུར་ནས་ཞིབ་འཇུག་གི་དབང་པོ་བྱུང་ཚོག ལོ་རོ་བརྒྱ་ཕྱག་སྦྲག་ལ་རྒྱལ་ཁབ་ཕྱི་ནང་གི་ཞིབ་འཇུག་པ་རྣམས་ཀྱིས་ཅུན་ཆོང་བྲག་ཕུག་ནས་ཐོན་པའི་བོད་ཀྱི་ཡིག་རྙིང་སྐུད་དེ་བོད་ཀྱི་ཡི་གི་དང་ཡིག་ཆད། བོད་བཙན་པོའི་སྐབས་ཀྱི་ཅུན་ཆོང་བྲག་ཕུག དེ་བཞིན་དུ་ཅུན་ཆོང་གི་དཔལ་འབྱོར་དང་། ཆབ་སྲིད། ལོ་རྒྱུས། ཆོས་ལུགས། རིག་གནས། དམངས་སྲོལ། མི་རིགས་ཁག་གི་འབྲེལ་བ་སོགས་ལ་ཞིབ་འཇུག་གཏིང་ཟབ་བྱས་པ་བརྐྱུད་ནས་བོད་བཙན་པོའི་དུས་ཀྱི་ལོ་རྒྱུས་དང་རིག་གནས་ཀྱི་བྱུད་བཞིན་གསལ་པོར་བསྟན་ཡོད།

ཅུན་ཆོང་བོད་ཡིག་ཡིག་རྙིང་རྣམས་རྒྱའི་ཡིག་རྙིང་དང་འདྲ་བར་ཅུན་ཆོང་བྲག་ཕུག་ནས་སྐྱོར་ཕོན་ཏེས་བཙན་རྒྱལ་རིང་ལུགས་ལས་འཕྲོགས་ཤིང་དེའི་ལྷག་མ་ཁག་ཅིག་པོ་ཅིག་ཏུ་བསྐལ་བ་ཡིན། གཞན་ཀུན་བོའི་ས་གནས་སྐོར་ཞིག་ཏུ་ལ་འཕོར་དུ་སོད་བཞའ་

ཡོད། ཨིག་སྦྱར་འཛོམ་སྐྱིང་གི་ཡུལ་གྱུ་སོ་སོར་ཉར་བའི་ཆུན་ཏོང་བོད་ཡིག་ཡིག་རྐྱེན་གི་གནས་ཚུལ་མདོར་བསྡུས་ཤིག་འདི་ལྟ་སྟེ། ཕྱི་
སྐྱིང་ན་ཡིག་རྐྱེན་ལྷ་སྤྲོང་ལ་ཉེ་བ་ཉར་བའི་ནན་ཏྲ་རན་པིའི་རྒྱལ་གཉེར་དཔེ་མཛོད་ཁང་ན་བཞི་སྤྲོང་ཉེས་བརྒྱ་ལྷག་དང་། དབྱིན་
ཇིའི་རྒྱལ་གཉེར་དཔེ་མཛོད་ཁང་ན་ཆིག་སྤྲོང་བཞི་བརྒྱ་ལྷག་དེ་མིན་ཡུ་ཏུ་སི་དང་ཉི་ཏོང་སོགས་ནའང་སྣོར་ཞིག་བཞུགས་ཡོད། དབྱིན་
ཇི་དང་ལྷ་རན་སིར་ཉར་ཚགས་བྱས་ཡོད་པ་དེའི་དཀར་ཆག་པར་བསྐྱུན་གནང་ཡོད། ལོ་འདི་གར་ཏུང་ཏེ་གནན་པའི་དཔེ་སྐྱུན་ཁང་
གིས་ཕྱི་རྒྱལ་གྱི་ཆུན་ཏོང་ཡིག་རྐྱེན་ཉར་བའི་ལས་ཁུངས་ཁག་ལ་སྒོས་སོལ་བསྐྱུད་དེ། ལྷ་རན་སི་དང་། དབྱིན་ཇི། ཡུ་ཏུ་སི་སོགས་ཀྱི་
ཆུན་ཏོང་ཡིག་རྐྱེན་ལ་དཀར་ཆག་བཏོས་ཤིང་བསྟུད་མར་པར་ཏུ་བསྐྱུན། དེའི་ནན་དབྱིན་ཇི་དང་ལྷ་རན་སིར་ཉར་བའི་ཆུན་ཏོང་བོད་
ཡིག་ཡིག་རྐྱེན་གི་དཀར་ཆག་ཀྱང་འདུས་ཡོད།

རྒྱལ་ནང་དུ་ཆུན་ཏོང་བོད་ཡིག་ཡིག་རྐྱེན་ལེགས་སྐྱིག་བྱས་པའི་གནས་ཚལ་མདོར་བསྡུས་ཤིག་ནི་འདི་ལྟར་ལགས་ཏེ། གུང་གོའི་
རྒྱལ་ཁབ་དཔེའི་མཛོད་ཁང་དུ་ཡིག་རྐྱེན་ཉིས་བརྒྱ་བཞི་བཅུ་ལྷག་ཉར་ཡོད་ལ། གནན་ཡང་པོ་ཅིན་སྟོབ་ཆེན་གྱི་དཔེ་མཛོད་ཁང་དང་།
ཏུང་ཏེ་དངོས་མང་ཆེན་རྫས་བཀམས་མཛོད་ཁང་། ཏུང་ཏེ་དཔེ་མཛོད་ཁང་། ཐེན་ཅིན་སྐུ་ཚལ་དངོས་མང་ཆེན་རྫས་བཀམས་མཛོད་
ཁང་། ཁྲུང་ཆེན་གྱུང་གོའི་འགྲག་གསུམ་དངོས་མང་ཆེན་རྫས་བཀམས་མཛོད་ཁང་། ནན་ཅིན་དངོས་མང་ཆེན་རྫས་བཀམས་མཛོད་
ཁང་སོགས་ལྷ་ཁ་འབྱོར་སྣོར་ཞིག་ཉར་ཚགས་གནང་ཡོད་པ་དང་། དེའི་ལྷག་མ་རྣམས་ནི་ས་གནས་ཁག་ཏུ་ཉར་ཚགས་གནང་ཡོད། དེ་
དག་ལས་ཆུན་ཏོང་གྲོང་ཁྱེར་དངོས་མང་ཆེན་རྫས་བཀམས་མཛོད་ཁང་དུ་ཉར་བའི་གནས་འབྱོར་ནི་ཆེས་མང་ཤོས་ཡིན།

སྤྱི་ལོ་༡༩༡༠ལོར་ཆེན་སྲིད་གཞུང་གིས་ཆུན་ཏོང་ཡིག་རྐྱེན་བརྒྱ་འབྲིར་བྱས་པའི་ལྷག་འཕྲོ་རྣམས་པེ་ཅིན་དུ་བསྐྱལ་སྐབས་བོར་
ཡིག་ཡིག་རྐྱེན་ལས་ཚོས་དཔེའི་སྣོར་ཞིག་མའོ་ཀའི་བྲག་ཕུག་ཏུ་བཞག་པ་དང་། ས་གནས་སྲིད་གཞུང་ལ་ཚོས་དཔའི་དེ་རྣམས་ཀན་སུའུ་
ཞིང་ཆེན་ལན་ཀྲོའུ་ཁྱེར་ལ་གདན་འདྲེན་དགོས་པའི་བཀའ་ཐབ། སྤྱི་ལོ་༡༩༡༠ལོར་ཀན་སུའུ་ཞིང་ཆེན་སློབ་གསོ་ཐེན་གྱིས་ཆུན་ཏོང་
རྫོང་གི་རྫོང་དཔོན་ལ་ཚོས་དཔའི་རྣམས་ཞིང་ཆེན་དཔེ་མཛོད་ཁང་ལ་བསྐྱལ་ནས་རོ་དས་མཛོད་ཅིག་ཅེས་བཀའ་ཐབ་པ་དང་ཆེན་
དུ་མི་སྐྱ་མངགས་ནས་ཆུན་ཏོང་རྫོང་སྲིད་གཞུང་ལ་བཅར་ཞིང་། དེ་གར་ལྷག་པའི་བོད་ཡིག་གི་ཚོས་དཔའི་རྣམས་ལྷན་ཅིག་ཏུ་ལེགས་
སྐྱིག་དང་ཞིབ་འབྱེར་བྱས། རྣབས་དེར་མའོ་ཀའི་བྲག་ཕུག་ཏུ་བོད་ཡིག་གི་ཚོས་དཔའི་ཕོན་པོ་བཞི་སྟེ་རྒྱ་མ་བཞི་བརྒྱ་བཞི་བཅུ་ལྷག་ཡོད།
ཚོས་དཔའི་སྐྱིགས་ཁིང་ཅན་བཅུ་གཅིག་ཡོད་པར་རྒྱ་མ་ཆིག་སྟོང་བདུན་བརྒྱ་ཞི་བཞི་ཡོད། བོན་ཀྱང་རྣབས་དེར་ལན་གྱུར་བསྐྱལ་བ་ནི་
དེའི་བོད་ཀྱི་ཆ་ཤས་ཚལ་ལས་མ་འདས་ཏེ་ཚོས་དཔའི་ཤོག་ཏིལ་ཕོན་གཉིག་རྒྱ་མ་བཞི་(ཐལ་ཆེར་དུས་པ་བཅུ་ཕྱག་གཉིག) ཚན་ཞིག་
དང་། ཚོས་དཔའི་སྐྱིགས་བས་ཚན་ཁྱུར་གཅིག་རྒྱ་མ་རེ་དུག་(ཁྲིག་གྲངས་ཆིག་སྟོང་)ཡོད་པ་ཚན་ཞིག་ཀན་སུའུ་ཞིང་ཆེན་གྱི་དཔེ་མཛོད་
ཁང་དུ་སྤྱུད་ནས་ཉར་ཚགས་བྱས། ཚོས་དཔའི་ལྷག་འཕྲོ་རྣམས་མའོ་ཀའི་དགོན་དང་ཆུན་ཏོང་དགངས་ཚགས་སྐྱོན་གསོ་ཁང་གིས་རོ་
དས་བྱས་ཤིང་། སྤྱི་ལོ་༡༩༤༠ལོར་གཞི་ནས་ཆུན་ཏོང་རྫོང་རིག་གནས་ཁང་(དེང་གི་ཆུན་ཏོང་གྲོང་ཁྱེར་དངོས་མང་ཆེན་རྫས་བཀམས་
མཛོད་ཁང་)ལ་སྤྱུད་ནས་རོ་དས་བྱས། ཚོས་དཔའི་རྒྱ་མ་བཞི་བརྒྱ་བཞི་བཅུ་ལྷག་ལ་ཕོན་གོ་བཞི་ཡོད་པ་ལས་ལན་ལན་གྱི་ལ་དངོས་སུ་བསྐྱལ་
བ་ནི་ཕོན་གཅིག་སྟེ་གཞན་ཕོན་གོ་གསུམ་ཡོད་པ་དེ་ད་ལྟའི་བར་དུ་གར་སོང་ཆ་མི་འཆལ་ལོ།། ས་གནས་སོ་སོར་(ཆུན་ཏོང་ཞིག་
འདག་སྐྱིང་དང་ཆུན་ཏོང་གྲོང་ཁྱེར་དངོས་མང་ཆེན་རྫས་བཀམས་མཛོད་ཁང་དུ་ཉར་བའི་བའི་ཁོངས་སུ་གཏོགས།)ཉར་བའི་ཆུན་ཏོང་
ཡིག་རྐྱེན་འདི་རྣམས་རིམ་པར་འཚོལ་ཞིབ་དང་དག་སྐྱིག་བྱས་པས་ན། དེ་དག་སྤྱི་ལོ་༡༩༡༠འི་རྗེས་ནས་བོར་བསྐྱལ་བྱུང་བའི་སྣོར་
ཡིན་པ་ཤེས་ཐུབ་པ་དང་། བསྡོམས་པའི་ཤོག་ཏིལ་༥༠༠ལྷག་ལས་མེད་པས་ཤོག་ཏིལ་མང་ཉོས་གནས་སོར་ཆ་མེད་དུ་གྱུར་འདུག་ཀྱང་
གོའི་རྒྱལ་ཁབ་དཔའི་མཛོད་ཁང་དང་ཀན་སུའུ་ཞིང་ཆེན་དཔེ་མཛོད་ཁང་དུ་ཉར་བའི་ཆུན་ཏོང་ཡིག་རྐྱེན་རྣམས་ནི་ཆུན་ཏོང་ནས་
དངོས་སུ་དེ་གར་བསྐྱལ་བ་ཡིན་ལ། དེའི་གནས་ཚལ་ཡང་ཟེན་ཕོ་གསལ་བོར་བཀོད་ཡོད།

སྤྱི་ལོ་༡༩༤འོ་ནས་བཟུང་རྒྱལ་ནང་གི་ཞིབ་འཇུག་པ་དང་ཆེན་མཁས་པ་དག་གིས་ལྷ་གཞུང་དུ་ཀན་སུའུ་ཞིང་ཆེན་གྱི་ས་གནས་

སོ་སོར་ཕྱེ་བའི་དུས་ཚོང་བོད་ཡིག་ཡིག་རྙིང་ལ་ཞིབ་བཤེར་དང་ལེགས་སྒྲིག་བྱས་ནས་དེའི་སྐོར་གྱི་དཔྱད་འབྲས་མང་པོ་ཐོན། སྐྱི་ལོ་༢༠༠༩ལོ་ནས་བཟུང་དུས་ཚོང་ཞིང་འཇུག་སྒྲིག་གིས་ལས་གཞི་དཔུང་ཁག་སྒྲིག་འཇོགས་བྱས་ཤིང་། ཁོ་བོས་ལས་གཞི་གཙོ་སྐྱོང་གི་འགན་ལྷངས་ཏེ་གང་སྨྲའི་ཞིང་ཆེན་གྱི་ས་གནས་སོ་སོར་མའི་ཀཱ་བྲག་ཕུག་ནས་ཐོན་པའི་བོད་ཡིག་ཡིག་རྙིང་ཉར་བར་ཕྱོགས་ཡོངས་ནས་ཞིབ་བཤེར་དང་ལེགས་སྒྲིག་མཛད། སྐྱི་ལོ་༢༠༠༥ལོའི་ཟླ་རྤར་དུས་ཚོང་ཞིང་འཇུག་སྒྲིག་གིས《གང་སུའི་ས་གནས་སོ་སོའི་དུས་ཚོང་བོད་ཡིག་ཡིག་ཆགས་ལེགས་སྒྲིག་དང་ཞིབ་འཇུག》ཅེས་པའི་ལས་གཞིན་དངོས་སུ་ཚོག་མཆན་གནང་བ་དང་། སྐྱི་ལོ་༢༠༠༨ལོར《གང་སུའི་ས་གནས་སོ་སོའི་དུས་ཚོང་བོད་ཡིག་ཡིག་རྙིང་ལེགས་སྒྲིག་དང་ཞིབ་འཇུག》ཅེས་པར་སྐྱོབ་གསོ་སུའི་མི་ཆུལ་སྐྱི་ཚོགས་ཆན་རིག་ཞིབ་འཇུག་སྟེ་གནས་ཀྱི་གལ་ཆེན་ལས་གཞི་ཆེའི་ཚོག་མཆན་ཐོབ་ནས་ལེགས་སྒྲིག་བྱ་བ་བའི་ལྷག་དང་འགུལ། སྐྱི་ལོ་༢༠༡༡ལོའི་ཟླ་པར《གང་སུའི་ཞིང་ཆེན་དུ་ཉར་བའི་དུས་ཚོང་བོད་ཀྱི་ཡིག་རྙིང་དཀར་ཆག》ཅེས་པ་གང་སུའི་མི་རིགས་དཔེ་སྐྲུན་ཁང་ནས་དཔར་དུ་བསྐྲུན།

གང་སུའི་ཞིང་ཆེན་དུ་ཉར་བའི་དུས་ཚོང་བོད་ཡིག་ཡིག་རྙིང་གི་རིན་ཐང་གཙོ་བོ་ཕྱོགས་གསུམ་ནས་མཐོན་པ་འདི་ལྟར་ལགས། གཅིག། བོད་བཙན་པོའི་དུས་སྐབས་ཀྱི་དུས་ཚོང་ས་ཁུལ་གྱི་ཆོས་དཔེའི་དོ་བཞུ་མའི་གནས་ཚུལ་དང་ཆོས་དཔེའི་ཞུ་དག་ལས་ལུགས་ཀྱི་གནས་ཚུལ་གསལ་བོར་བསྟན་ཡོད། གཉིས། བོད་ཀྱི་མཐོ་རིམ་མི་སྣ་ཕལ་ཆེན་བར་གྱི་འབྲེལ་ཡིག་དང་། ཆོས་ལུགས་ཀྱི་སློན་ལས། གན་རྒྱ་སྐྲན་ཚིག་སོགས་གལ་ཆེ་བའི་སྐྱི་ཚོགས་ཡིག་ཆ་སྐོར་གྱི་ནང་དོན་བཞུགས་པ། གསུམ། ཆོས་གཞུང་པོ་བཞུ་དང་ཞུ་དག་གི་མཛད་བྱང་ནས་བོད་ཀྱི་ལོ་རྒྱུས་མི་སྣ་དང་སྐྱི་ཚོགས་བྱ་འགུལ་གྱི་གནས་ཚུལ་བགོད་ཡོད། མཐོར་ན། ཡིག་ཆ་འདི་དག་ནི་དུས་ཚོང་དང་བོད་བཙན་པོའི་ལོ་རྒྱུས་རིག་གནས། ཐང་རྒྱལ་རབས་སྐབས་ཀྱི་མི་རིགས་ཁག་གི་འབྲེལ་བ། ལྷ་རབས་རྒྱུད་བོད་གཉིས་ཀྱི་འབྲེལ་བ། མི་རིགས་གཉིས་གྱུར་གྱི་འདུ་ཤེས་སོགས་ལ་ཞིབ་འཇུག་བྱེད་པའི་དཔུད་གཞི་རྒྱུ་ཆ་གལ་ཆེན་ཡིན་པ་ཕུད། ལོ་རྒྱུས་དང་དངོས་ཡོད་ཀྱི་རིན་ཐང་ཡང་ཕུན་སུམ་ཚོགས་པ་མཆིས།

སྐྱི་ལོ་༢༠༡༣ལོའི་ཟླ་ར་པར་རྒྱལ་ཡོངས་གནན་དཔེ་ལེགས་སྒྲིག་དང་དཔེ་སྐྲུན་འཆར་འགོད་དུ་འཇོར་ཚོ་ཆུང་གིས《གང་སུའི་ས་ཁུལ་དུ་ཉར་བའི་དུས་ཚོང་བོད་ཡིག་ཡིག་རྙིང》ཞེས་པའི་པར་རིས་ཀྱི་ཡིག་རྙིང་ཕྱོགས་བསྒྲིགས་ལ་སྐྱི་ལོ་༢༠༡༡ནས་༢༠༢༠བར་གྱི་རྒྱལ་ཁབ་ཀྱི་གནན་དཔེ་ལེགས་སྒྲིག་དང་དཔར་སྐྲུན་འཆར་འགོད་ལས་གཞིའི་(ཨང་གྲངས)ནང་དུ་བཞག་པ་དང་། སྐྱི་ལོ་༢༠༡༣ལོའི་ཟླ་༡༠པར་པོ་བོས་སྟེ་བྱིད་བྱས་པའི་དུས་ཚོང་ཞིབ་འཇུག་སྒྲིག་ཡིག་ཆན་ཞིབ་འཇུག་ཁང་གི་ཞིབ་འཇུག་ཚོགས་པས་ཆུར་བཙོན་བཀྲུད《དུན་ཚོང་ཤུལ་བཞག་བརྩམས་ཆོས་སྒྲིག་རྩལ་ཡིག་མཛོད་འདྲུགས་སྐྲུན》ཞེས་པར་རྒྱལ་ཁབ་ཀྱི་ཆོས་གྲགས་ཆན་རིག་ལས་གཞི་ཆེ་མོའི་ཚོག་མཆན་ཐོབ་པ་དང་། གང་སུའི་ཞིང་ཆེན་དུ་ཉར་བའི་དུས་ཚོང་བོད་ཡིག་ཡིག་རྙིང་སྒྲིག་རྩལ་ཅན་དང་པར་རིས་ཡིག་རྙིང་ཚོ་སྒྲིག་གི་སྟོན་འཕྲིན་བྱ་བ་སྒྲོ་ཞིག་བསྐུབས། སྐྱི་ལོ་༢༠༡༤ལོའི་ཟླ་པར་དུས་ཚོང་བོད་ཡིག་ཡིག་རྙིང་གི་པར་རིས་ཡིག་ཆན་ཚོ་སྒྲིག་གི་ལས་ཀའི་རྒྱུན་བཞིནས་ཏེ་ཕྱི་ཉེ་གནན་དཔེའི་དཔེ་སྐྱན་ཁང་དང་མཉམ་འབྲེལ་སྐྱེས་དཔར་སྐྱན་གྱི་འཆར་གཞི་བཙོས་ཤིང་སྐྱི་ལོ་༢༠༡༤ལོའི་ཟླ་ཐ་བར་གོན་རིས་ལ་རེ་ཞུ་ཕུལ་ལ་ལྟར་རྒྱལ་ཁབ་ཀྱི་དཔེ་སྐྱན་ཐེབས་རྩ་རིགས་སྒྲོར་སྒྲོར་ཞིག་གནན། སྐྱི་ལོ་༢༠༡༤ལོར། གང་སུའི་ས་ཁུལ་དུ་ཉར་བའི་དུས་ཚོང་བོད་ཡིག་རྙིང་གི་པར་བསྐུན་དང་སྒྲིག་རྩལ་ཡིག་མཛོད་འདྲུགས་སྐྲུན་གྱི་ལས་ཀར་གྱུན་དཔྱད་འགོ་ཁྲིད་ནས་རྒྱབ་སྐྱོར་དང་གནད་འཛོག་ཐོབ།

སྐྱི་ལོ་༢༠༠༩ལོ་ནས་བཟུང་ལོ་བཅུ་ཕྲག་ལྷག་ལ་རྒྱལ་བསྱིངས་ནས་ཚོམ་སྒྲིག་དང་། ལེགས་སྒྲིག་ ཞིབ་འཇུག་གི་ལས་ཀར་ཕྱོགས་མང་པོས་རྒྱབ་སྐྱོར་གནང་མཐར《གང་སུའི་ས་ཁུལ་དུ་ཉར་བའི་དུས་ཚོང་བོད་ཡིག་ཡིག་རྙིང》ཞེས་པའི་དེབ་སུམ་བཅུའི་བདག་ཁྲིད་ཅན་གྱི་པར་རིས་ཡིག་ཆན་པར་དུ་བསྐྲུན་ཐུབ་ལ་བྱུང་། བླ་གཤལ་འདི་ནི་དུས་ཚོང་རིག་གནས་ཞིབ་འཇུག་དང་བོད་ཀྱི་ལོ་རྒྱུས་རིག་གནས་ཞིབ་འཇུག་ གནན་གང་སུའི་ཞིང་ཆེན་རིག་དངོས་ཆེས་རྩ་བཀམས་མཛོད་ཁང་གི་ལས་དོན་ཡིན་འདང་འདུ་ཕྱོགས་གང་ནས་

བསྐྱང་དུས་རབས་ཀྱི་དོན་སྙིང་ལྡན་པའི་བྱ་བ་འགགས་ཆེན་ཞིག་ཡིན། འདི་ལས་སྣར་བས་ཀུན་ཏུན་ཏོན་རིག་པ་དང་བོད་རིག་པའི་ཞིབ་འཇུག་གི་རྒྱ་ཚད་གཏིང་ཟེ་ཟབ་དང་རྒྱ་ཟེ་ཆེ་རུ་སོང་ནས་རྒྱུད་དུ་བྱུང་བའི་ཞིབ་འཇུག་གི་གྲུབ་འབྲས་གསར་མ་པོ་འཕྲོན་པར་རེ་བ་ནན་མོ་བཅིང་ཡོད་པ་མ་ཟད། ཏུན་ཏོན་རིག་པ་དང་བོད་རིག་པའི་འཕེལ་རྒྱས་ལ་སྐུལ་ཤུགས་བཏོན་ནས། ཀུན་ཏུ་མི་རིགས་ཀྱི་འདུ་ཤེས་གཅིག་གྱུར་དུ་མཚོན་ཞིང་། མི་རིགས་མཐུན་སྒྲིལ་དང་བསྐུར་དར་ཐད་ལའང་ནུས་པ་གལ་ཆེན་འདོན་ཐུབ་པོ།།

དཀར་ཆག

GL.t.001 — 095

མཚོན་རིས་ཀྱི་དཀར་ཆག

1. གན་སུའུ་ཞིང་ཆེན་དཔེ་མཛོད་ཁང་གི་ཕྱིའི་རྣམ་པ།
2. གན་སུའུ་ཞིང་ཆེན་དཔེ་མཛོད་ཁང་གི་གནའ་དཔེ་ཆེད་ཉར་ཁང་དུ་ལས་ཀ་སྒྲུབ་བཞིན་པའི་རྣམ་པ།
3. གན་སུའུ་ཞིང་ཆེན་དཔེ་མཛོད་ཁང་གི་ལས་བྱེད་ཁང་དཔེ་རྙིང་དག་སྒྲིག་བྱེད་བཞིན་པའི་རྣམ་པ།
4. ཚོམ་སྒྲིག་ཚོགས་པས་དཔེ་རྙིང་དག་སྒྲིག་བྱེད་བཞིན་པའི་རྣམ་པ།
5. ཚོམ་སྒྲིག་ཚོགས་པས་དཔེ་རྙིང་རྩ་ཆེན་ཉར་ཚགས་ཁང་དུ་བསྐྱོན་པའི་མཐའ་པར།
6. ཚོམ་སྒྲིག་ཚོགས་པས་གན་སུའུ་ཞིང་ཆེན་དཔེ་མཛོད་ཁང་གི་རིག་འཕེལ་མཛོད་བཞི་ཀུན་འདུས་དཔེ་རྙིང་ཁང་དུ་བསྐྱོན་པའི་མཐའ་པར།

1. གན་སུའུ་ཞིང་ཆེན་དཔེ་མཛོད་ཁང་གི་ཕྱིའི་རྣམ་པ།
   甘肅省圖書館外景

2. གན་སུའུ་ཞིང་ཆེན་དཔེ་མཛོད་ཁང་གི་གཞན་དཔེ་ཆེད་ཉར་ཁང་དུ་ལས་ཀ་སྒྲུབ་བཞིན་པའི་རྣམ་པ།
   甘肅省圖書館特藏庫工作現場

3. གན་སུའུ་ཞིང་ཆེན་དཔེ་མཛོད་ཁང་གི་ལས་བྱེད་པས་དཔེ་རྙིང་དག་སྒྲིག་བྱེད་བཞིན་པའི་རྣམ་པ།

甘肅省圖書館工作人員在整理文獻

4. ཚོམ་སྒྲིག་ཚོགས་པས་དཔེ་རྙིང་དག་སྒྲིག་བྱེད་བཞིན་པའི་རྣམ་པ།

工作組人員在核對文獻

5. ཚོམ་སྒྲིག་ཚོགས་པས་དཔེ་རྙིང་རྩ་ཆེན་ཉར་ཚགས་ཁང་དུ་བསྐྱོན་པའི་མཉམ་པར།

工作組人員在善本書庫留影

6. ཚོམ་སྒྲིག་ཚོགས་པས་ཀན་སུའུ་ཞིང་ཆེན་དཔེ་མཛོད་ཁང་གི་རིག་འཕེལ་མཛོད་བའི་ཀུན་འདུས་དཔེ་ཉར་ཁང་དུ་བསྐྱོན་པའི་མཉམ་པར།

工作組人員在甘肅省圖書館文溯閣藏書館留影

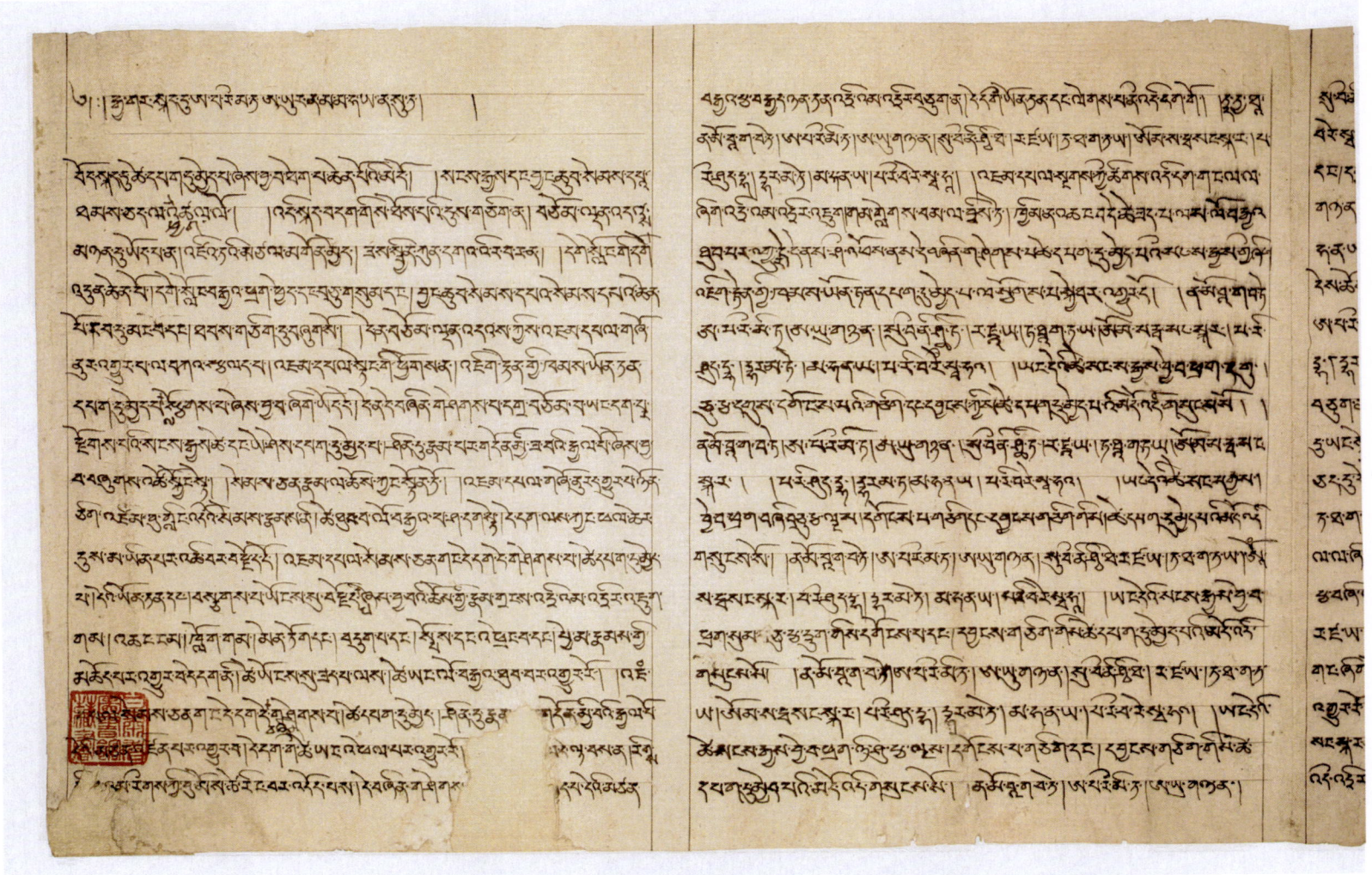

甘圖 GL.t.001　ཚེ་དཔག་ཏུ་མྱེད་པ་ཞེས་བྱ་བ་ཐེག་པ་ཆེན་པོའི་མདོ།།
大乘無量壽宗要經　　(4—1)

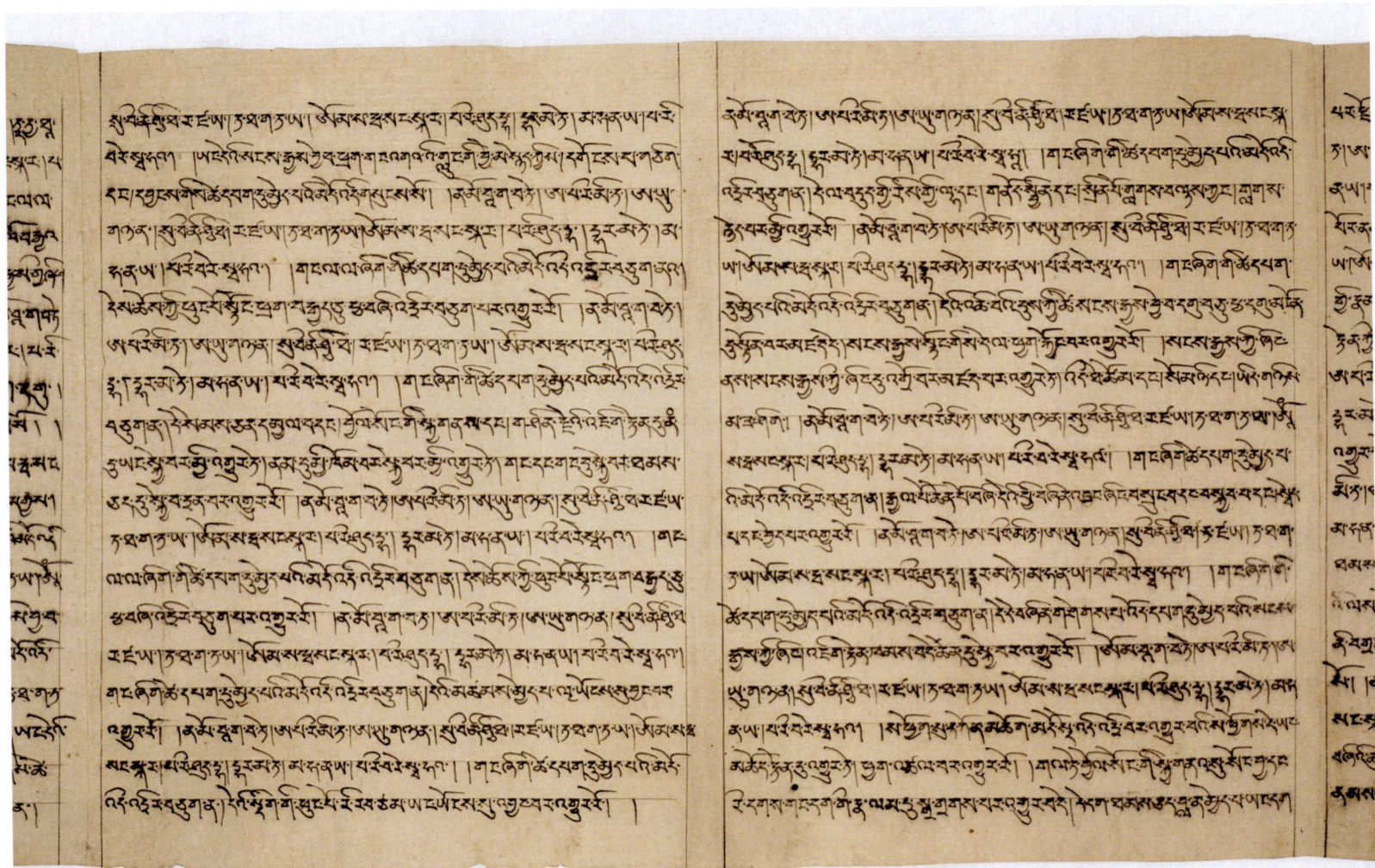

甘圖 GL.t.001　ཚེ་དཔག་ཏུ་མྱེད་པ་ཞེས་བྱ་བ་ཐེག་པ་ཆེན་པོའི་མདོ།།
大乘無量壽宗要經　　(4—2)

甘圖 GL.t.001 ཚེ་དཔག་ཏུ་མྱེད་པ་ཞེས་བྱ་བ་ཐེག་པ་ཆེན་པོའི་མདོ།།

大乘無量壽宗要經 　　(4—3)

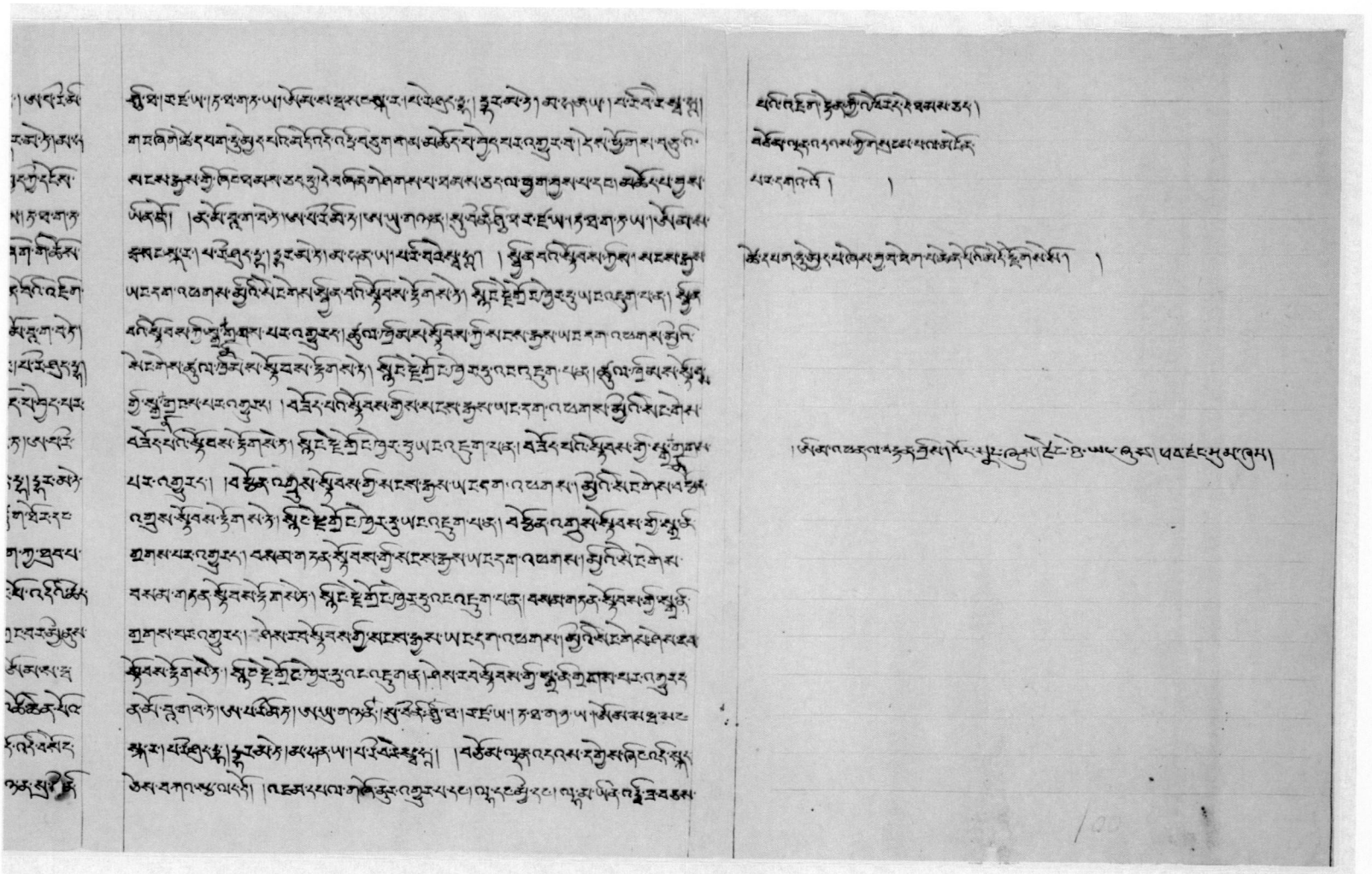

甘圖 GL.t.001 ཚེ་དཔག་ཏུ་མྱེད་པ་ཞེས་བྱ་བ་ཐེག་པ་ཆེན་པོའི་མདོ།།

大乘無量壽宗要經 　　(4—4)

甘圖 GL.t.002　ཚེ་དཔག་དུ་མྱེད་པ་ཞེས་བྱ་བ་ཐེག་པ་ཆེན་པོ་འི་མདོ༎
大乘無量壽宗要經　　(5—1)

甘圖 GL.t.002　ཚེ་དཔག་དུ་མྱེད་པ་ཞེས་བྱ་བ་ཐེག་པ་ཆེན་པོ་འི་མདོ༎
大乘無量壽宗要經　　(5—2)

甘圖 GL.t.002　ཚེ་དཔག་དུ་མྱེད་པ་ཞེས་བྱ་བ་ཐེག་པ་ཆེན་པོ་འི་མདོ།།

大乘無量壽宗要經　　(5—3)

甘圖 GL.t.002　ཚེ་དཔག་དུ་མྱེད་པ་ཞེས་བྱ་བ་ཐེག་པ་ཆེན་པོ་འི་མདོ།།

大乘無量壽宗要經　　(5—4)

甘圖 GL.t.002　ཚེ་དཔག་དུ་མྱེད་པ་ཞེས་བྱ་བ་ཐེག་པ་ཆེན་པོ་འི་མདོ།།
大乘無量壽宗要經　　　（5—5）

甘圖 GL.t.003　ཚེ་དཔག་དུ་མྱེད་པ་ཞེས་བྱ་བ་ཐེག་པ་ཆེན་པོ་འི་མདོ།།
大乘無量壽宗要經　　　（3—1）

甘圖 GL.t.003　ཚེ་དཔག་ཏུ་མྱེད་པ་ཞེས་བྱ་བ་ཐེག་པ་ཆེན་པོའི་མདོ༎
大乘無量壽宗要經　　（3—2）

甘圖 GL.t.003　ཚེ་དཔག་ཏུ་མྱེད་པ་ཞེས་བྱ་བ་ཐེག་པ་ཆེན་པོའི་མདོ༎
大乘無量壽宗要經　　（3—3）

甘圖 GL.t.004　ཚེ་དཔག་ཏུ་མྱེད་པ་ཞེས་བྱ་བ་ཐེག་པ་ཆེན་པོ་འི་མདོ༎
大乘無量壽宗要經　　　(4—1)

甘圖 GL.t.004　ཚེ་དཔག་ཏུ་མྱེད་པ་ཞེས་བྱ་བ་ཐེག་པ་ཆེན་པོ་འི་མདོ༎
大乘無量壽宗要經　　　(4—2)

甘圖 GL.t.004　ཚེ་དཔག་ཏུ་མྱེད་པ་ཞེས་བྱ་བ་ཐེག་པ་ཆེན་པོ་འི་མདོ།།

大乘無量壽宗要經　　(4—3)

甘圖 GL.t.004　ཚེ་དཔག་ཏུ་མྱེད་པ་ཞེས་བྱ་བ་ཐེག་པ་ཆེན་པོ་འི་མདོ།།

大乘無量壽宗要經　　(4—4)

甘圖 GL.t.005　ཚེ་དཔག་ཏུ་མྱེད་པ་ཞེས་བྱ་བ་ཐེག་པ་ཆེན་པོའི་མདོ།།

大乘無量壽宗要經　　　(3—1)

甘圖 GL.t.005　ཚེ་དཔག་ཏུ་མྱེད་པ་ཞེས་བྱ་བ་ཐེག་པ་ཆེན་པོའི་མདོ།།

大乘無量壽宗要經　　　(3—2)

甘圖 GL.t.005　ཚེ་དཔག་ཏུ་མྱེད་པ་ཞེས་བྱ་བ་ཐེག་པ་ཆེན་པོའི་མདོ།།
大乘無量壽宗要經　　　(3—3)

甘圖 GL.t.006　ཚེ་དཔག་ཏུ་མྱེད་པ་ཞེས་བྱ་བ་ཐེག་པ་ཆེན་པོའི་མདོ།།
大乘無量壽宗要經

甘圖 GL.t.007　ཚེ་དཔག་ཏུ་མྱེད་པ་ཞེས་བྱ་བ་ཐེག་པ་ཆེན་པོའི་མདོ།།

大乘無量壽宗要經　　　(4—1)

甘圖 GL.t.007　ཚེ་དཔག་ཏུ་མྱེད་པ་ཞེས་བྱ་བ་ཐེག་པ་ཆེན་པོའི་མདོ།།

大乘無量壽宗要經　　　(4—2)

甘圖 GL.t.007　ཚེ་དཔག་དུ་མྱེད་པ་ཞེས་བྱ་བ་ཐེག་པ་ཆེན་པོའི་མདོ།།

大乘無量壽宗要經　　　(4—3)

甘圖 GL.t.007　ཚེ་དཔག་དུ་མྱེད་པ་ཞེས་བྱ་བ་ཐེག་པ་ཆེན་པོའི་མདོ།།

大乘無量壽宗要經　　　(4—4)

甘圖 GL.t.008R ཚེ་དཔག་དུ་མྱེད་པ་ཞེས་བྱ་བ་ཐེག་པ་ཆེན་པོའི་མདོ།།
大乘無量壽宗要經　　　(8—1)

甘圖 GL.t.008R ཚེ་དཔག་དུ་མྱེད་པ་ཞེས་བྱ་བ་ཐེག་པ་ཆེན་པོའི་མདོ།།
大乘無量壽宗要經　　　(8—2)

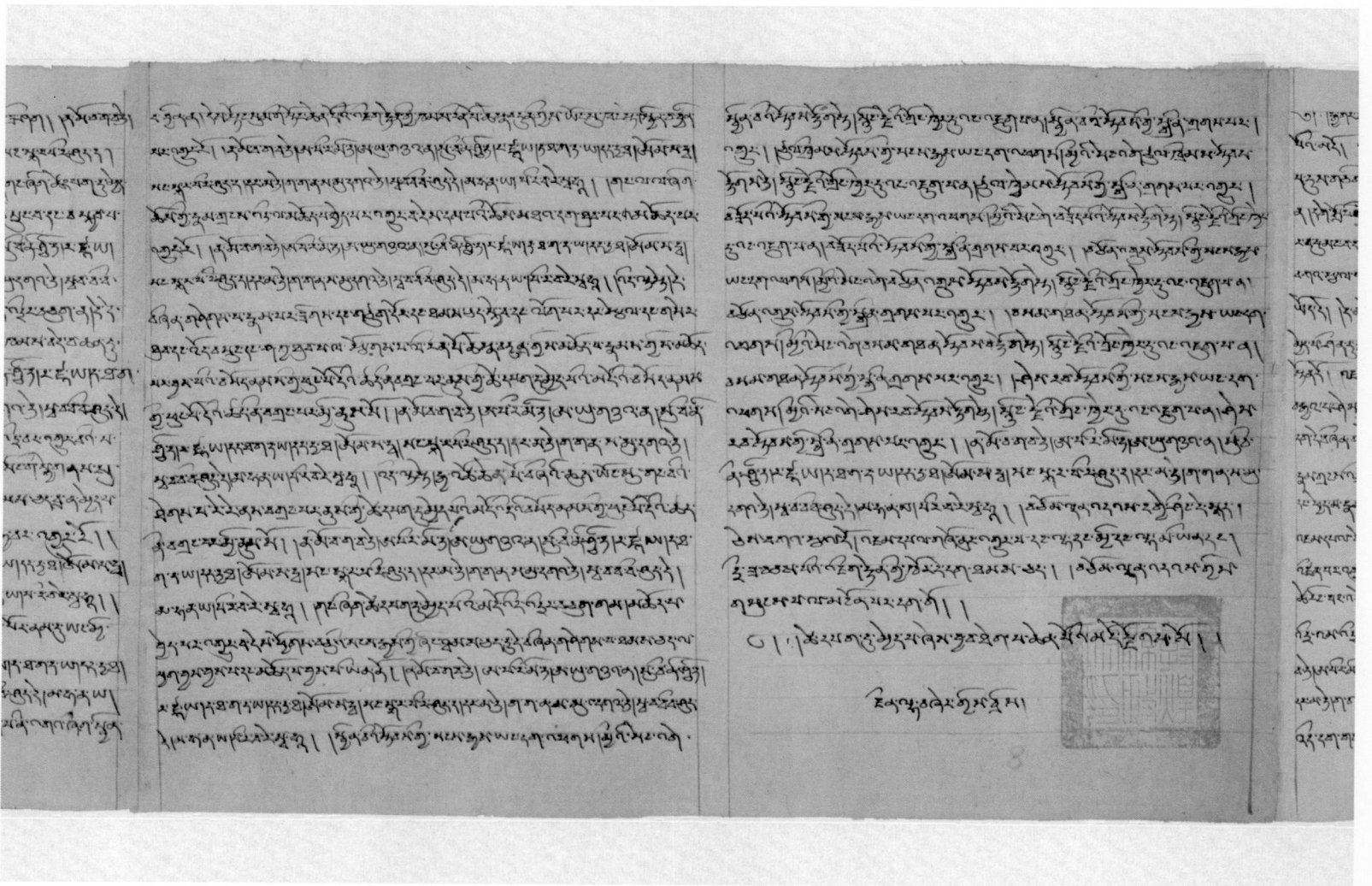

甘圖 GL.t.008R ཚེ་དཔག་ཏུ་མྱེད་པ་ཞེས་བྱ་བ་ཐེག་པ་ཆེན་པོའི་མདོ།།

大乘無量壽宗要經　　(8—3)

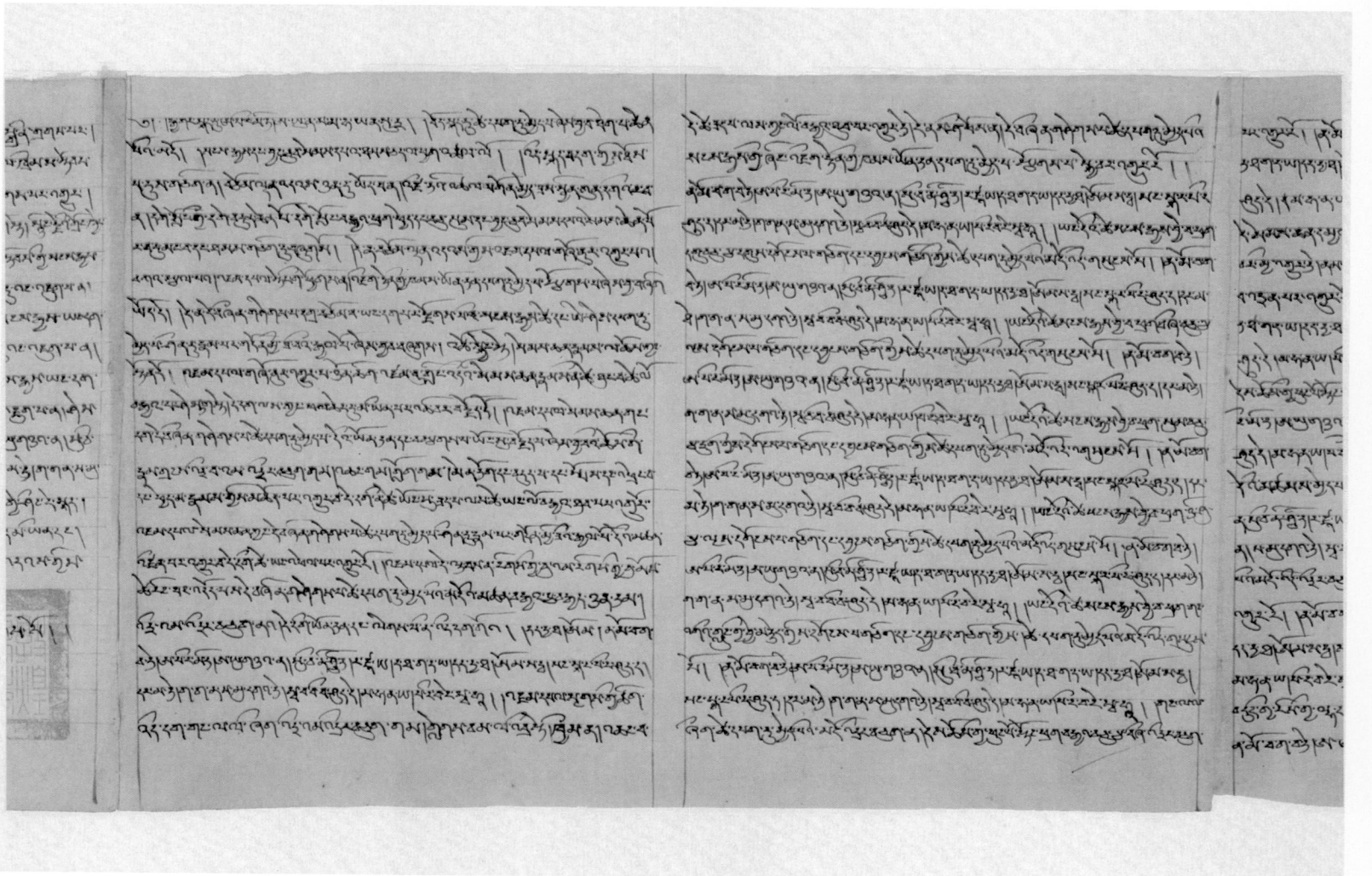

甘圖 GL.t.008R ཚེ་དཔག་ཏུ་མྱེད་པ་ཞེས་བྱ་བ་ཐེག་པ་ཆེན་པོའི་མདོ།།

大乘無量壽宗要經　　(8—4)

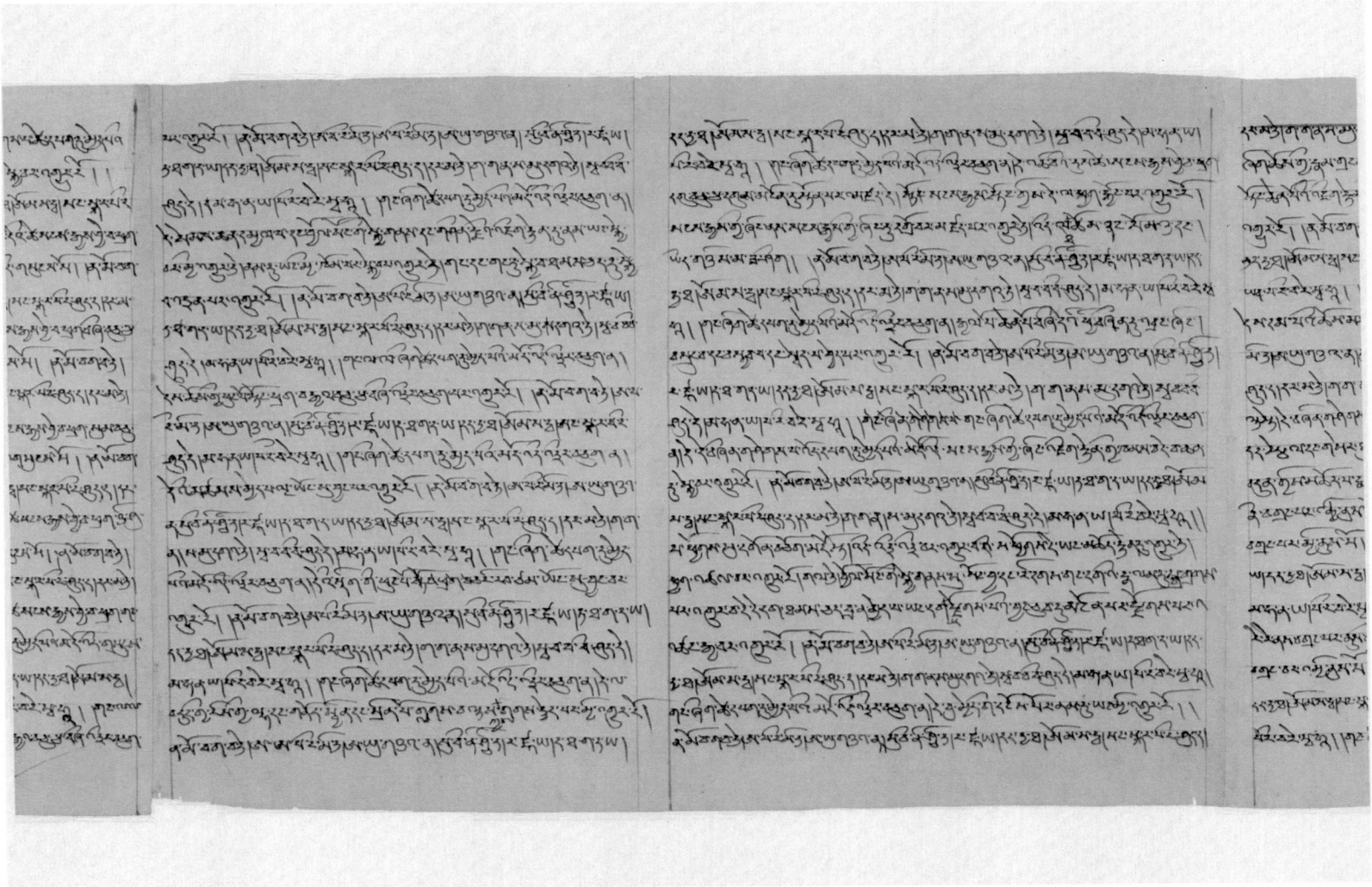

甘圖 GL.t.008R ཚེ་དཔག་དུ་མྱེད་པ་ཞེས་བྱ་བ་ཐེག་པ་ཆེན་པོའི་མདོ།།
大乘無量壽宗要經 (8—5)

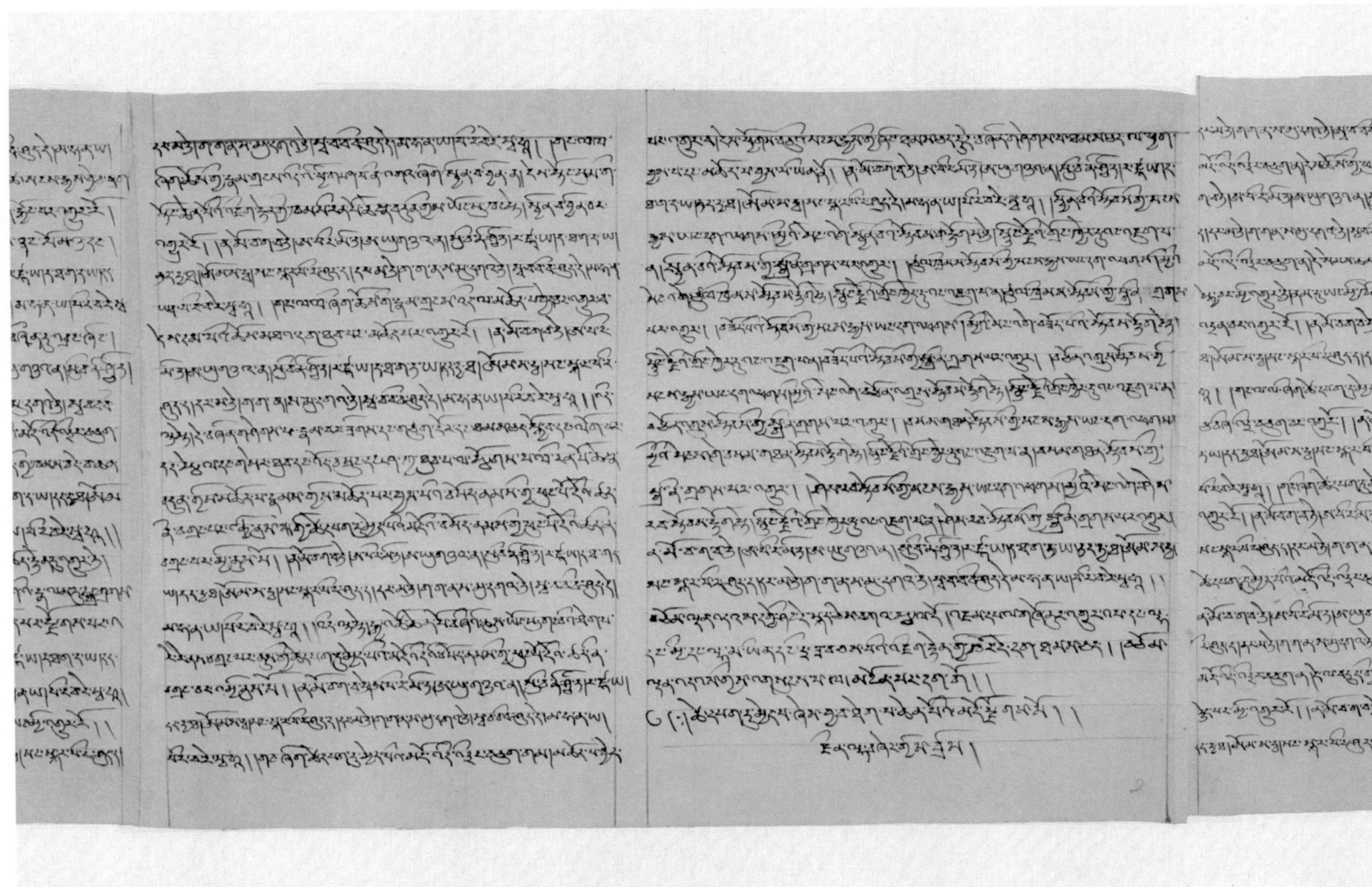

甘圖 GL.t.008R ཚེ་དཔག་དུ་མྱེད་པ་ཞེས་བྱ་བ་ཐེག་པ་ཆེན་པོའི་མདོ།།
大乘無量壽宗要經 (8—6)

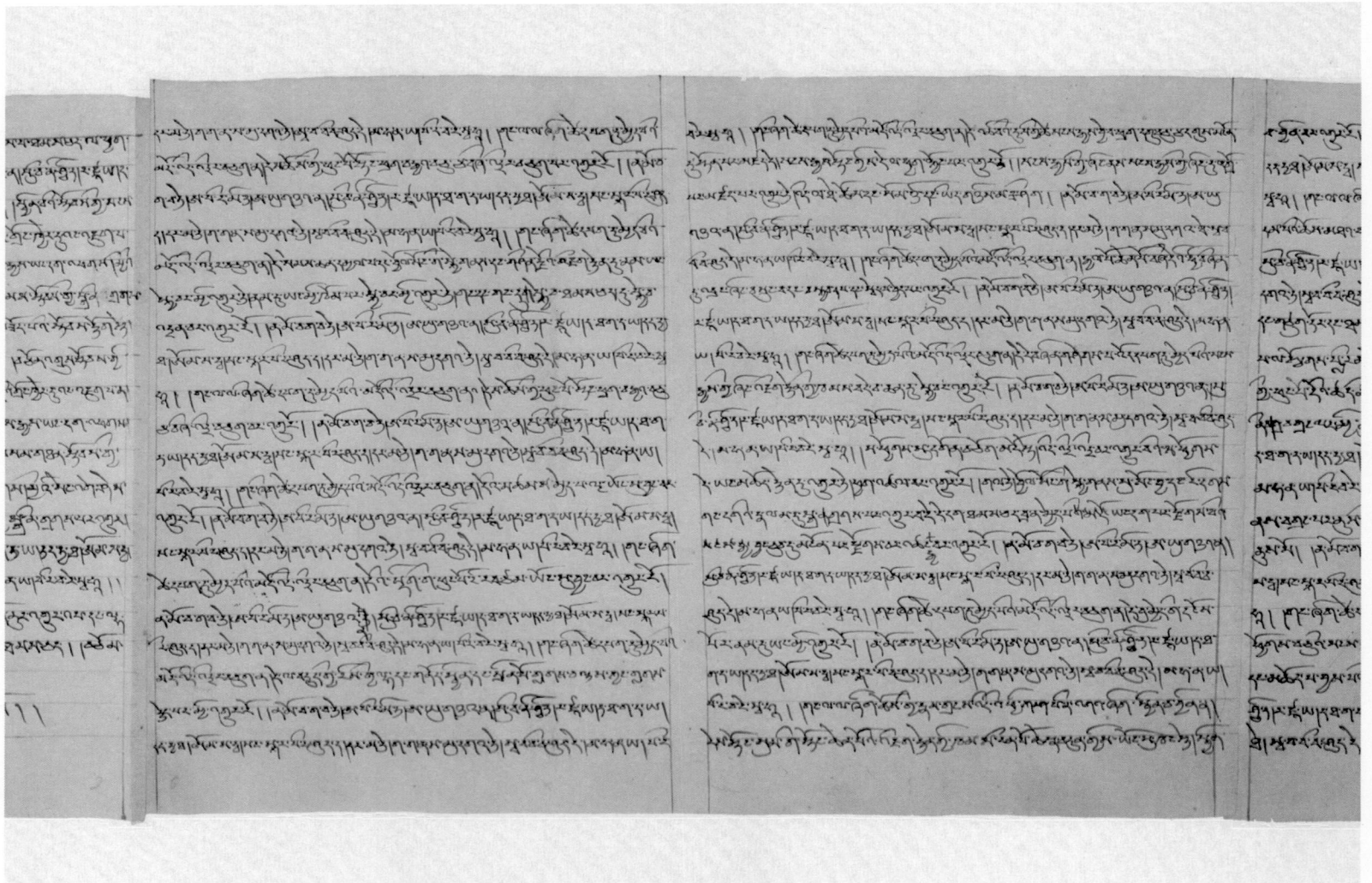

甘圖 GL.t.008R ཚེ་དཔག་ཏུ་མྱེད་པ་ཞེས་བྱ་བ་ཐེག་པ་ཆེན་པོའི་མདོ།།

大乘無量壽宗要經 (8—7)

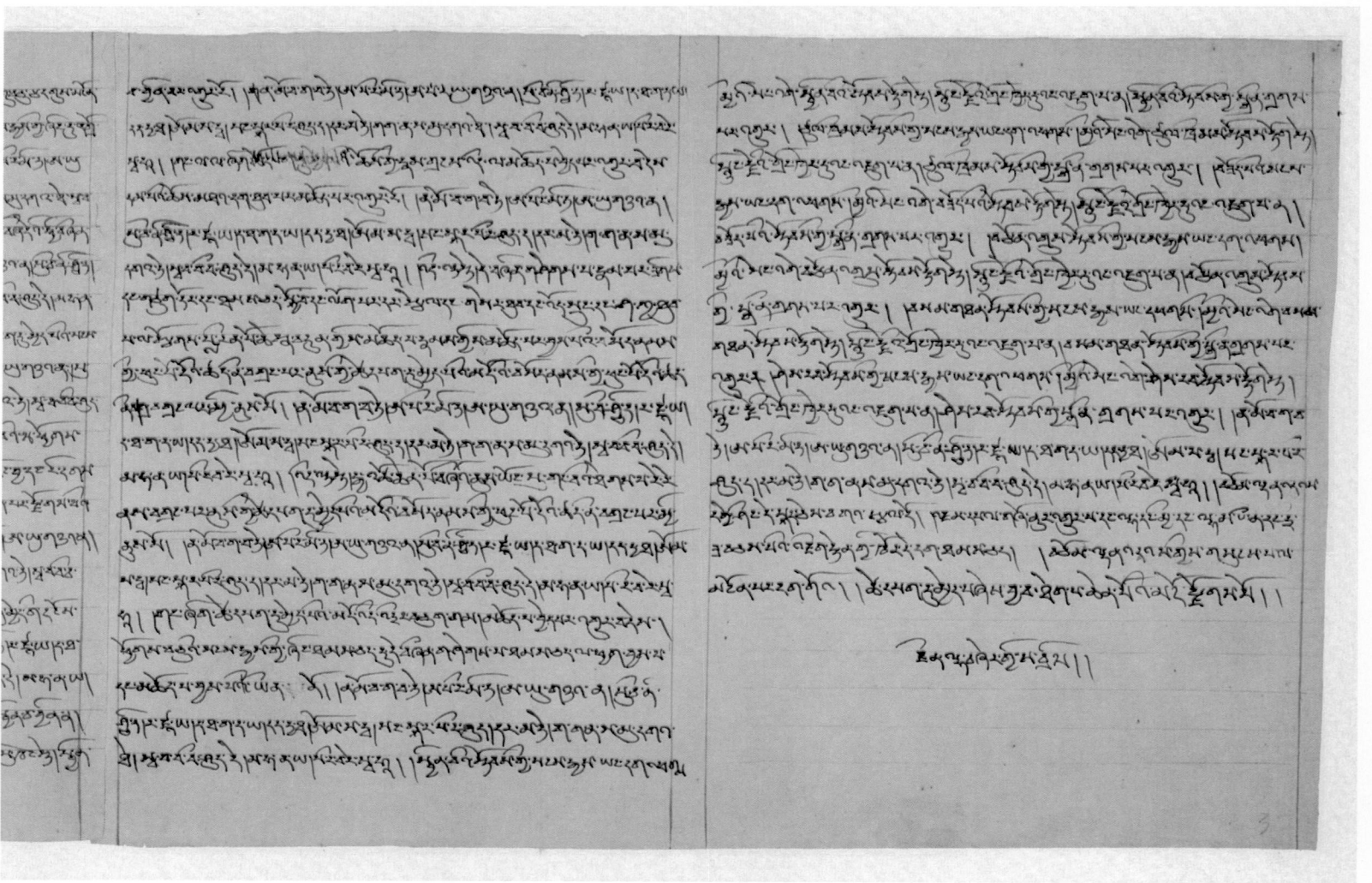

甘圖 GL.t.008R ཚེ་དཔག་ཏུ་མྱེད་པ་ཞེས་བྱ་བ་ཐེག་པ་ཆེན་པོའི་མདོ།།

大乘無量壽宗要經 (8—8)

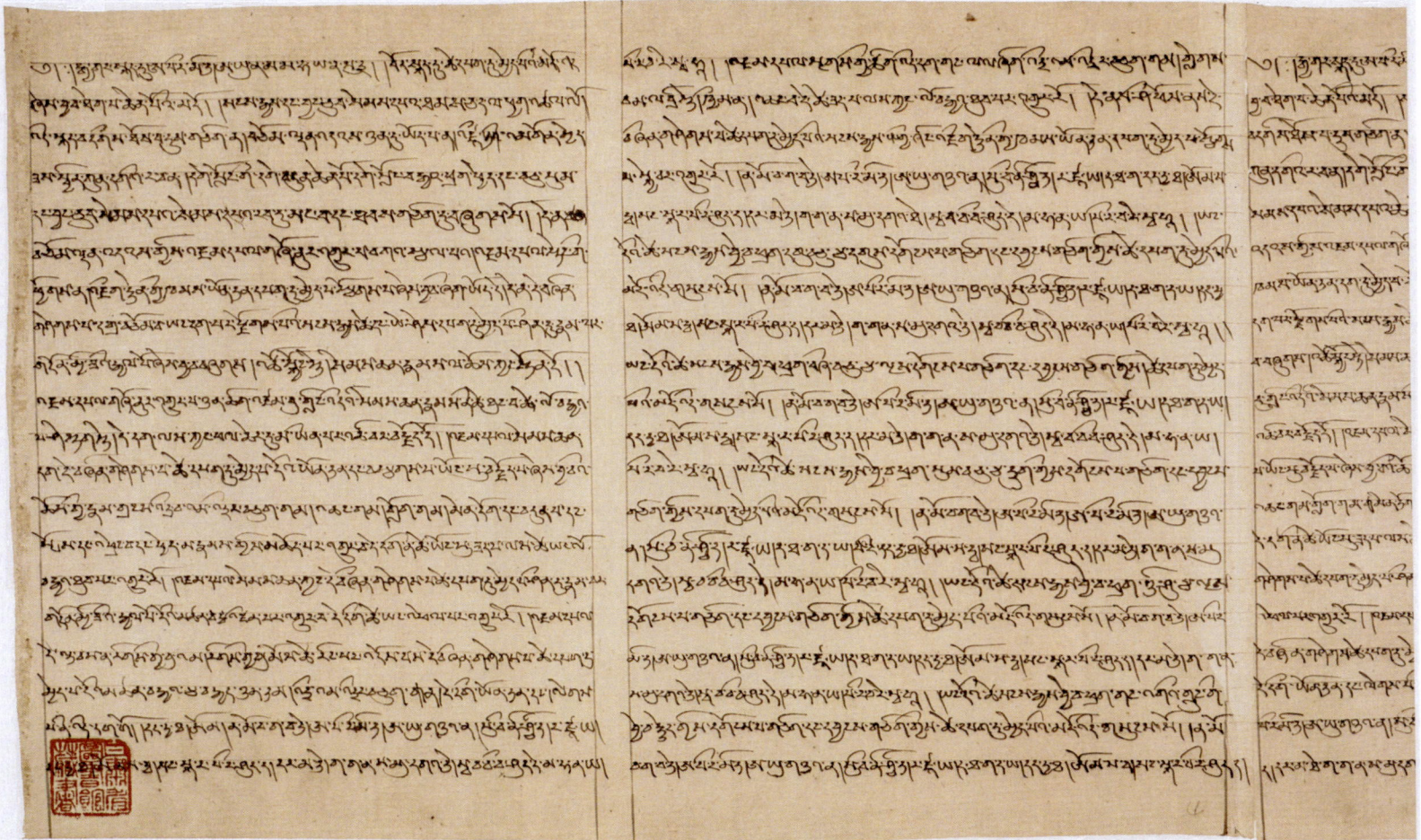

甘圖 GL.t.008V ཚེ་དཔག་དུ་མྱེད་པ་ཞེས་བྱ་བ་ཐེག་པ་ཆེན་པའི་མདོ།།
大乘無量壽宗要經 　　(7—1)

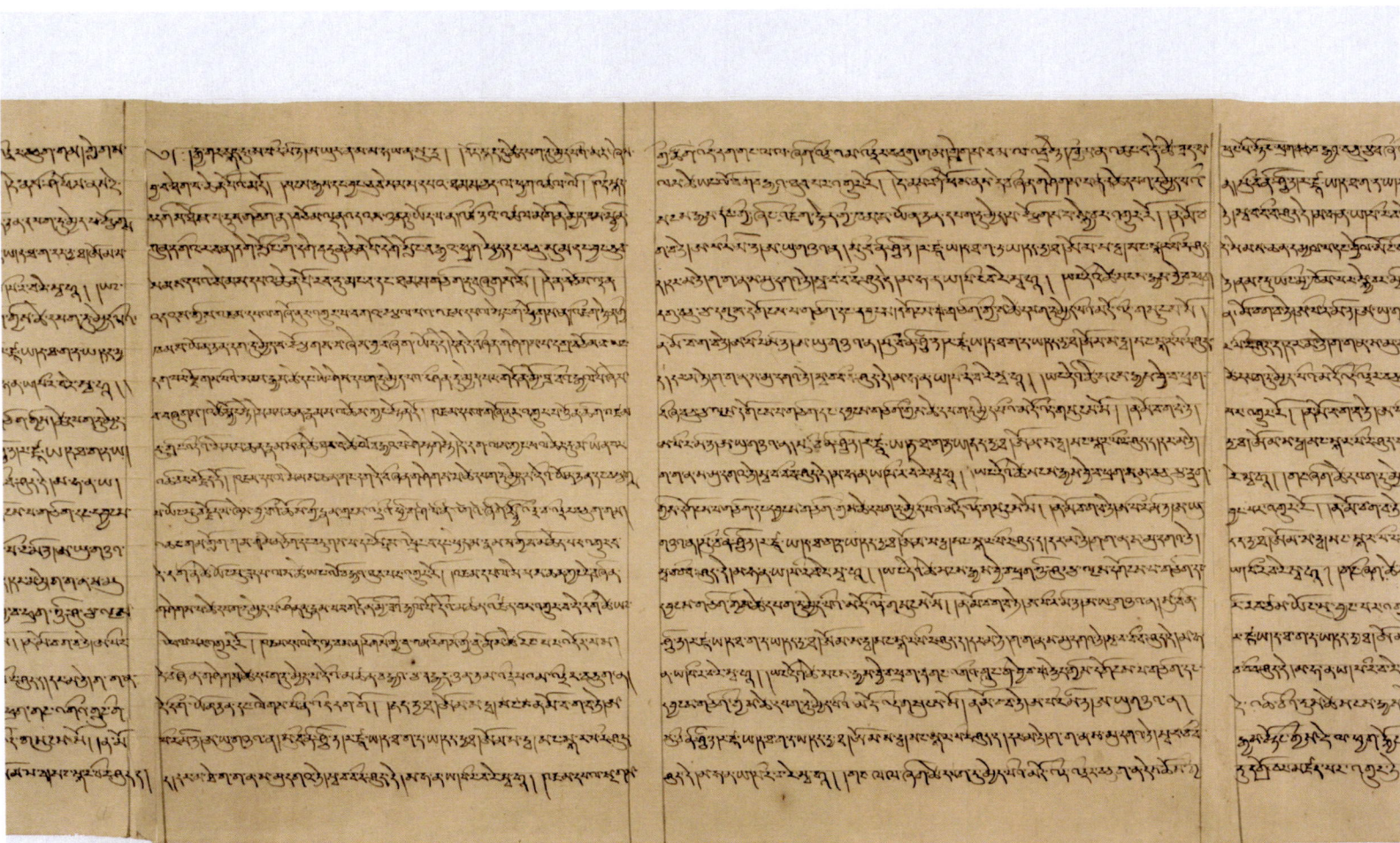

甘圖 GL.t.008V ཚེ་དཔག་དུ་མྱེད་པ་ཞེས་བྱ་བ་ཐེག་པ་ཆེན་པའི་མདོ།།
大乘無量壽宗要經 　　(7—2)

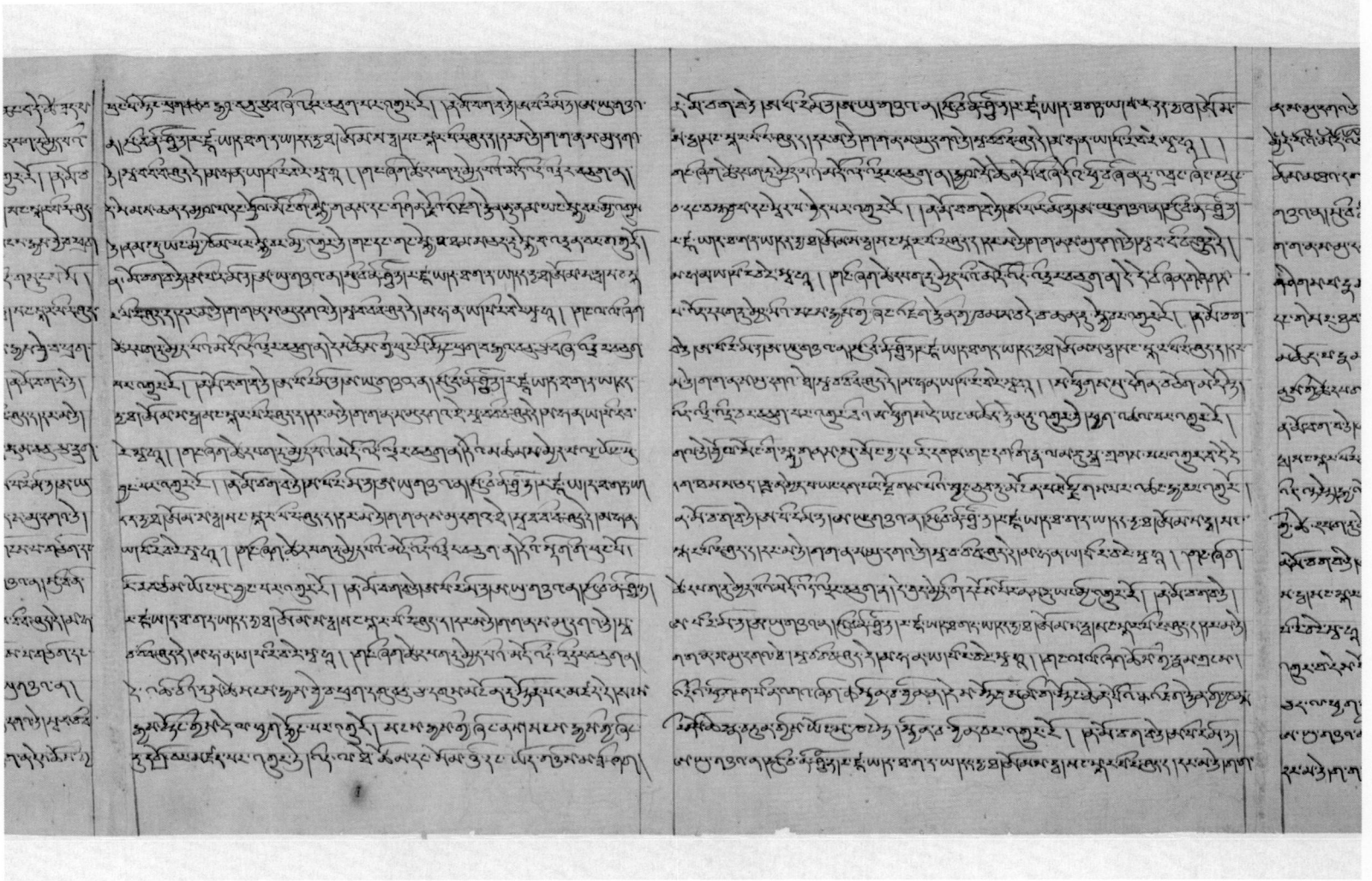

甘圖 GL.t.008V ཚེ་དཔག་དུ་མྱེད་པ་ཞེས་བྱ་བ་ཐེག་པ་ཆེན་པོའི་མདོ༎

大乘無量壽宗要經 　　(7—3)

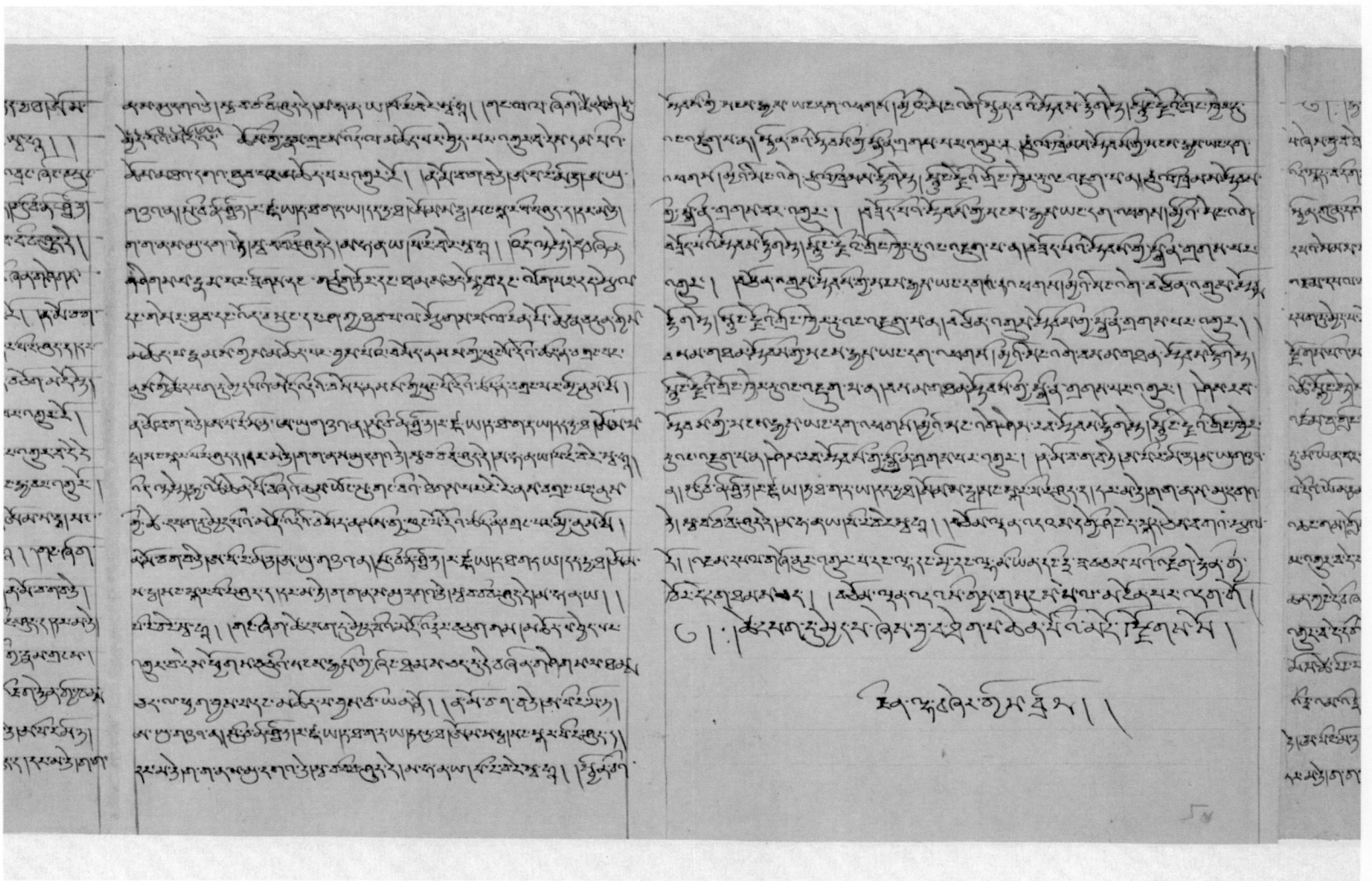

甘圖 GL.t.008V ཚེ་དཔག་དུ་མྱེད་པ་ཞེས་བྱ་བ་ཐེག་པ་ཆེན་པོའི་མདོ༎

大乘無量壽宗要經 　　(7—4)

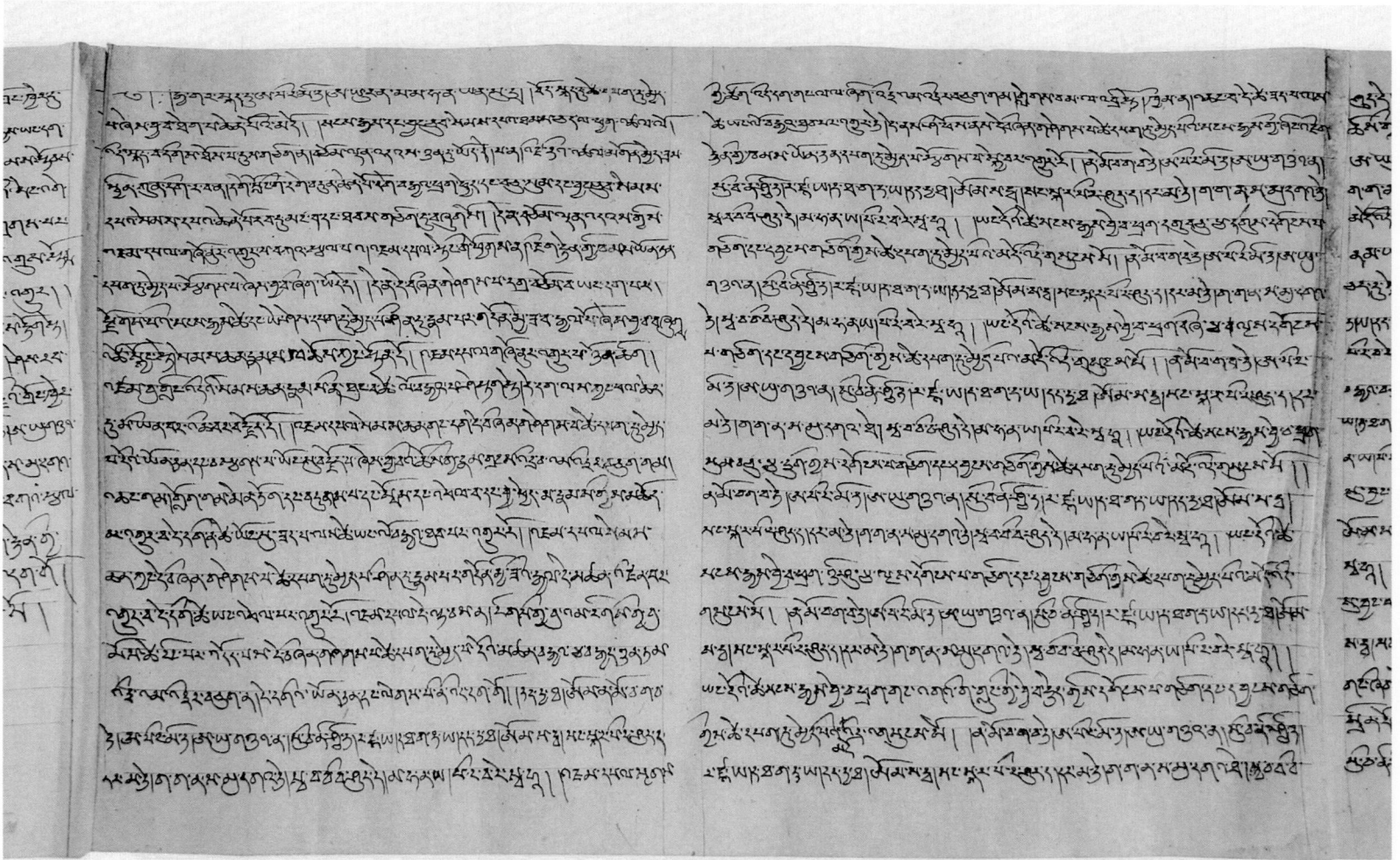

甘圖 GL.t.008V ཚེ་དཔག་དུ་མྱེད་པ་ཞེས་བྱ་བ་ཐེག་པ་ཆེན་པོའི་མདོ།།

大乘無量壽宗要經　　　(7—5)

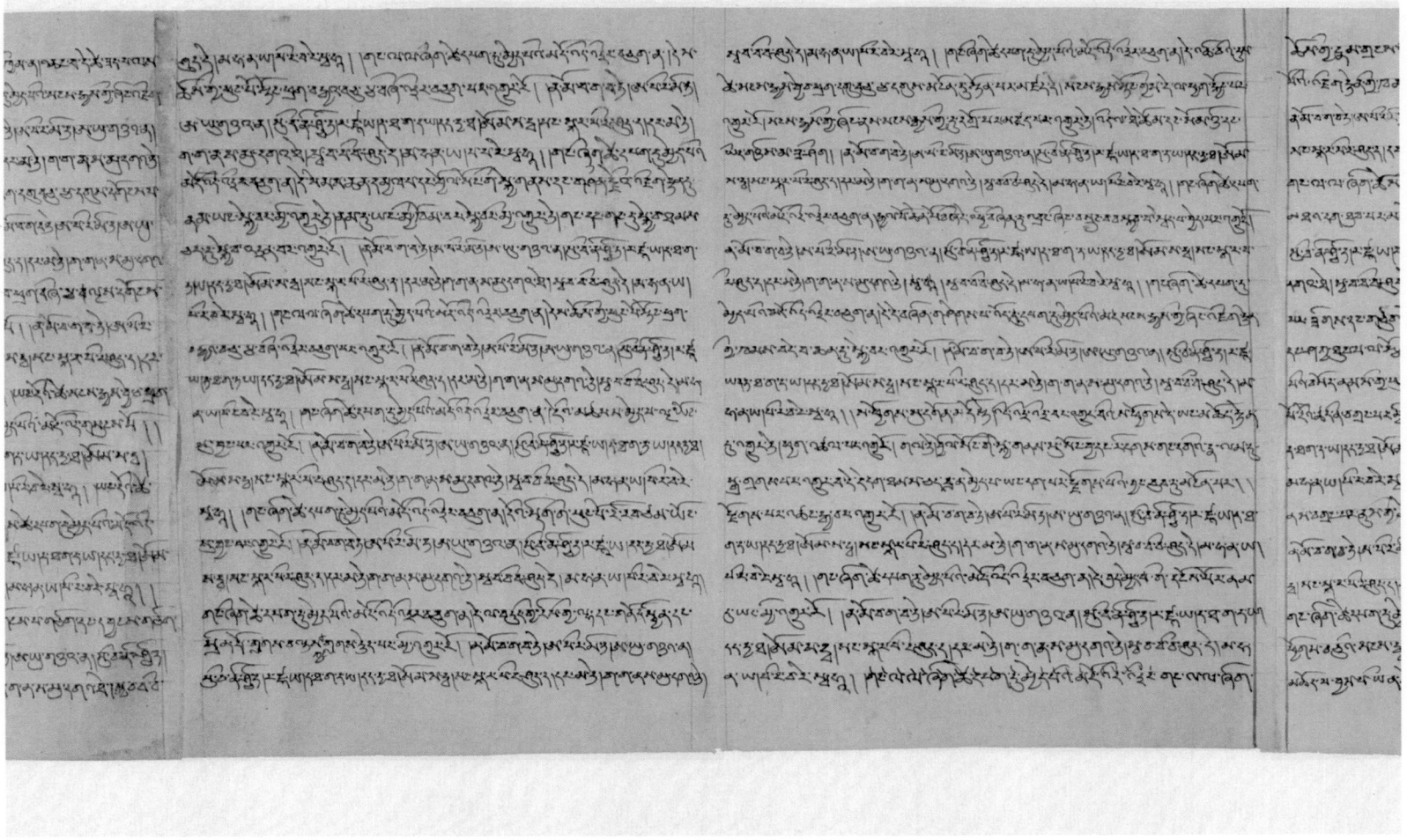

甘圖 GL.t.008V ཚེ་དཔག་དུ་མྱེད་པ་ཞེས་བྱ་བ་ཐེག་པ་ཆེན་པོའི་མདོ།།

大乘無量壽宗要經　　　(7—6)

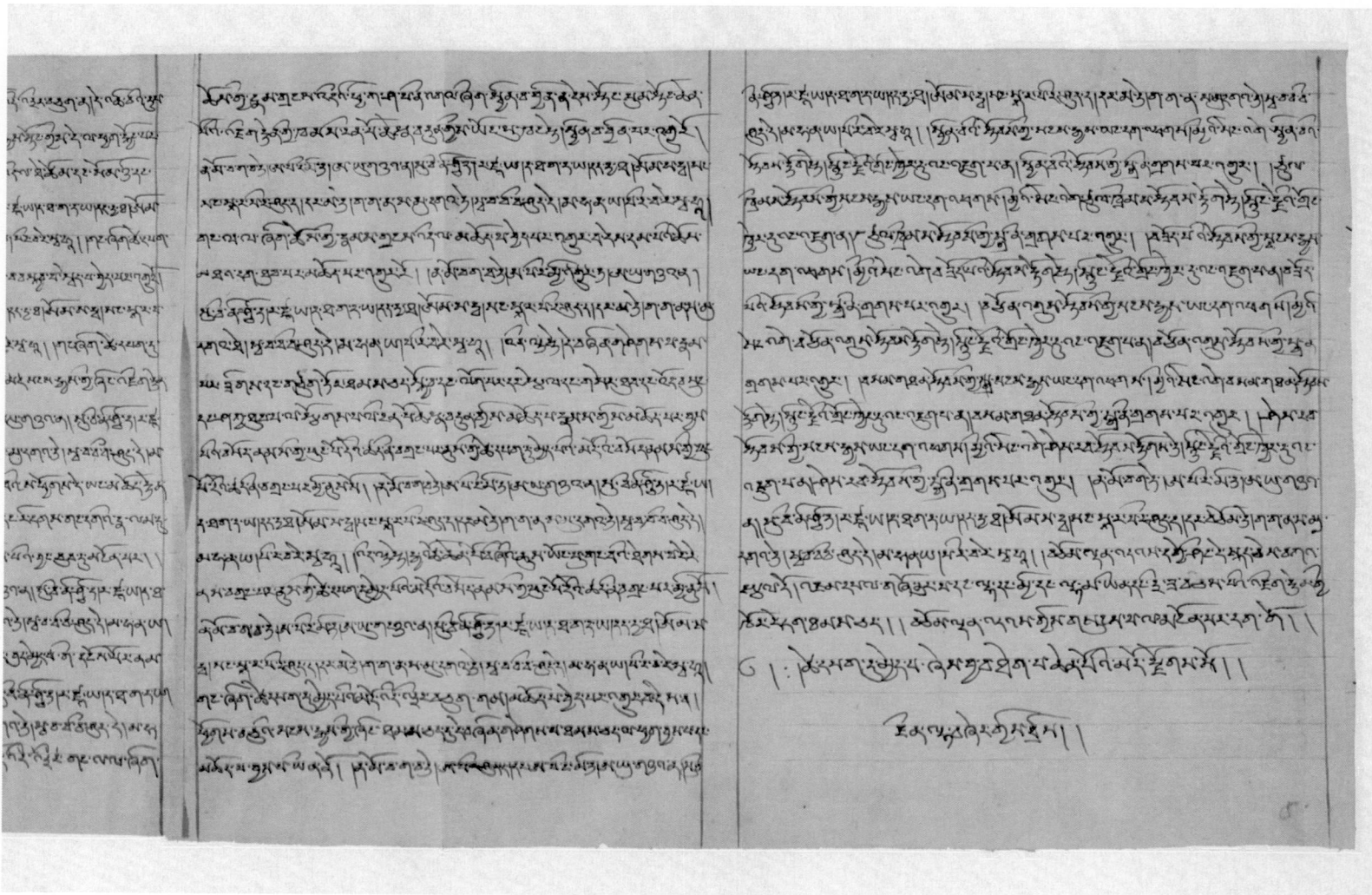

甘圖 GL.t.008V ཚེ་དཔག་དུ་མྱེད་པ་ཞེས་བྱ་བ་ཐེག་པ་ཆེན་པའི་མདོ།།
大乘無量壽宗要經　　（7—7）

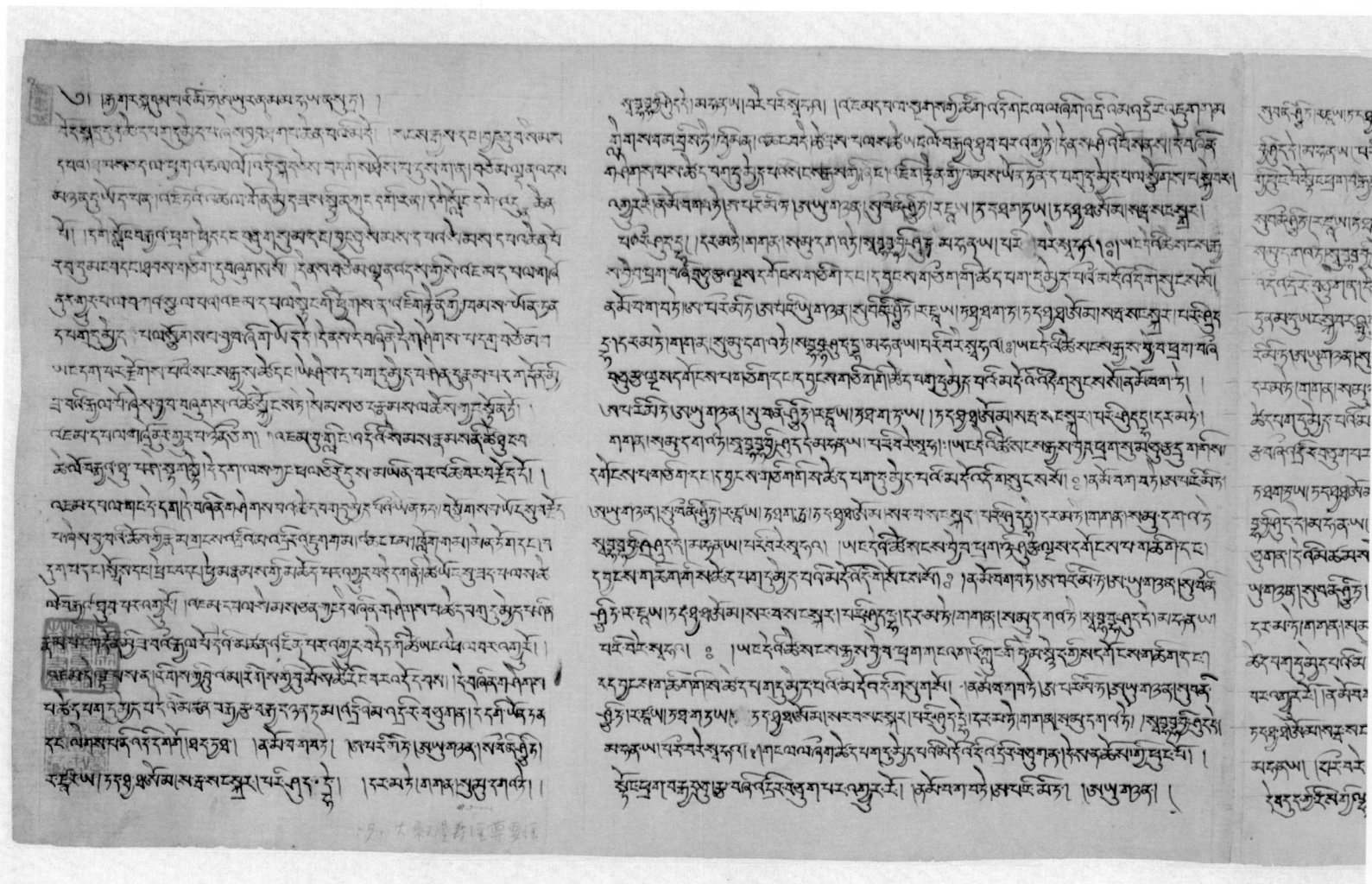

甘圖 GL.t.009 ཚེ་དཔག་དུ་མྱེད་པ་ཞེས་བྱ་བ་ཐེག་པ་ཆེན་པའི་མདོ།།
大乘無量壽宗要經　　（2—1）

20

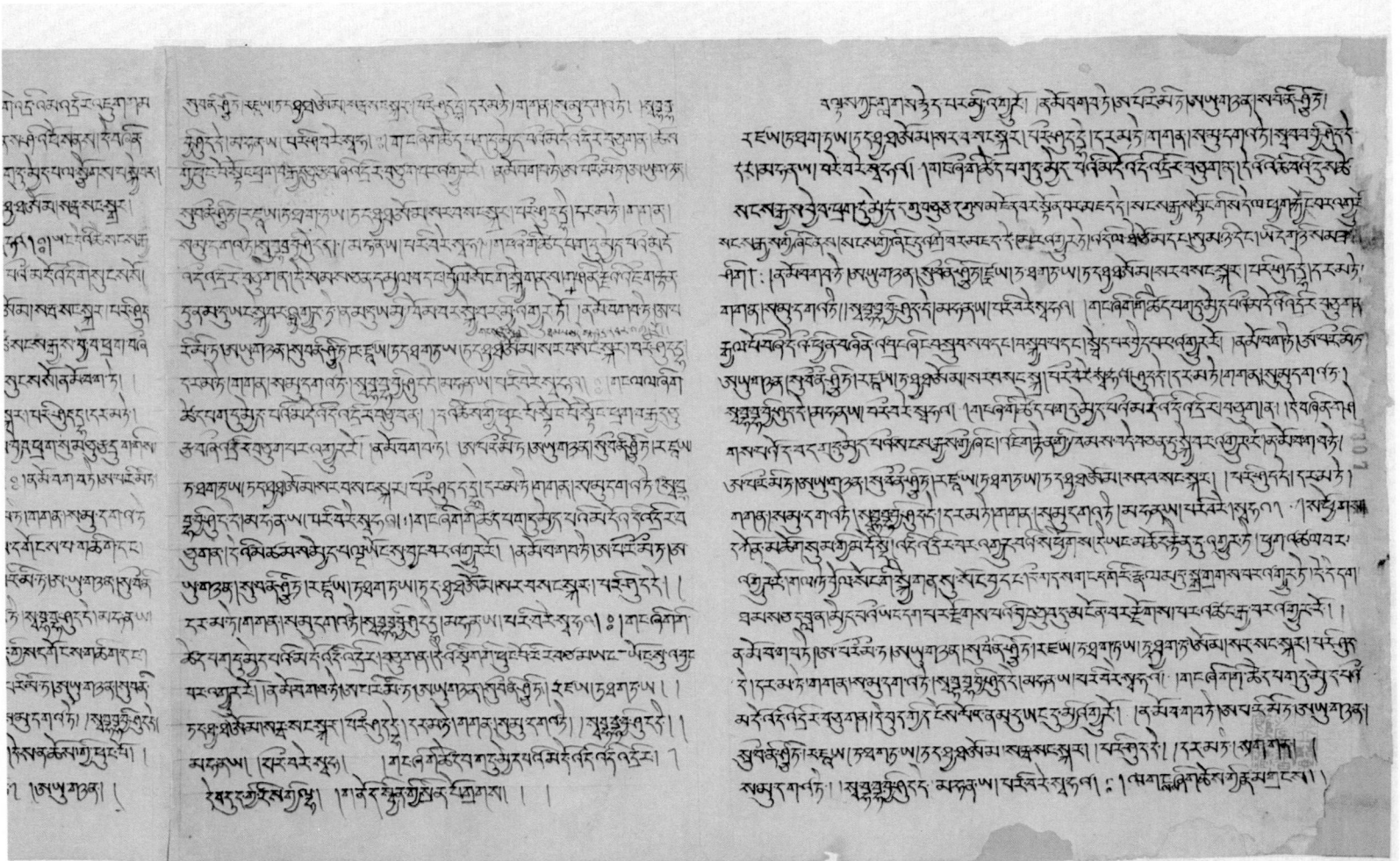

甘圖 GL.t.009　ཚེ་དཔག་ཏུ་མྱེད་པ་ཞེས་བྱ་བ་ཐེག་པ་ཆེན་པོའི་མདོ།།
　　　　　大乘無量壽宗要經　　　（2—2）

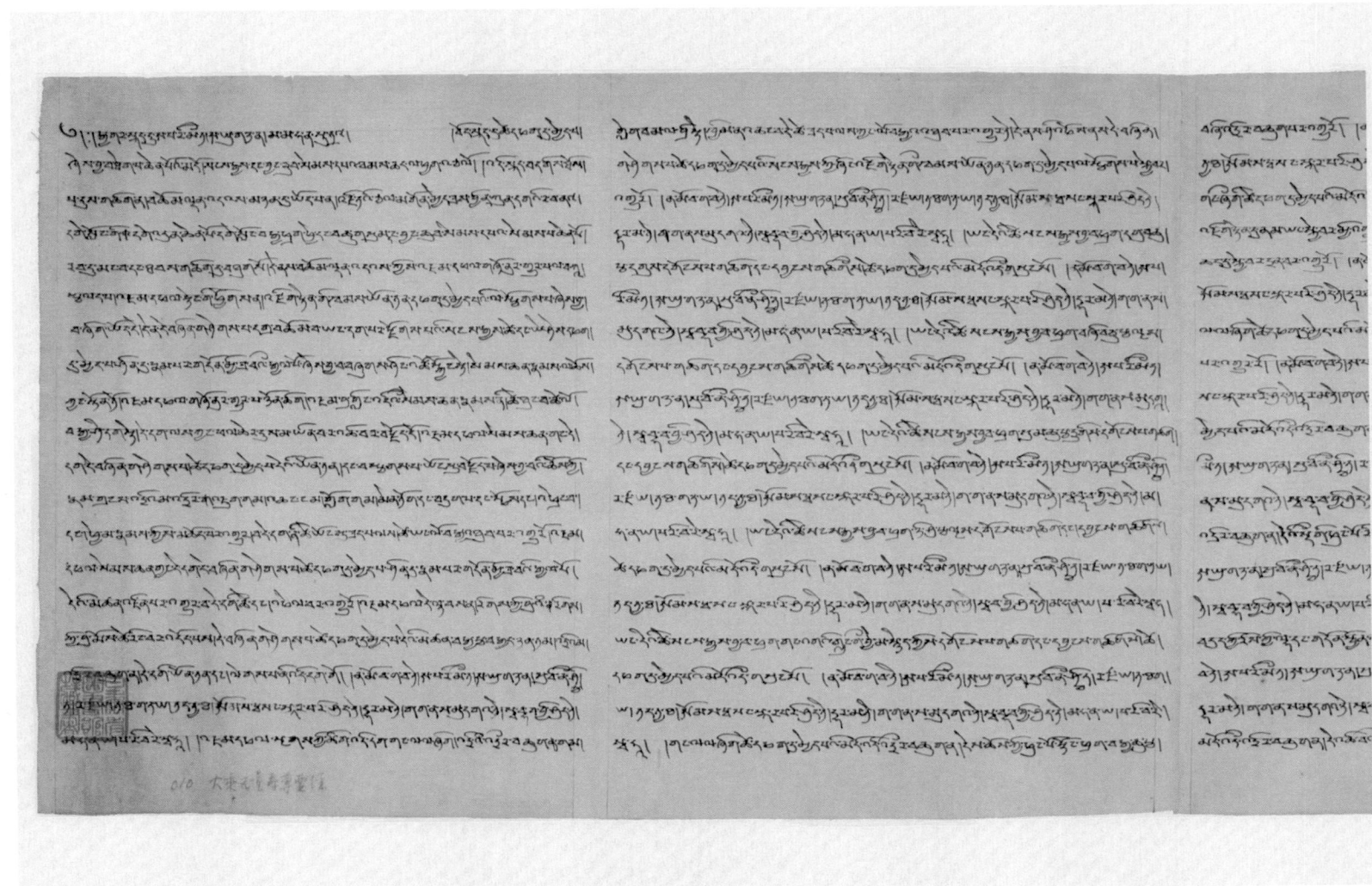

甘圖 GL.t.010　ཚེ་དཔག་ཏུ་མྱེད་པ་ཞེས་བྱ་བ་ཐེག་པ་ཆེན་པོའི་མདོ།།
　　　　　大乘無量壽宗要經　　　（3—1）

甘圖 GL.t.010　ཚེ་དཔག་ཏུ་མྱེད་པ་ཞེས་བྱ་བ་ཐེག་པ་ཆེན་པོའི་མདོ།།
大乘無量壽宗要經　　　(3—2)

甘圖 GL.t.010　ཚེ་དཔག་ཏུ་མྱེད་པ་ཞེས་བྱ་བ་ཐེག་པ་ཆེན་པོའི་མདོ།།
大乘無量壽宗要經　　　(3—3)

22

甘圖 GL.t.011　ཚེ་དཔག་ཏུ་མྱེད་པ་ཞེས་བྱ་བ།།ཐེག་པ་ཆེན་པོའི་མདོ།།

大乘無量壽宗要經　　　(3—1)

甘圖 GL.t.011　ཚེ་དཔག་ཏུ་མྱེད་པ་ཞེས་བྱ་བ།།ཐེག་པ་ཆེན་པོའི་མདོ།།

大乘無量壽宗要經　　　(3—2)

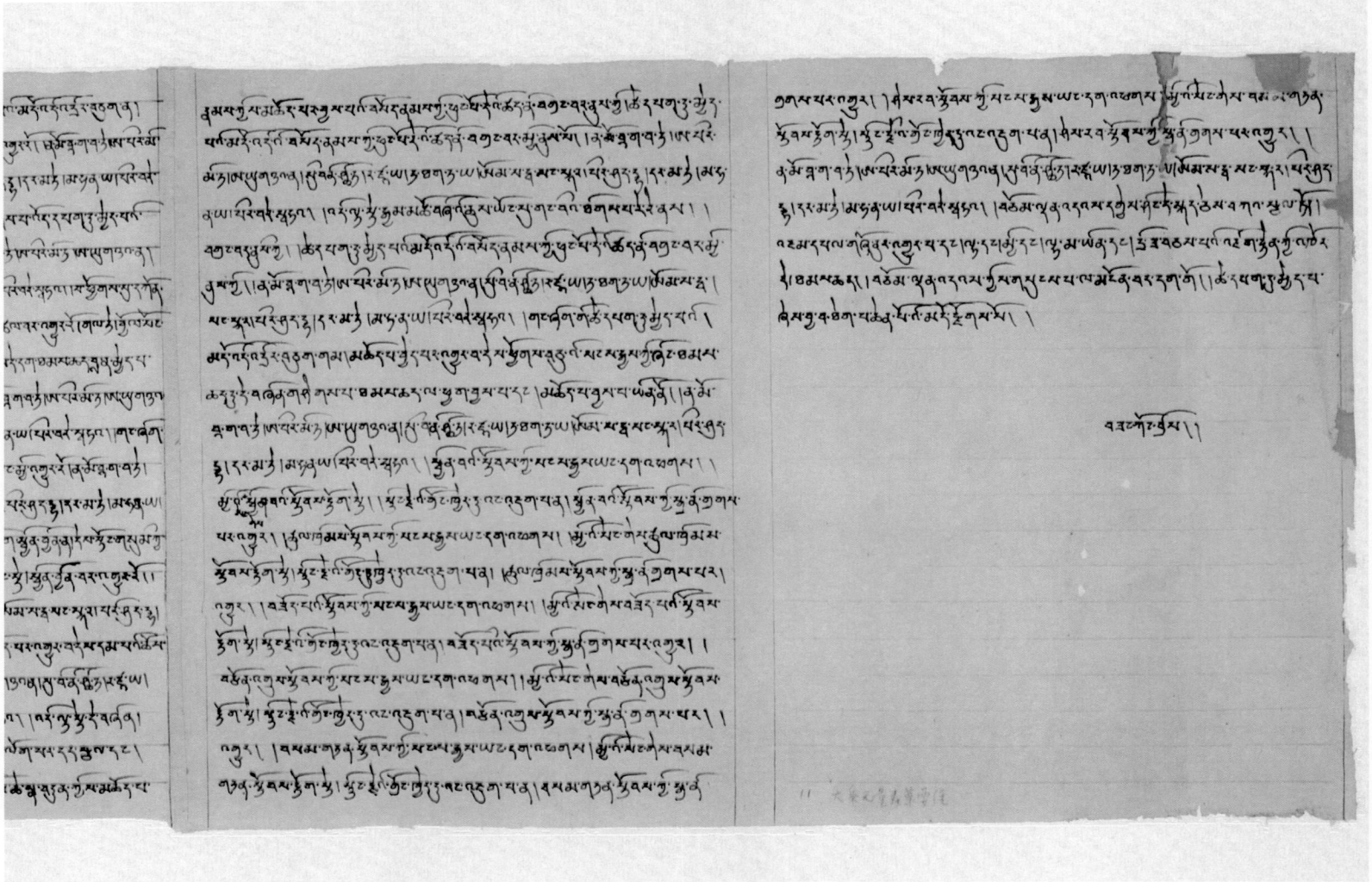

甘圖 GL.t.011　ཚེ་དཔག་དུ་མྱེད་པ་ཞེས་བྱ་བ།།ཐེག་པ་ཆེན་པོའི་མདོ།།
大乘無量壽宗要經　　(3—3)

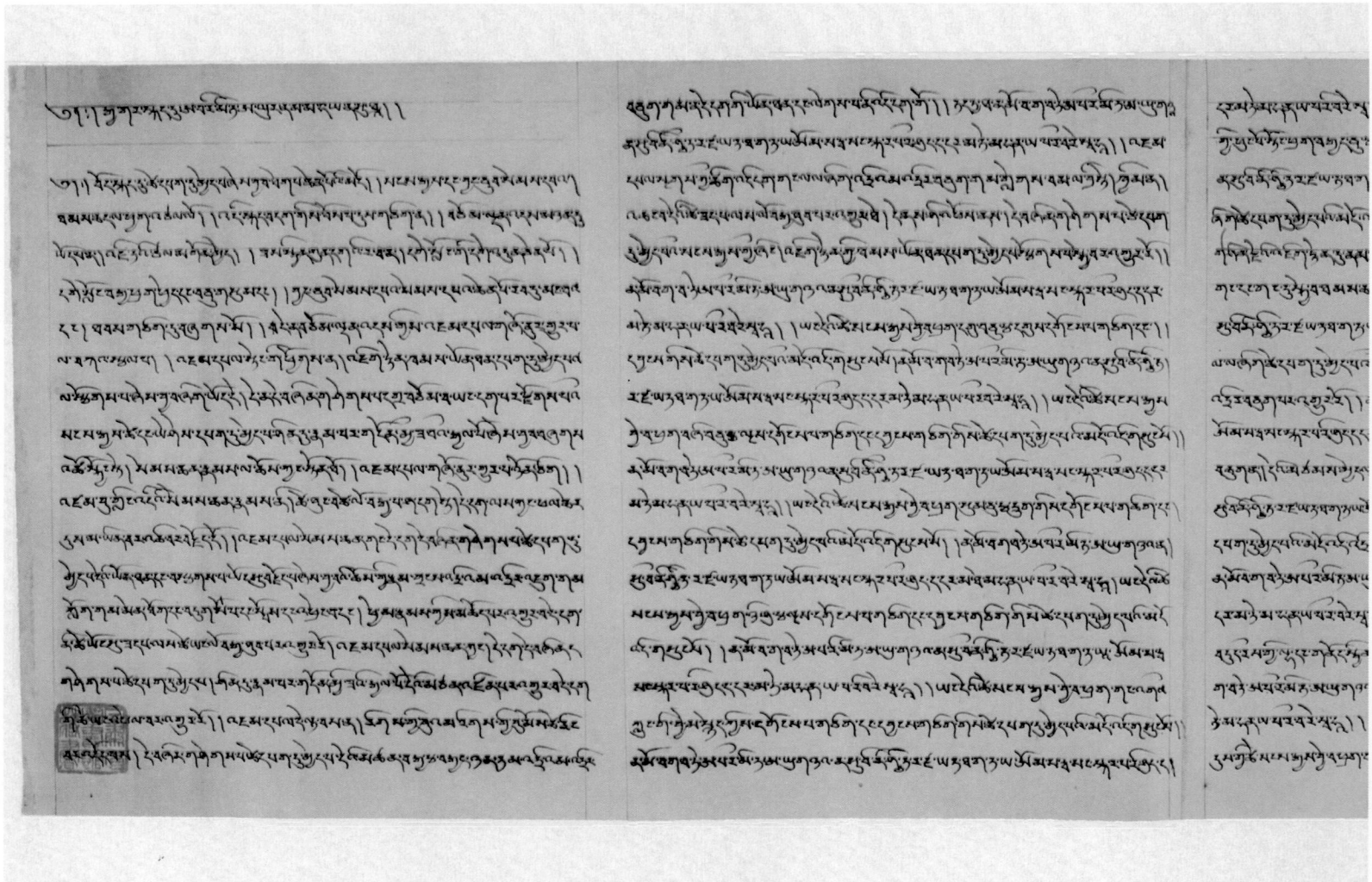

甘圖 GL.t.012　ཚེ་དཔག་དུ་མྱེད་པ་ཞེས་བྱ་བ་ཐེག་པ་ཆེན་པོའི་མདོ།།
大乘無量壽宗要經　　(3—1)

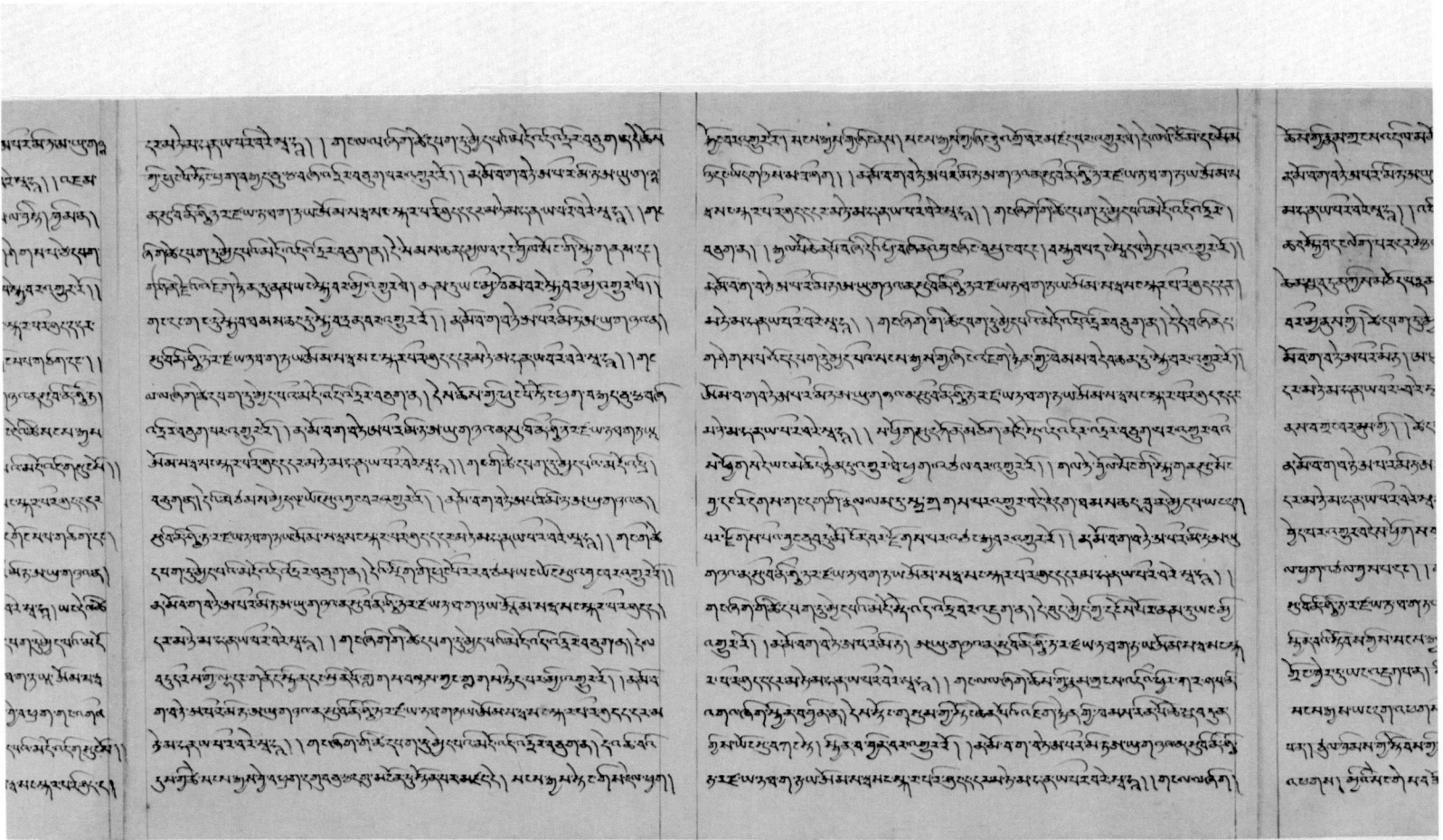

甘圖 GL.t.012　ཚེ་དཔག་ཏུ་མྱེད་པ་ཞེས་བྱ་བ་ཐེག་པ་ཆེན་པོའི་མདོ།།

大乘無量壽宗要經　　　(3—2)

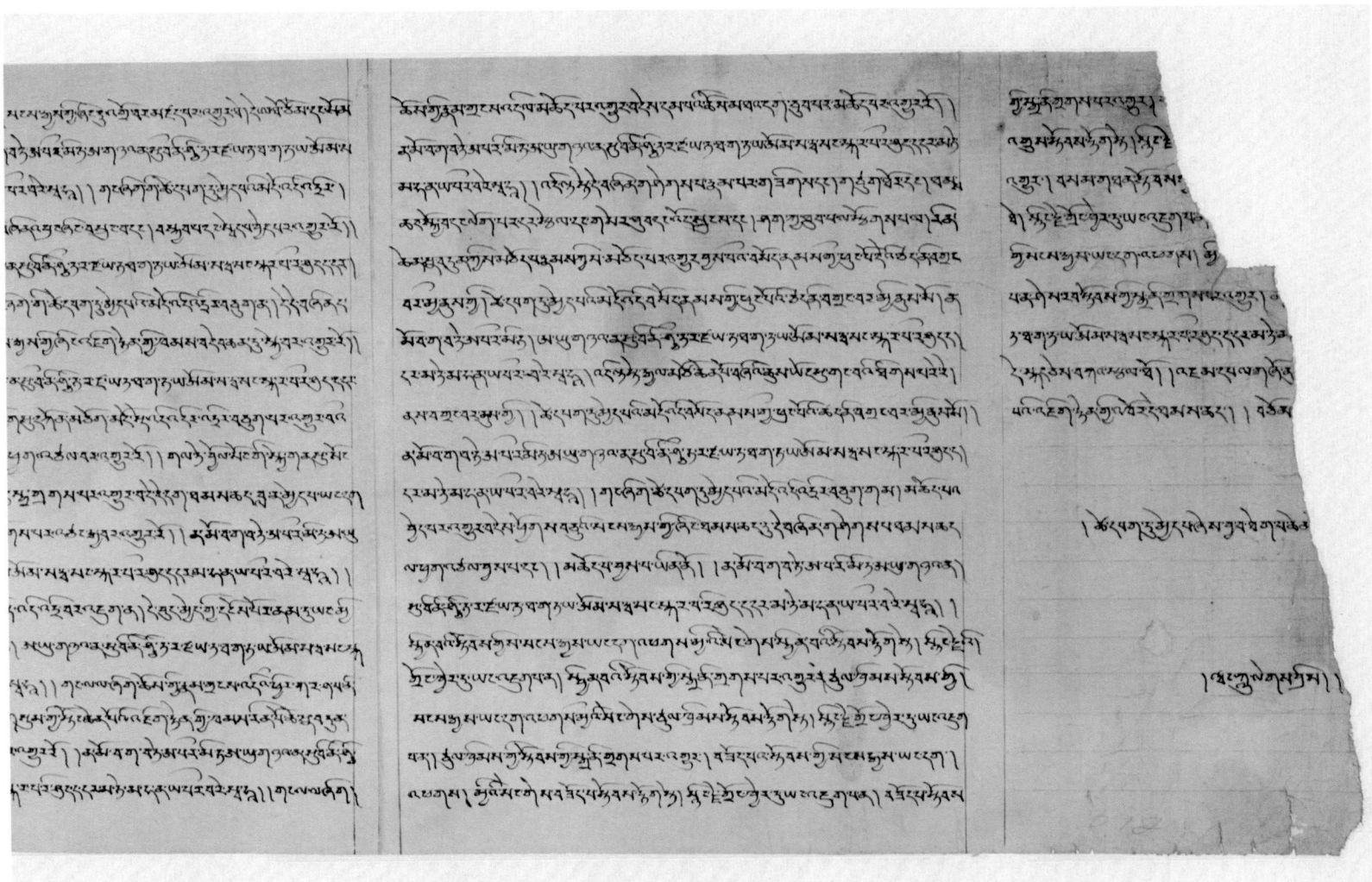

甘圖 GL.t.012　ཚེ་དཔག་ཏུ་མྱེད་པ་ཞེས་བྱ་བ་ཐེག་པ་ཆེན་པོའི་མདོ།།

大乘無量壽宗要經　　　(3—3)

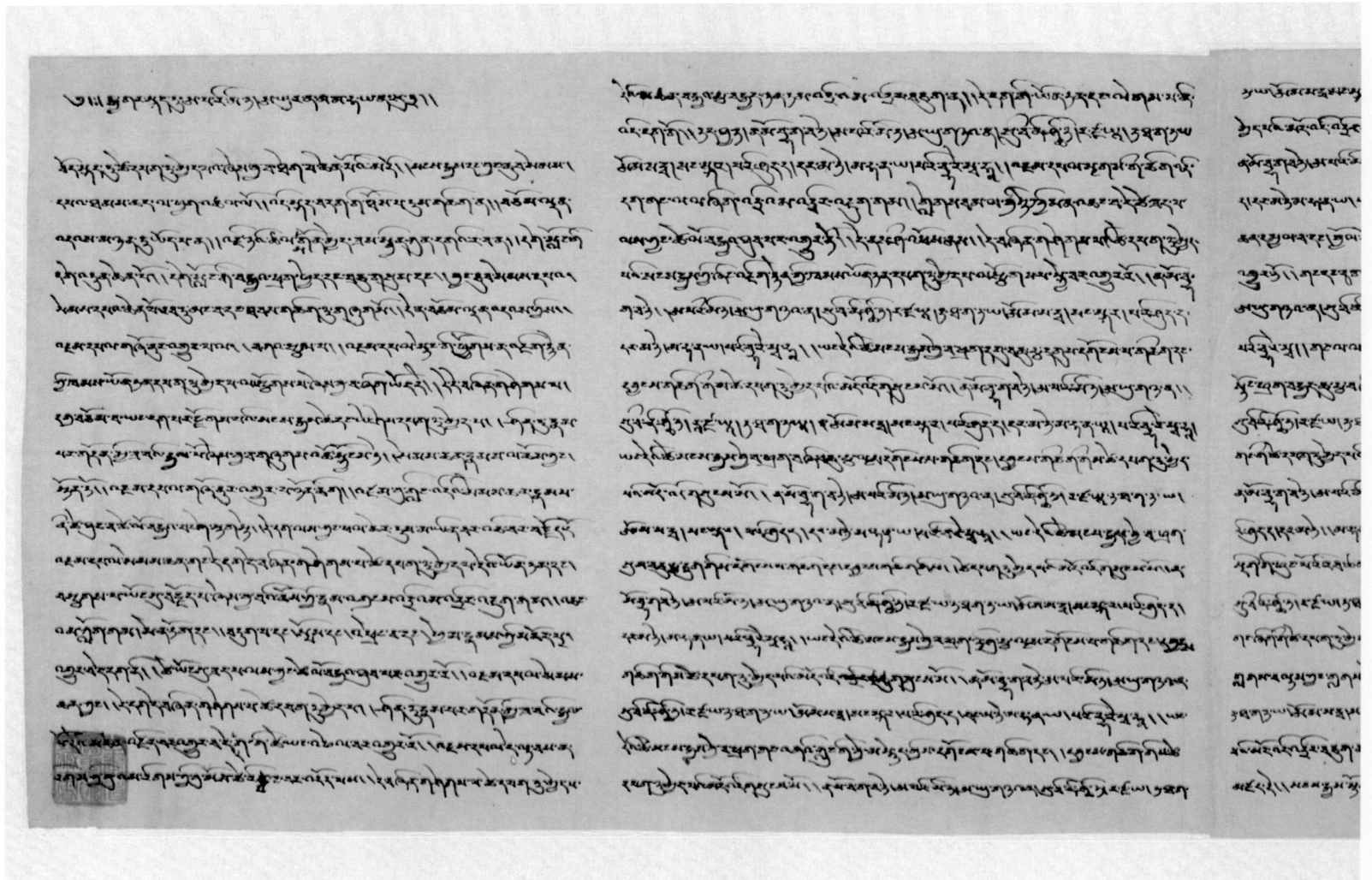

甘圖 GL.t.013　ཚེ་དཔག་དུ་མྱེད་པའ་ཞེས་བྱ་བ་ཐེག་པ་ཆེན་པོའི་མདོ།།
大乘無量壽宗要經　　(3—1)

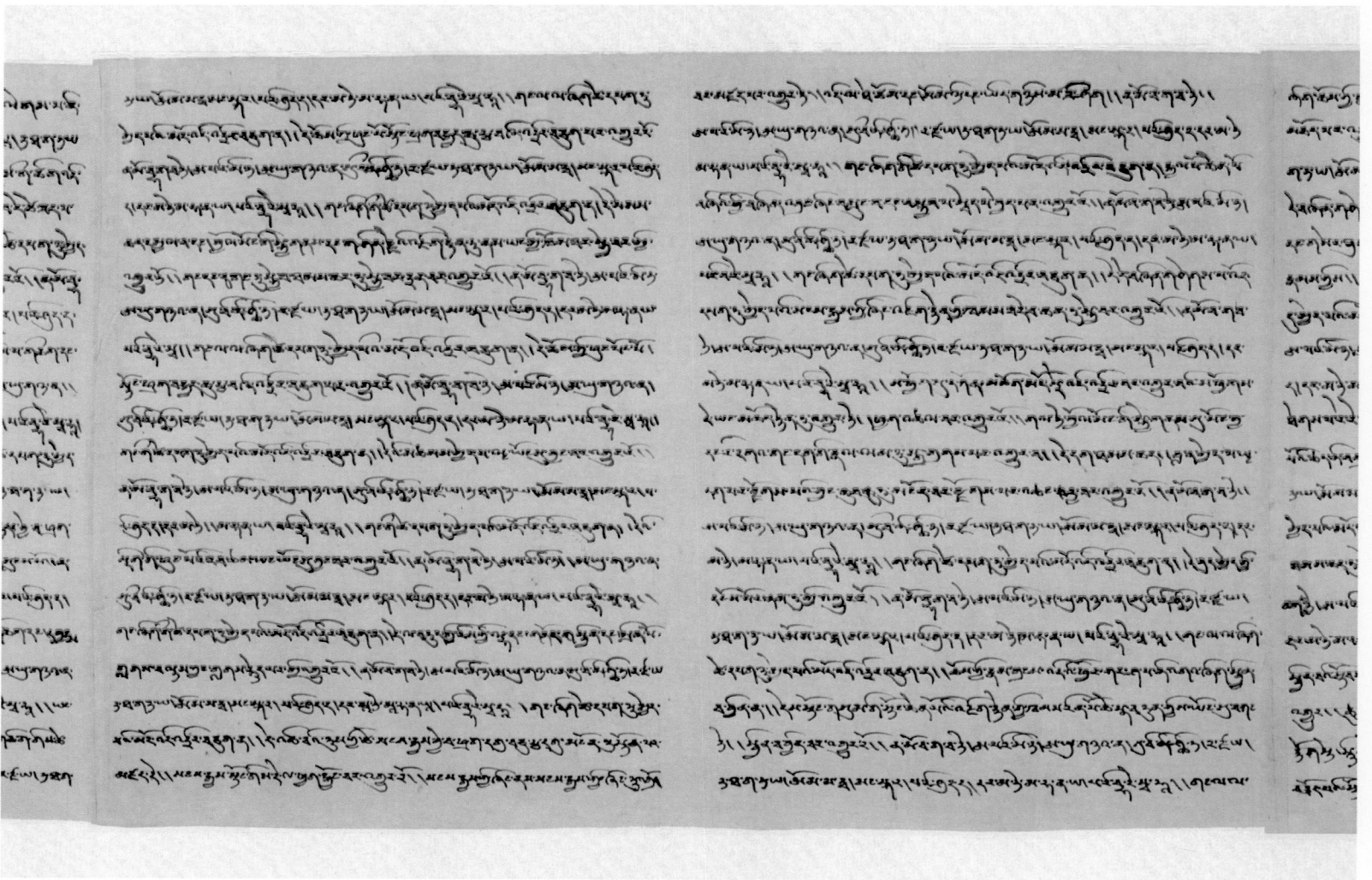

甘圖 GL.t.013　ཚེ་དཔག་དུ་མྱེད་པའ་ཞེས་བྱ་བ་ཐེག་པ་ཆེན་པོའི་མདོ།།
大乘無量壽宗要經　　(3—2)

甘圖 GL.t.013　ཚེ་དཔག་དུ་མྱེད་པའ་ཞེས་བྱ་བ་ཐེག་པ་ཆེན་པོའི་མདོ།།

大乘無量壽宗要經　　　(3—3)

甘圖 GL.t.014　འཕགས་པ་ཚེ་དང་ཡེ་ཤེས་དཔག་དུ་མྱེད་པ་ཞེས་བྱ་བ་ཐེག་པ་ཆེན་པོའི་མདོ།།

大乘無量壽宗要經　　　(3—1)

甘圖 GL.t.014　འཕགས་པ་ཚེ་དང་ཡེ་ཤེས་དཔག་ཏུ་མེད་པ་ཞེས་བྱ་བ་ཐེག་པ་ཆེན་པོའི་མདོ།།

大乘無量壽宗要經　　(3—2)

甘圖 GL.t.014　འཕགས་པ་ཚེ་དང་ཡེ་ཤེས་དཔག་ཏུ་མེད་པ་ཞེས་བྱ་བ་ཐེག་པ་ཆེན་པོའི་མདོ།།

大乘無量壽宗要經　　(3—3)

甘圖 GL.t.015　ཚེ་དཔག་ཏུ་མྱེད་པ་ཞེས་བྱ་བ་ཐེག་པ་ཆེན་པོའི་མདོ།།
大乘無量壽宗要經

甘圖 GL.t.016　ཚེ་དཔག་ཏུ་མྱེད་པ་ཞེས་བྱ་བ་ཐེག་པ་ཆེན་པོའི་མདོ།།
大乘無量壽宗要經　　(3—1)

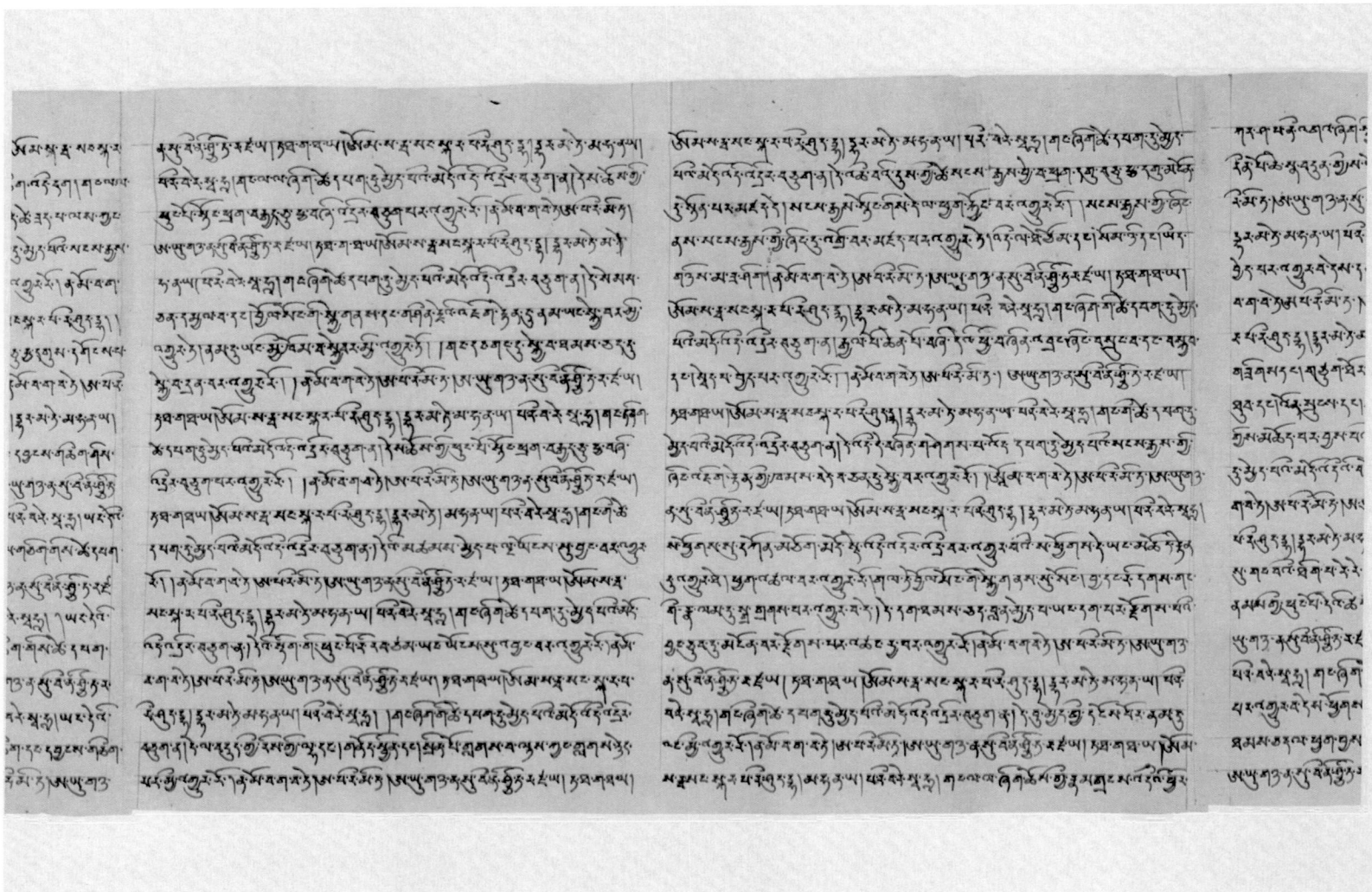

甘圖 GL.t.016　ཚེ་དཔག་དུ་མྱེད་པ་ཞེས་བྱ་བ་ཐེག་པ་ཆེན་པོའི་མདོ།།

大乘無量壽宗要經　　(3—2)

甘圖 GL.t.016　ཚེ་དཔག་དུ་མྱེད་པ་ཞེས་བྱ་བ་ཐེག་པ་ཆེན་པོའི་མདོ།།

大乘無量壽宗要經　　(3—3)

甘圖 GL.t.017　ཚེ་དཔག་ཏུ་མྱེད་པ་ཞེས་བྱ་བ་ཐེག་པ་ཆེན་པོའི་མདོ།།
大乘無量壽宗要經　　(3—1)

甘圖 GL.t.017　ཚེ་དཔག་ཏུ་མྱེད་པ་ཞེས་བྱ་བ་ཐེག་པ་ཆེན་པོའི་མདོ།།
大乘無量壽宗要經　　(3—2)

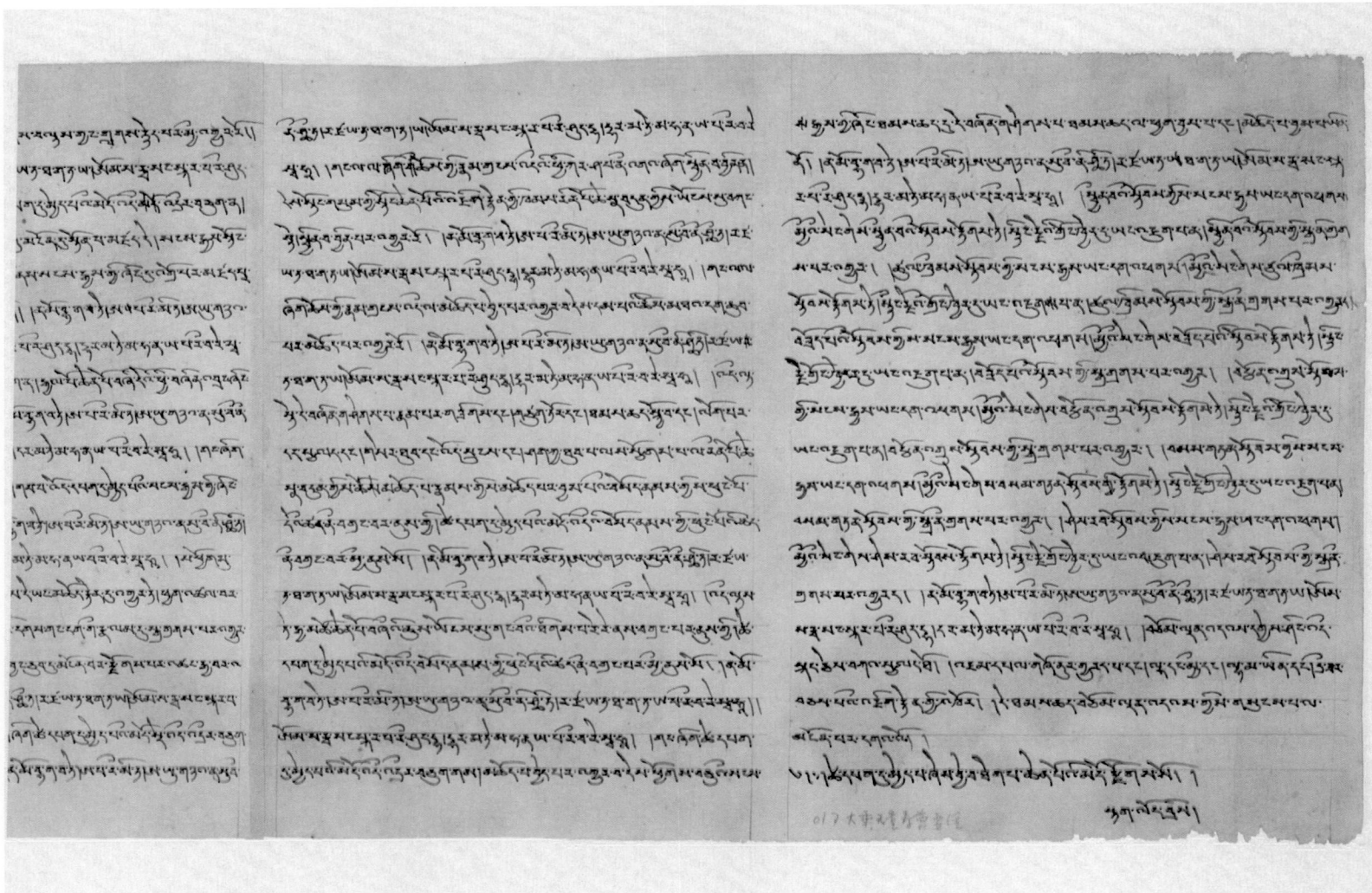

甘圖 GL.t.017 ཚེ་དཔག་དུ་མྱེད་པ་ཞེས་བྱ་བ་ཐེག་པ་ཆེན་པོའི་མདོ།།
大乘無量壽宗要經　　　(3—3)

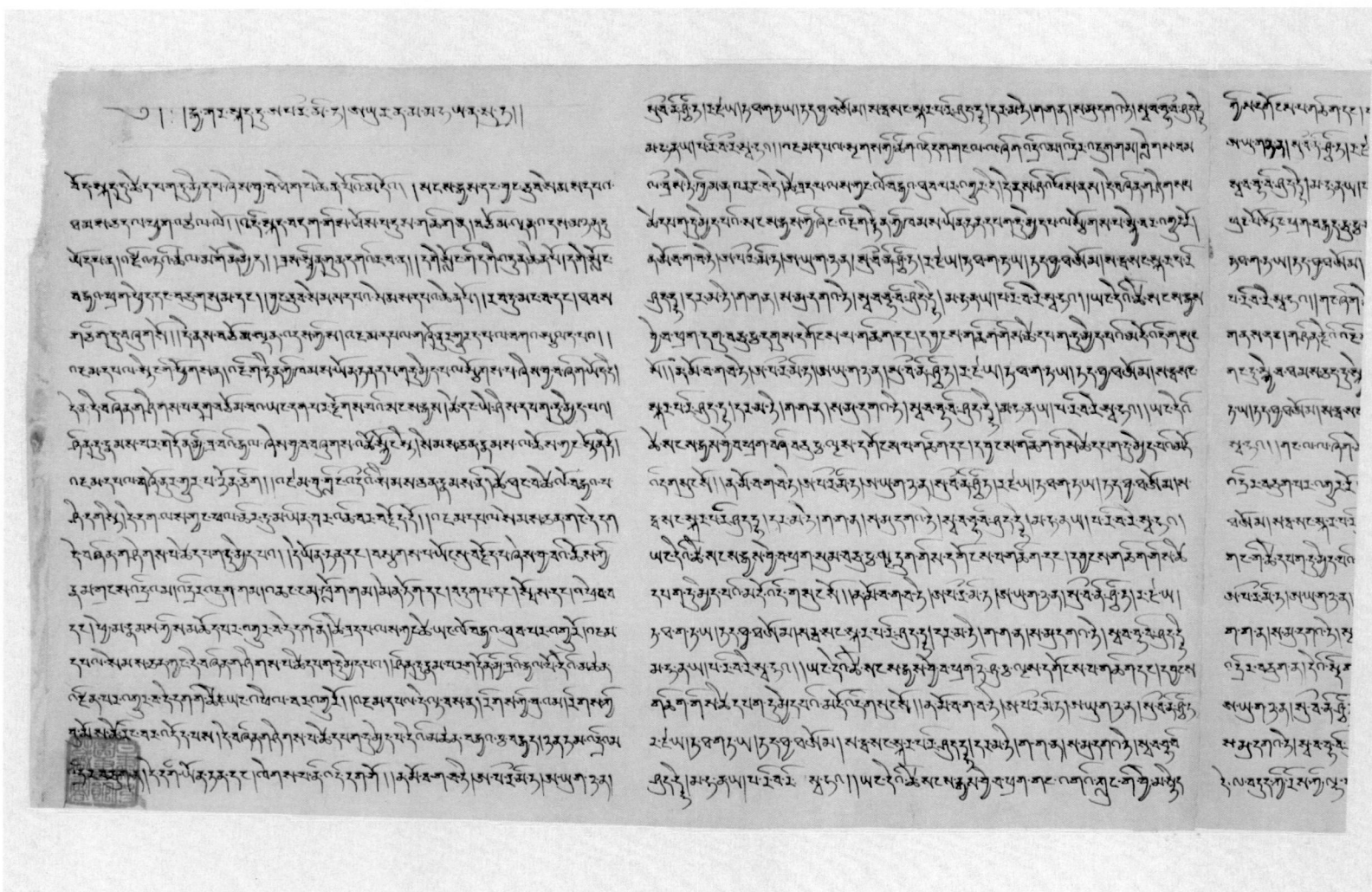

甘圖 GL.t.018 ཚེ་དཔག་དུ་མྱེད་པ་ཞེས་བྱ་བ་ཐེག་པ་ཆེན་པོའི་མདོ།།
大乘無量壽宗要經　　　(15—1)

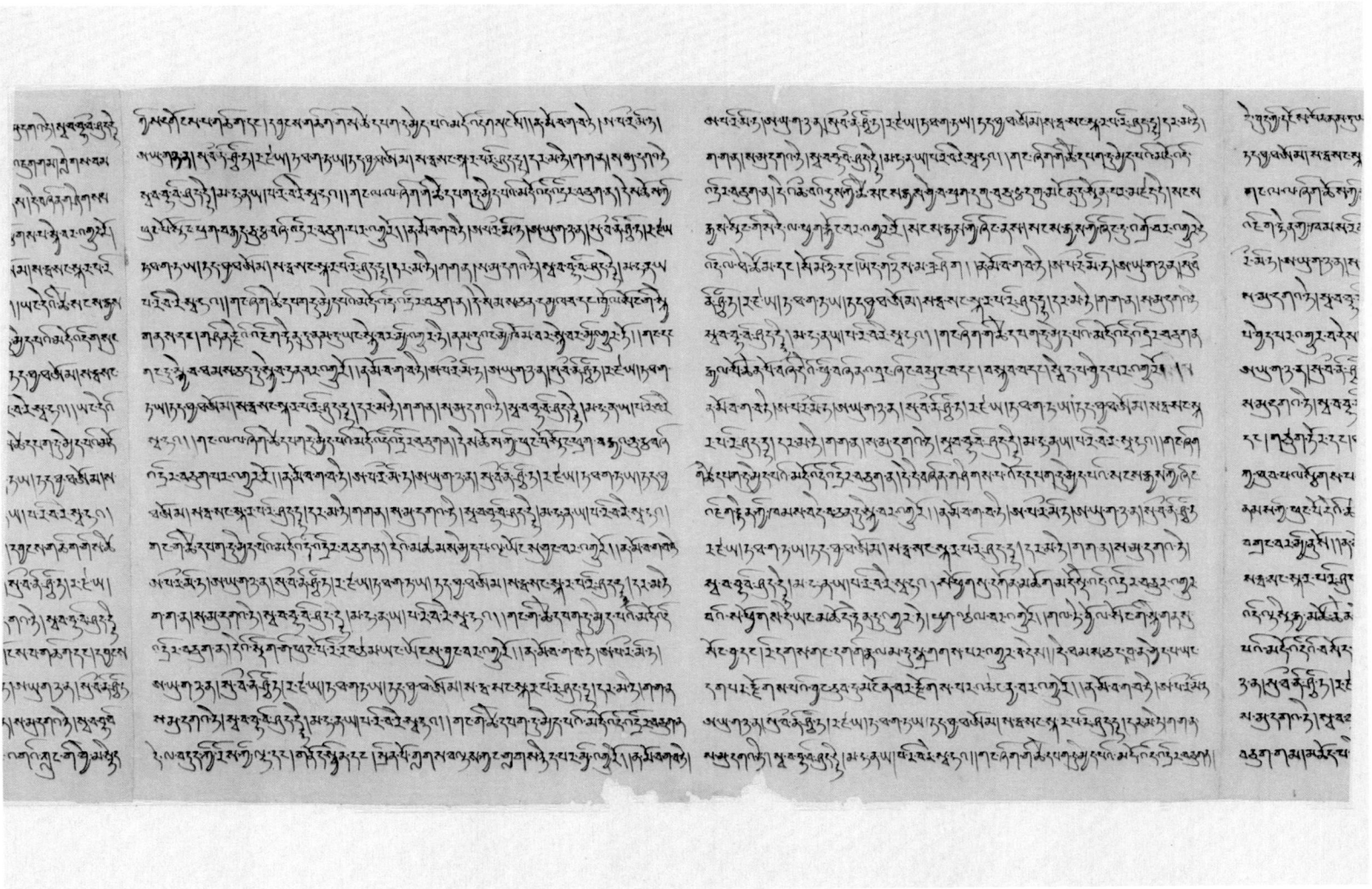

甘圖 GL.t.018　ཚེ་དཔག་དུ་མྱེད་པ་ཞེས་བྱ་བ་ཐེག་པ་ཆེན་པོའི་མདོ།།
大乘無量壽宗要經　　(15—2)

甘圖 GL.t.018　ཚེ་དཔག་དུ་མྱེད་པ་ཞེས་བྱ་བ་ཐེག་པ་ཆེན་པོའི་མདོ།།
大乘無量壽宗要經　　(15—3)

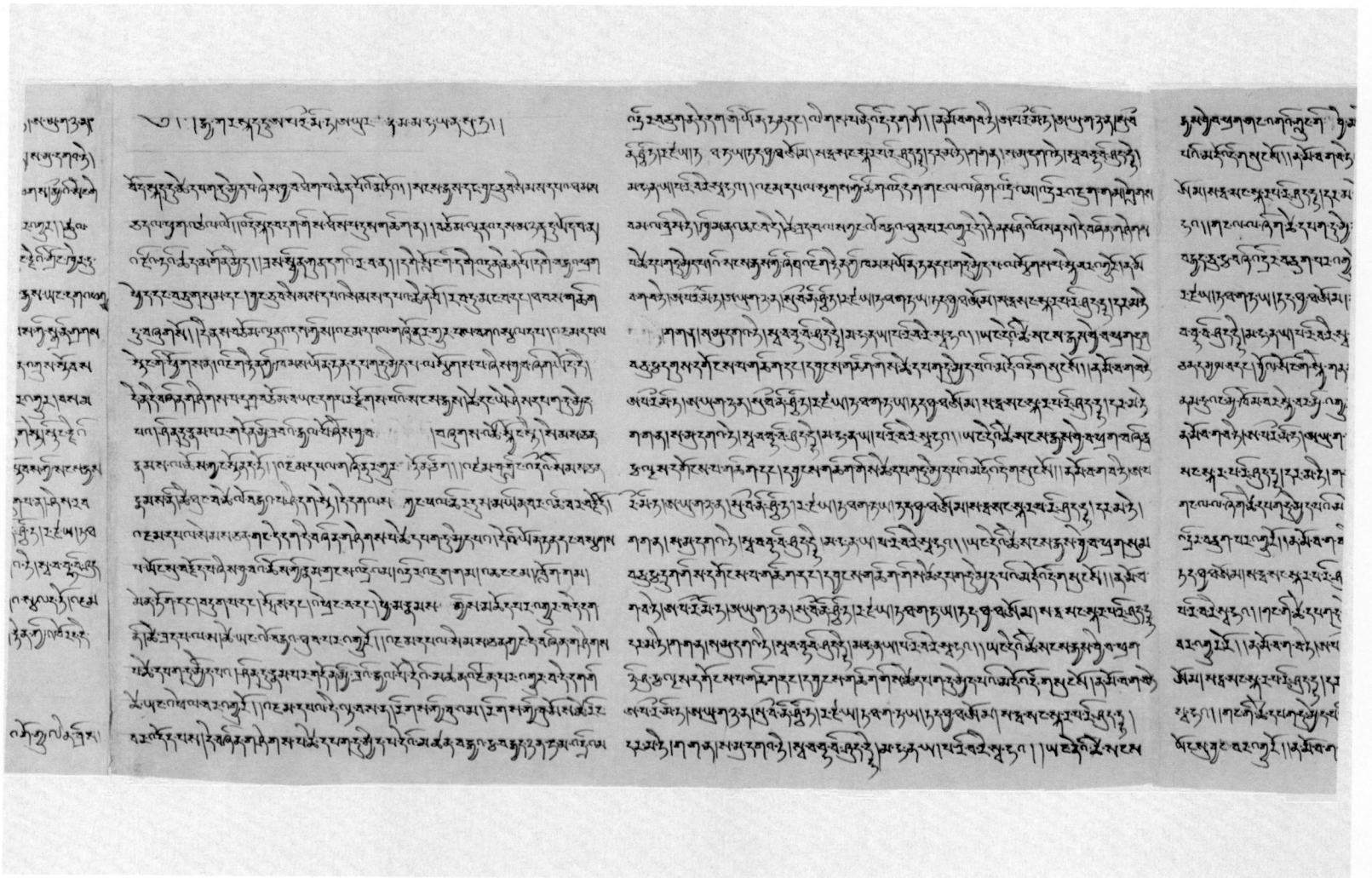

甘圖 GL.t.018　ཆོ་དཔག་དུ་མྱེད་པ་ཞེས་བྱ་བ་ཐེག་པ་ཆེན་པོའི་མདོ།།
大乘無量壽宗要經　　（15—4）

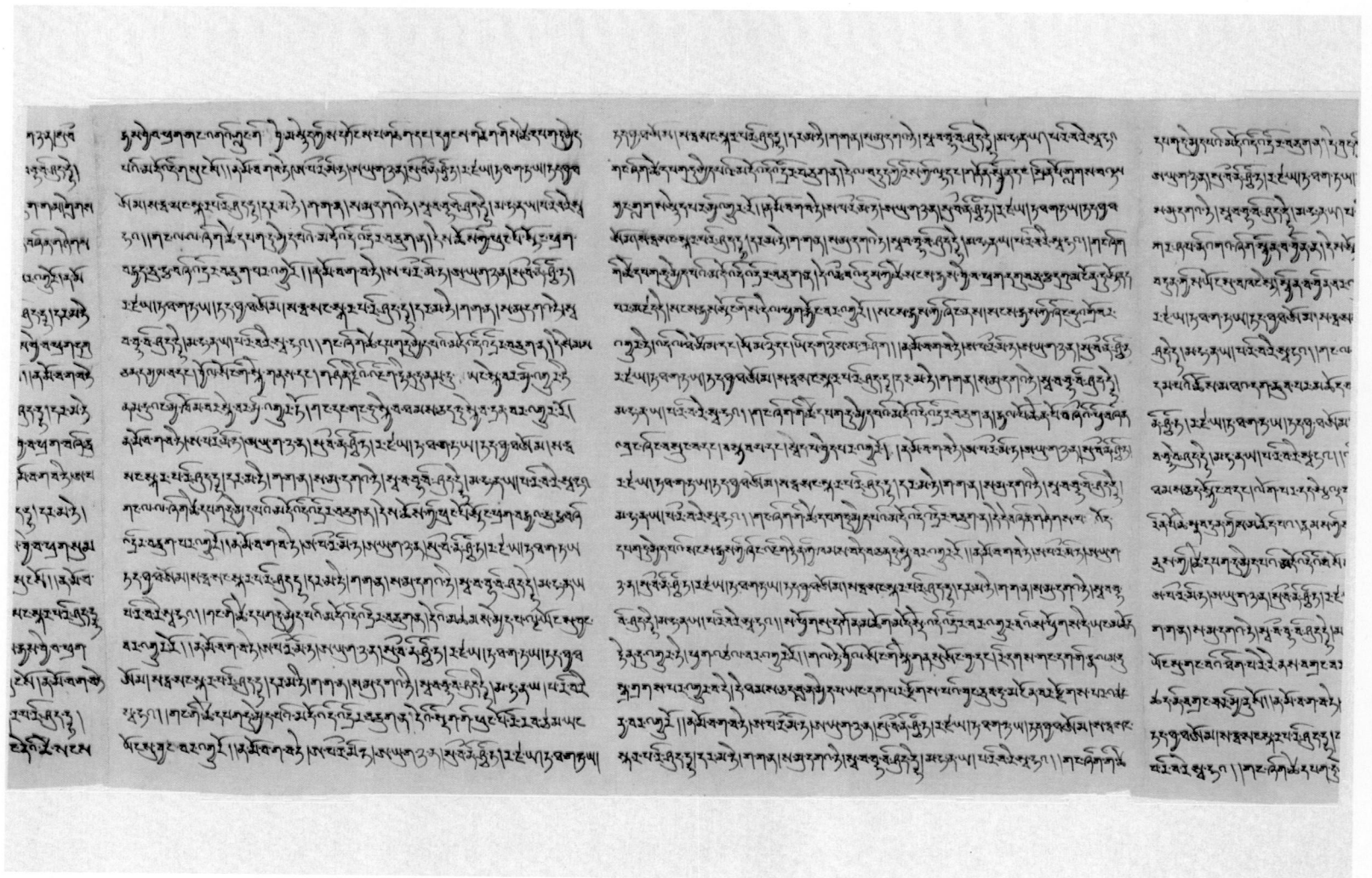

甘圖 GL.t.018　ཆོ་དཔག་དུ་མྱེད་པ་ཞེས་བྱ་བ་ཐེག་པ་ཆེན་པོའི་མདོ།།
大乘無量壽宗要經　　（15—5）

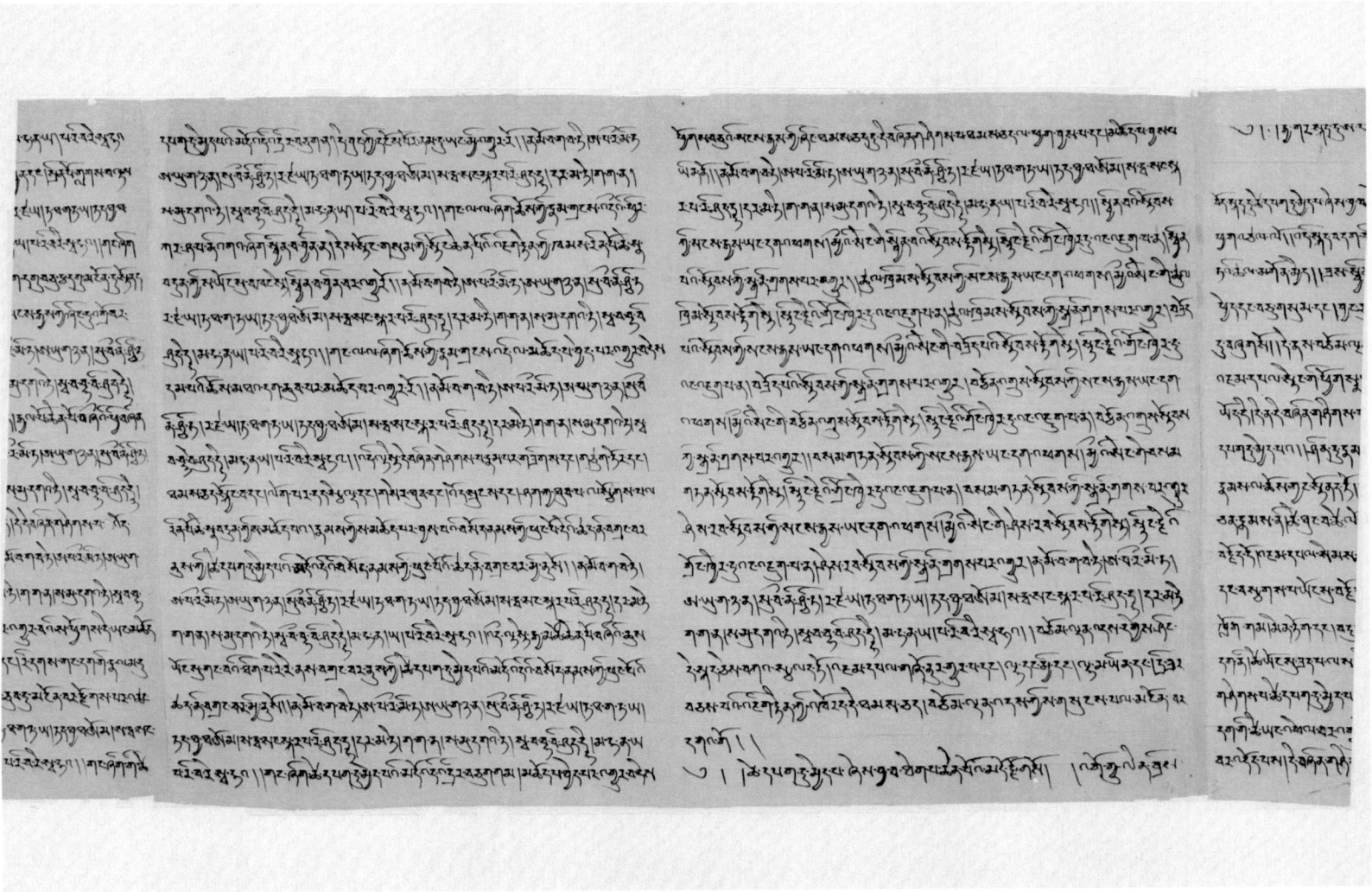

甘圖 GL.t.018　ཚེ་དཔག་ཏུ་མྱེད་པ་ཞེས་བྱ་བ་ཐེག་པ་ཆེན་པོའི་མདོ།།

大乘無量壽宗要經　　(15—6)

甘圖 GL.t.018　ཚེ་དཔག་ཏུ་མྱེད་པ་ཞེས་བྱ་བ་ཐེག་པ་ཆེན་པོའི་མདོ།།

大乘無量壽宗要經　　(15—7)

甘圖 GL.t.018　ཚེ་དཔག་ཏུ་མྱེད་པ་ཞེས་བྱ་བ་ཐེག་པ་ཆེན་པོའི་མདོ།།
大乘無量壽宗要經　　　(15—8)

甘圖 GL.t.018　ཚེ་དཔག་ཏུ་མྱེད་པ་ཞེས་བྱ་བ་ཐེག་པ་ཆེན་པོའི་མདོ།།
大乘無量壽宗要經　　　(15—9)

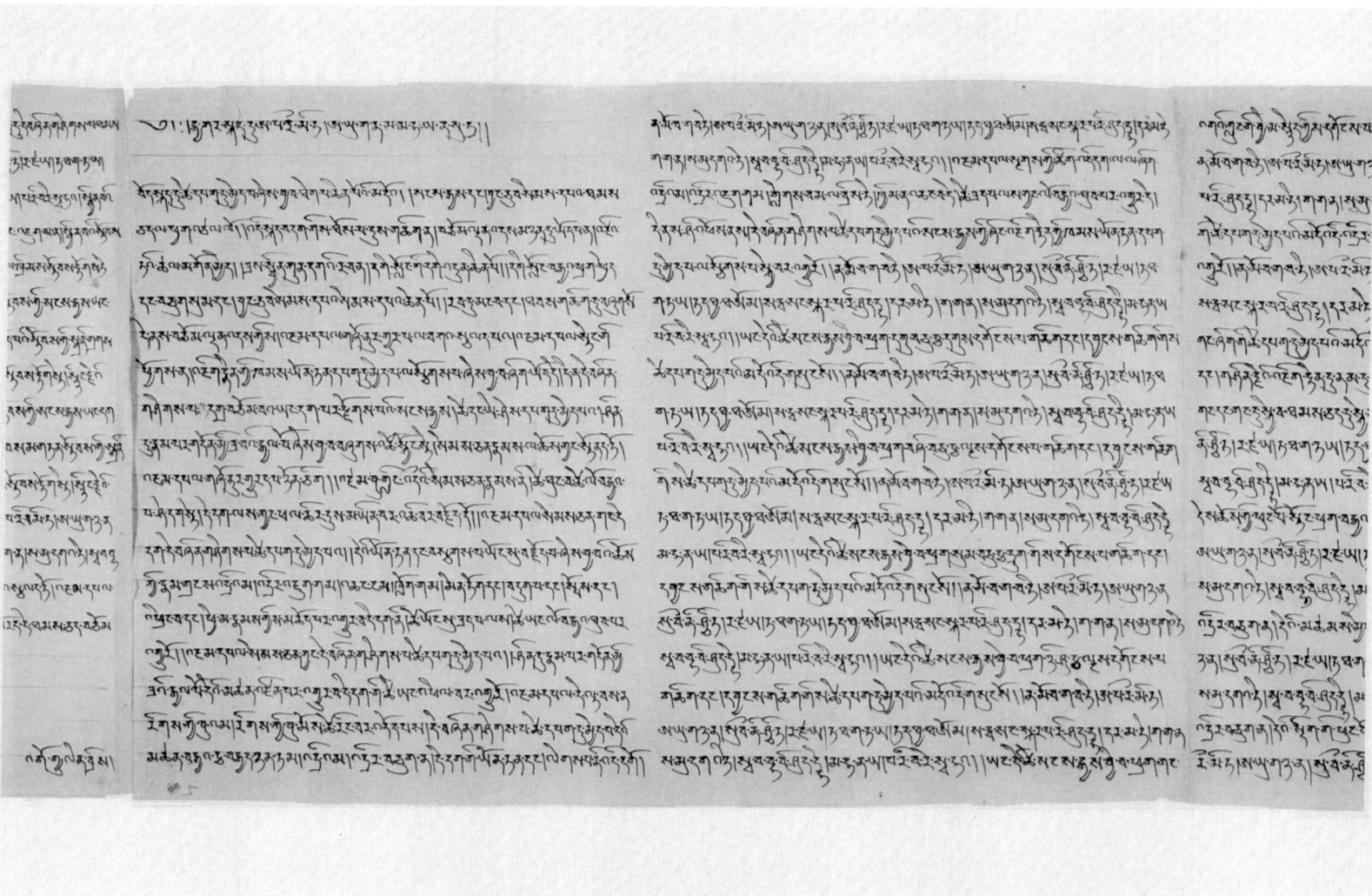

甘圖 GL.t.018 ཚེ་དཔག་དུ་མྱེད་པ་ཞེས་བྱ་བ་ཐེག་པ་ཆེན་པོའི་མདོ།།
大乘無量壽宗要經 (15—10)

甘圖 GL.t.018 ཚེ་དཔག་དུ་མྱེད་པ་ཞེས་བྱ་བ་ཐེག་པ་ཆེན་པོའི་མདོ།།
大乘無量壽宗要經 (15—11)

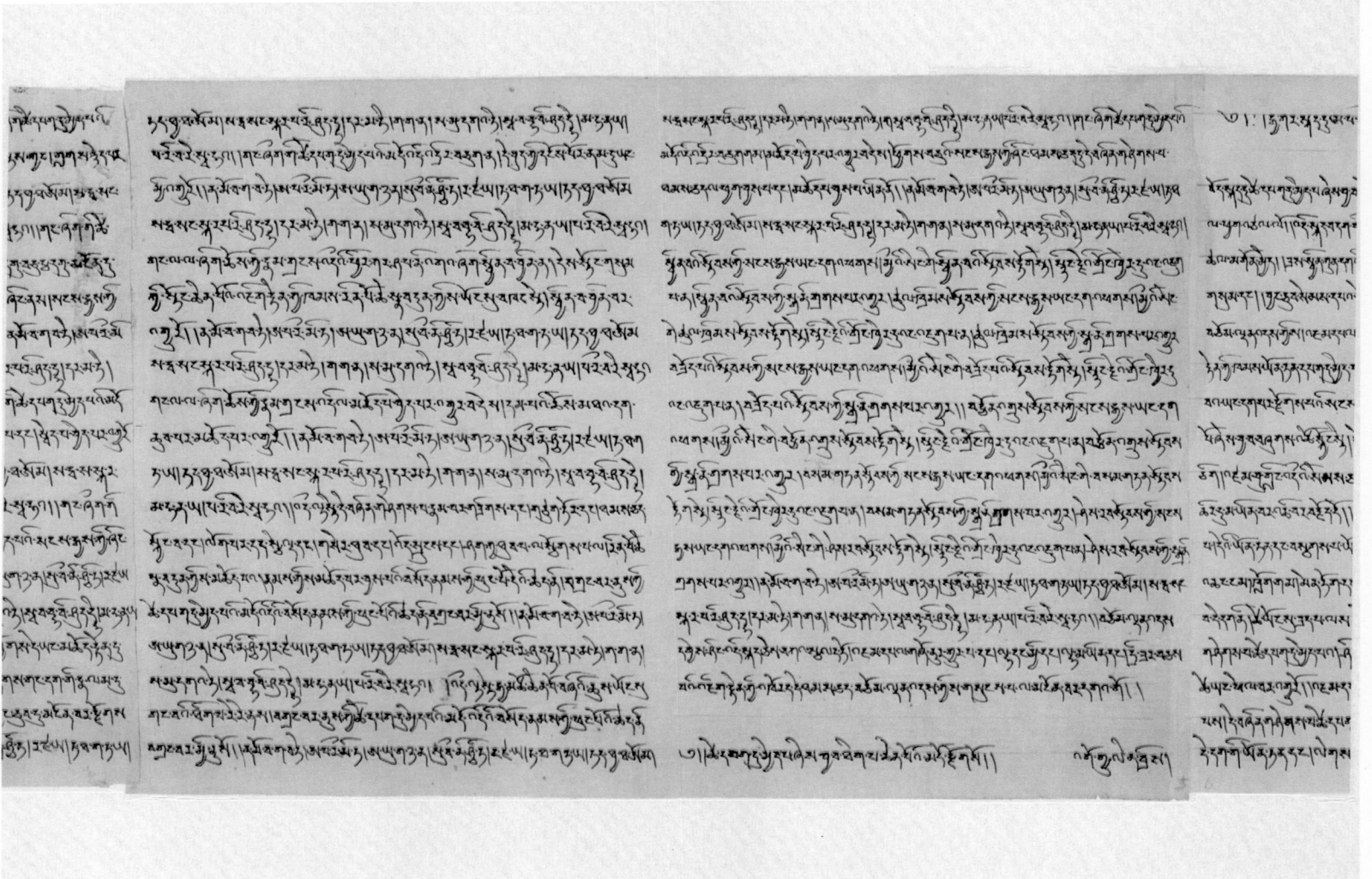

甘圖 GL.t.018　ཚེ་དཔག་དུ་མྱེད་པ་ཞེས་བྱ་བ་ཐེག་པ་ཆེན་པོའི་མདོ།།
　　　　　大乘無量壽宗要經　　（15—12）

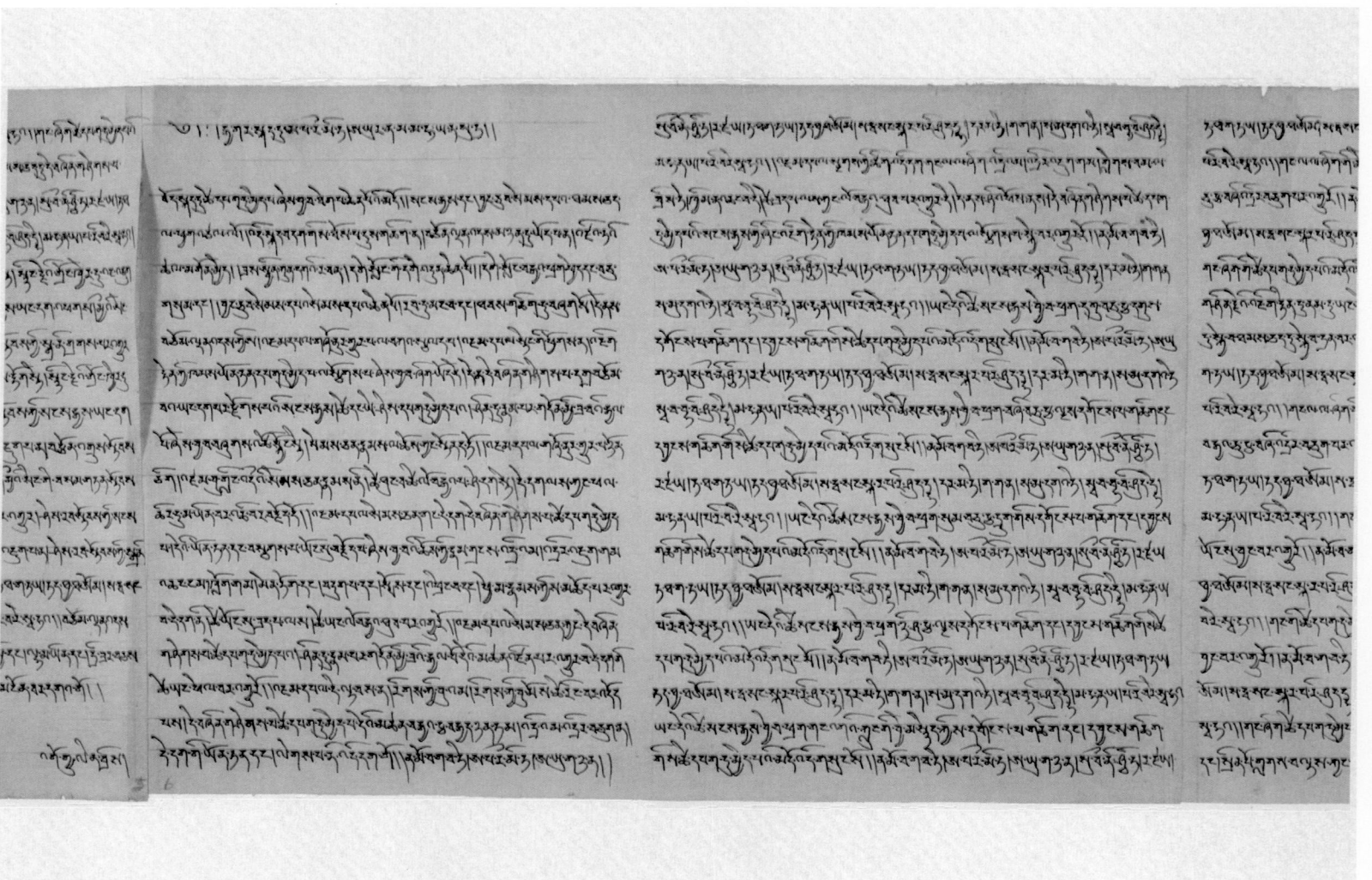

甘圖 GL.t.018　ཚེ་དཔག་དུ་མྱེད་པ་ཞེས་བྱ་བ་ཐེག་པ་ཆེན་པོའི་མདོ།།
　　　　　大乘無量壽宗要經　　（15—13）

甘圖 GL.t.018　ཚེ་དཔག་ཏུ་མྱེད་པ་ཞེས་བྱ་བ་ཐེག་པ་ཆེན་པོའི་མདོ།།

大乘無量壽宗要經　　　(15—14)

甘圖 GL.t.018　ཚེ་དཔག་ཏུ་མྱེད་པ་ཞེས་བྱ་བ་ཐེག་པ་ཆེན་པོའི་མདོ།།

大乘無量壽宗要經　　　(15—15)

甘圖 GL.t.019　ཚེ་དཔག་དུ་མྱེད་པ་ཞེས་བྱ་བ་ཐེག་པ་ཆེན་པོ་འི་མདོ༎
大乘無量壽宗要經　　（3—1）

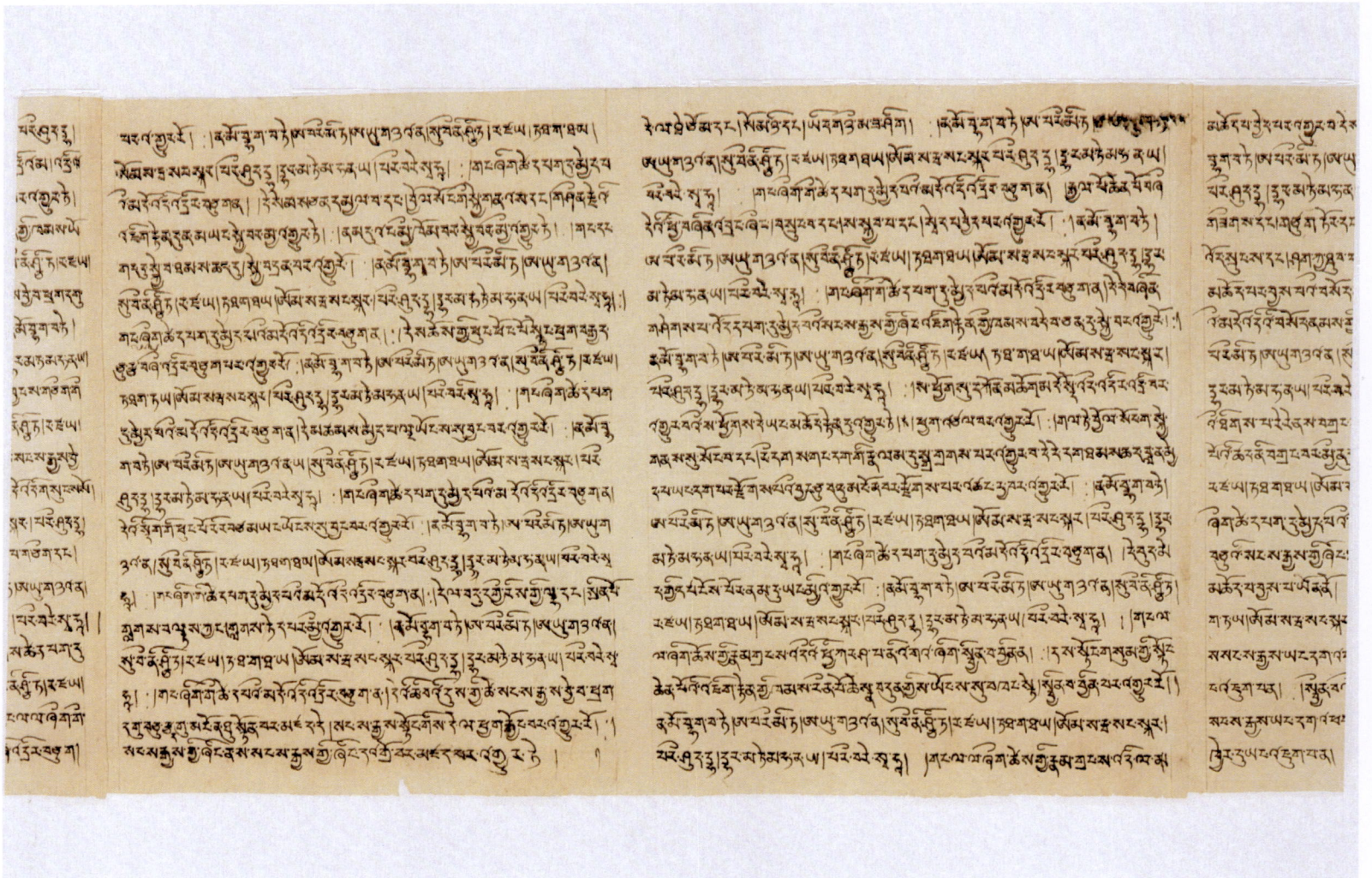

甘圖 GL.t.019　ཚེ་དཔག་དུ་མྱེད་པ་ཞེས་བྱ་བ་ཐེག་པ་ཆེན་པོ་འི་མདོ༎
大乘無量壽宗要經　　（3—2）

甘圖 GL.t.019　ཚེ་དཔག་དུ་མྱེད་པ་ཞེས་བྱ་བ་ཐེག་པ་ཆེན་པོ་འི་མདོ།།
大乘無量壽宗要經　　　(3—3)

甘圖 GL.t.020　ཚེ་དཔག་དུ་མྱེད་པ་ཞེས་བྱ་བའ་ཐེག་པ་ཆེན་པོའི་མདོ།།
大乘無量壽宗要經　　　(3—1)

甘圖 GL.t.020　ཚེ་དཔག་དུ་མྱེད་པ་ཞེས་བྱ་བའ་ཐེག་པ་ཆེན་པོའི་མདོ།།
大乘無量壽宗要經　　(3—2)

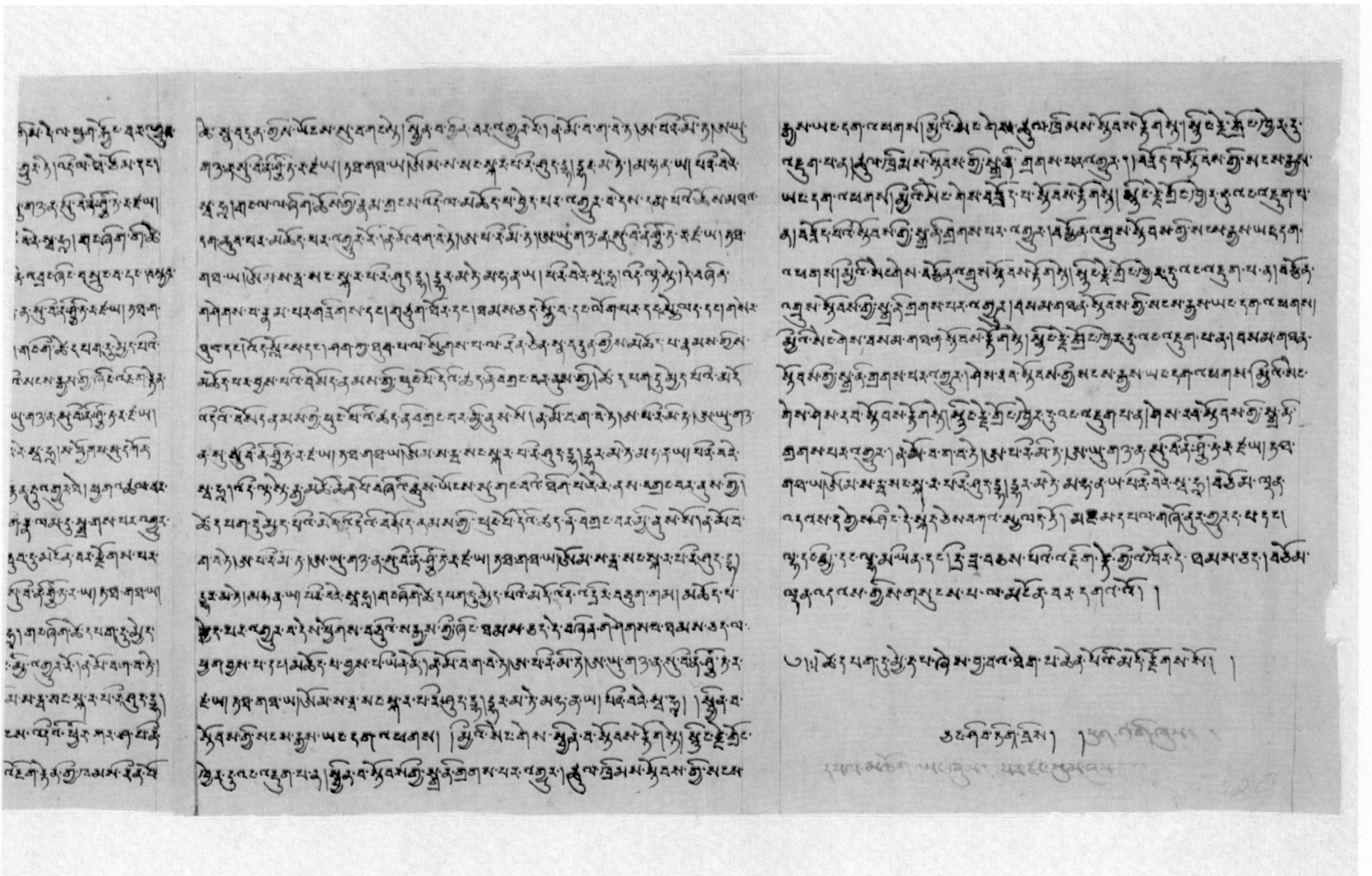

甘圖 GL.t.020　ཚེ་དཔག་དུ་མྱེད་པ་ཞེས་བྱ་བའ་ཐེག་པ་ཆེན་པོའི་མདོ།།
大乘無量壽宗要經　　(3—3)

甘圖 GL.t.021　ཆོ་དཔག་དུ་མྱེད་པ་ཞེས་བྱ་བ་ཐེག་པ་ཆེན་པོའི་མདོ།།

大乘無量壽宗要經　　　(3—1)

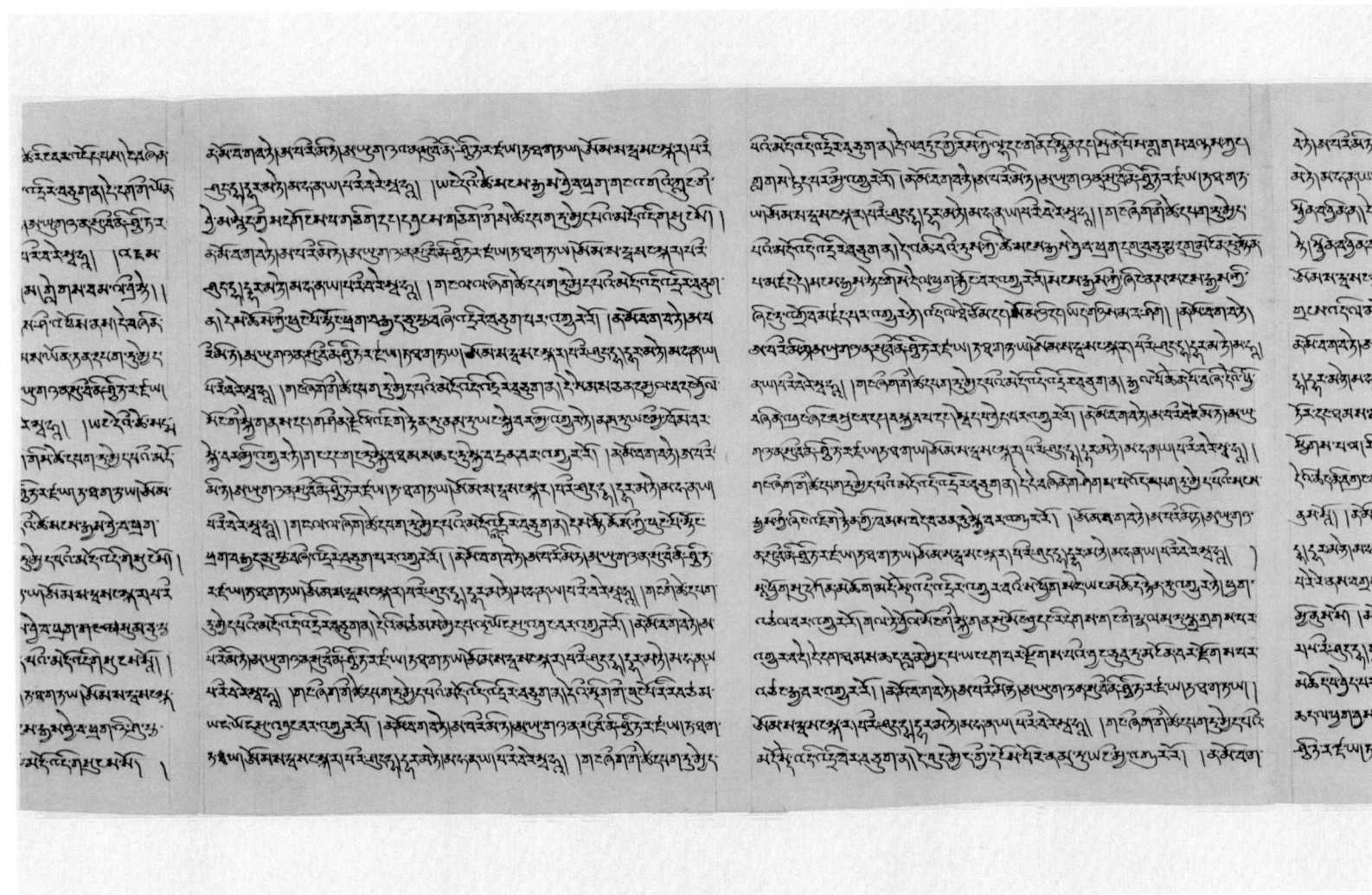

甘圖 GL.t.021　ཆོ་དཔག་དུ་མྱེད་པ་ཞེས་བྱ་བ་ཐེག་པ་ཆེན་པོའི་མདོ།།

大乘無量壽宗要經　　　(3—2)

甘圖 GL.t.021　ཚེ་དཔག་ཏུ་མྱེད་པ་ཞེས་བྱ་བ་ཐེག་པ་ཆེན་པོའི་མདོ།།

大乘無量壽宗要經　　　(3—3)

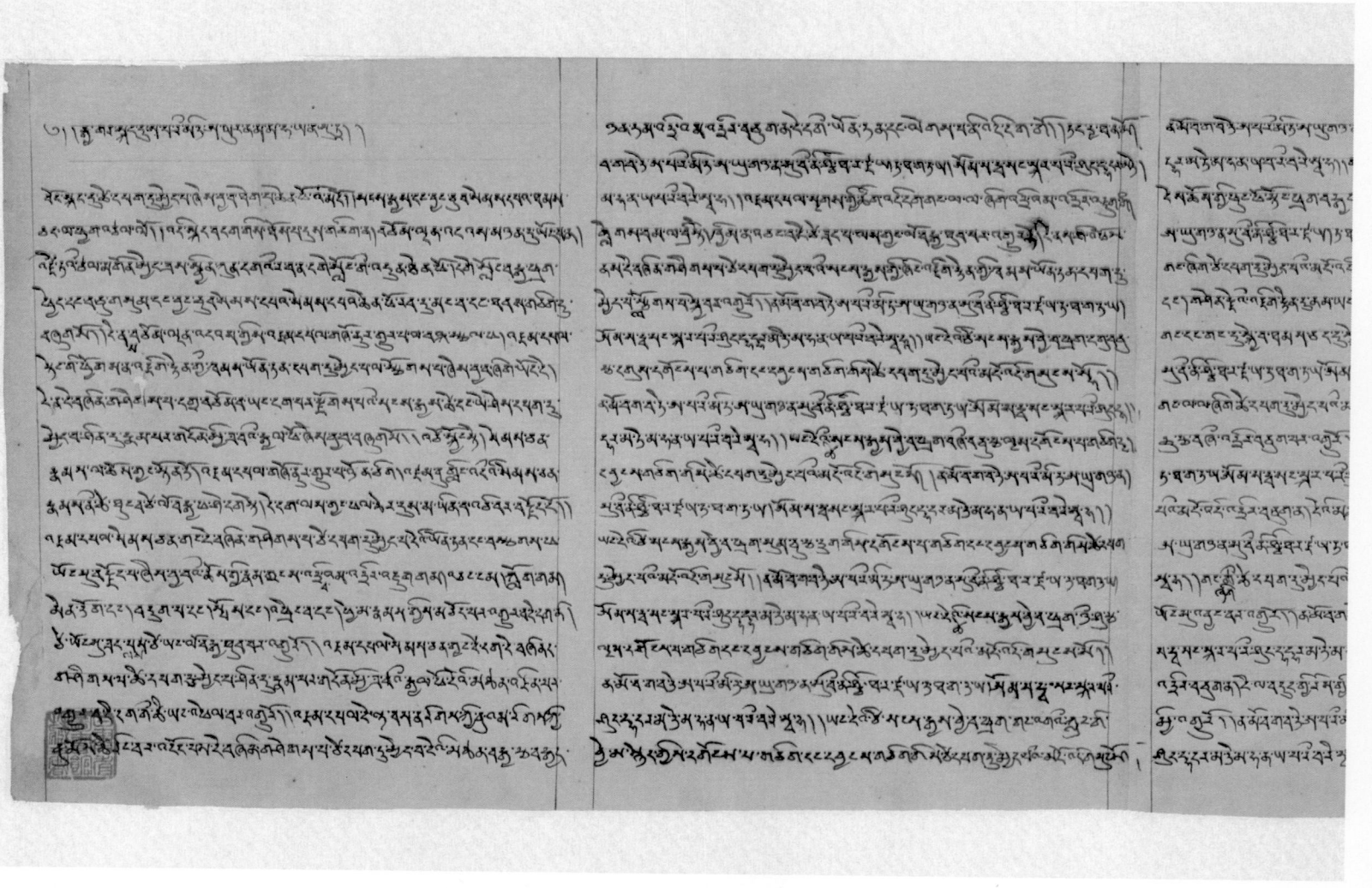

甘圖 GL.t.022　ཚེ་དཔག་ཏུ་མྱེད་པ་ཞེས་བྱ་བ་ཐེག་པ་ཆེན་པོའི་མདོ།།

大乘無量壽宗要經　　　(3—1)

甘圖 GL.t.022　ཚེ་དཔག་དུ་མྱེད་པ་ཞེས་བྱ་བ་ཐེག་པ་ཆེན་པོ་འི་མདོ།།

大乘無量壽宗要經　　　(3—2)

甘圖 GL.t.022　ཚེ་དཔག་དུ་མྱེད་པ་ཞེས་བྱ་བ་ཐེག་པ་ཆེན་པོ་འི་མདོ།།

大乘無量壽宗要經　　　(3—3)

甘圖 GL.t.023　འཕགས་པ་ཚེ་དང་ཡེ་ཤེས་དཔག་ཏུ་མེད་པ་ཞེས་བྱ་བ་ཐེག་པ་ཆེན་པོའི་མདོ།།

大乘無量壽宗要經

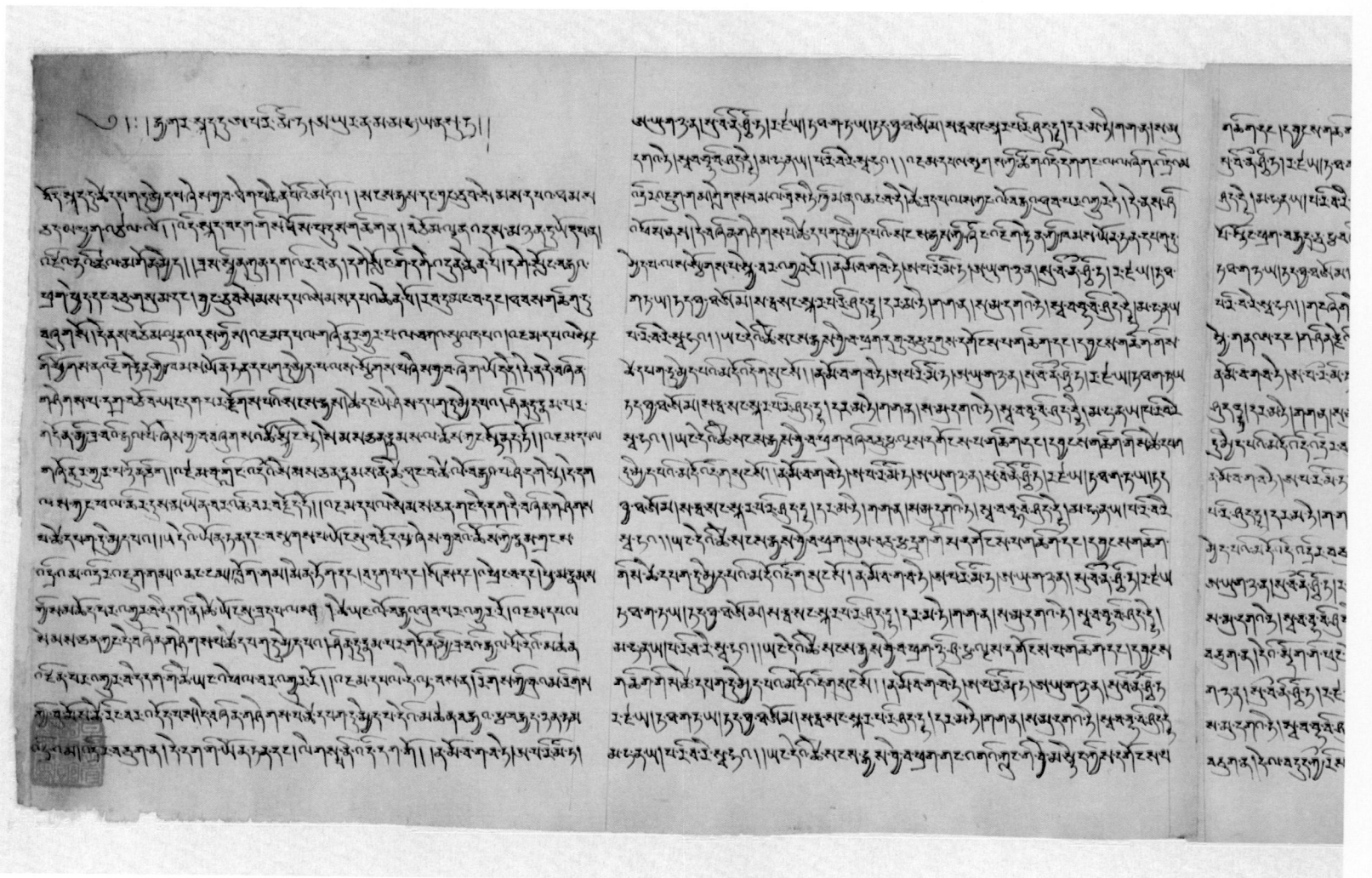

甘圖 GL.t.024　ཚེ་དཔག་ཏུ་མྱིད་པ་ཞེས་བྱ་བ་ཐེག་པ་ཆེན་པོའི་མདོ།།

大乘無量壽宗要經　　(2—1)

46

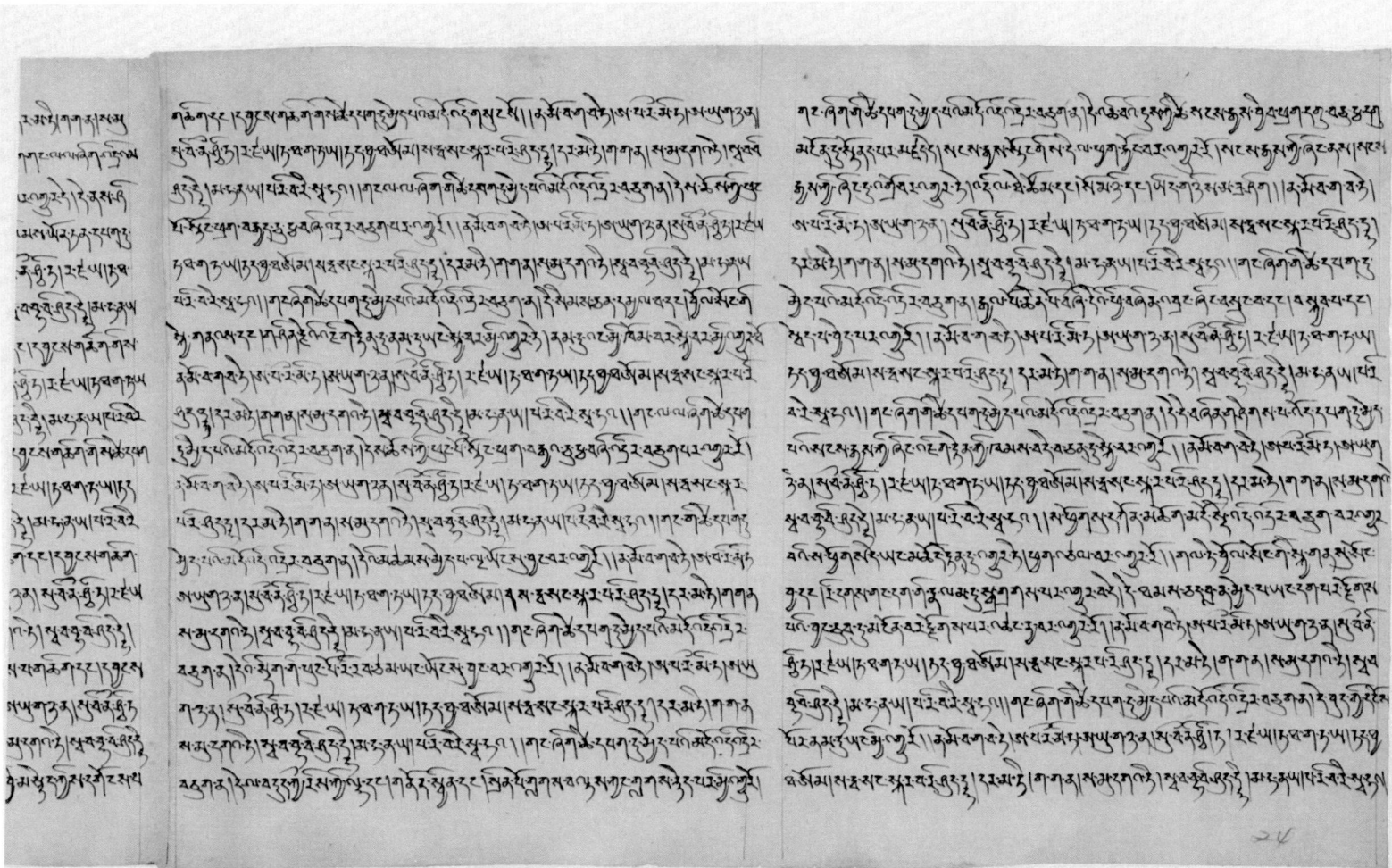

甘圖 GL.t.024　ཚེ་དཔག་ཏུ་མྱེད་པ་ཞེས་བྱ་བ་ཐེག་པ་ཆེན་པོའི་མདོ།།
大乘無量壽宗要經　　　(2—2)

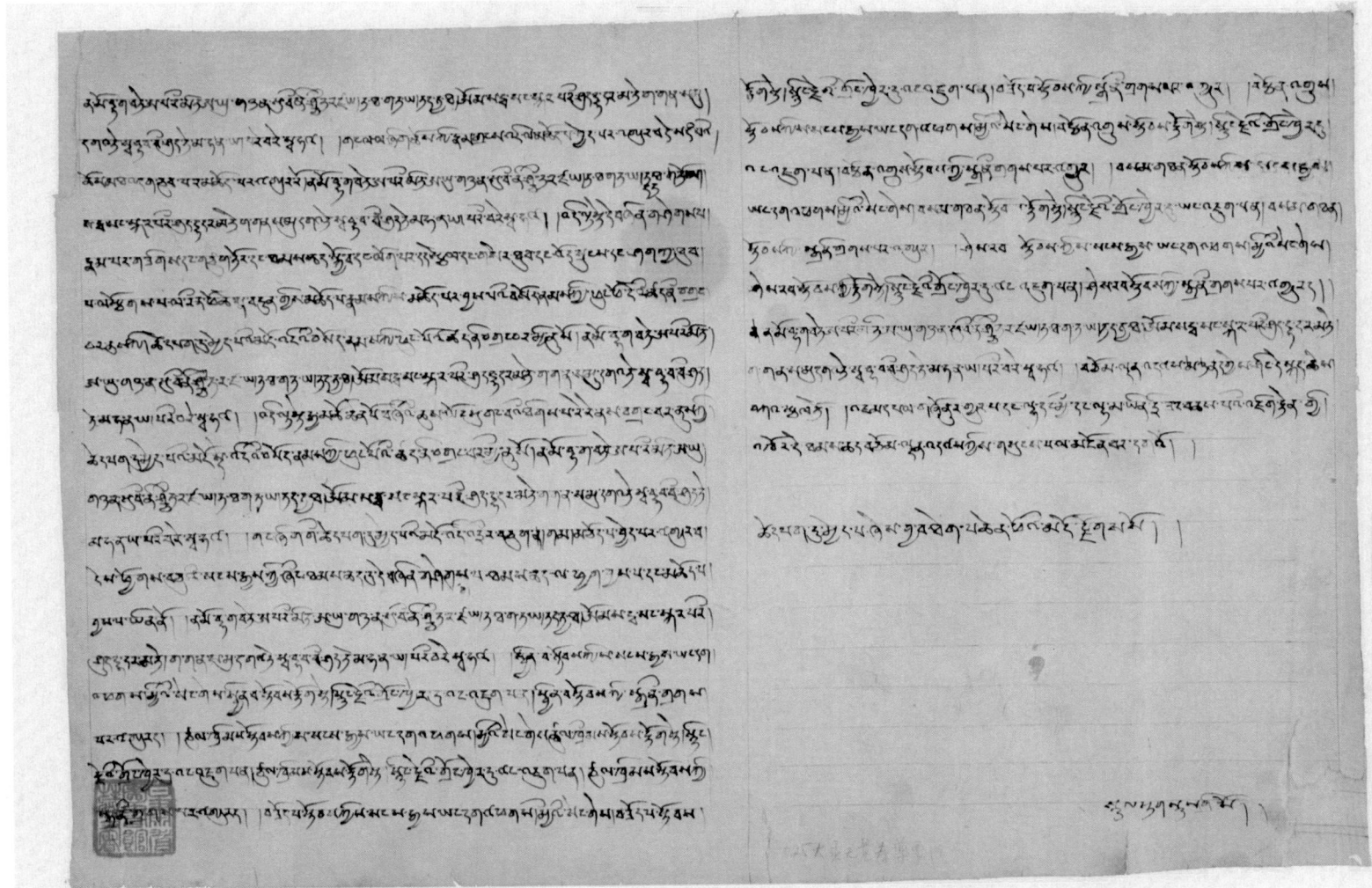

甘圖 GL.t.025　ཚེ་དཔག་ཏུ་མྱེད་པ་ཞེས་བྱ་བ་ཐེག་པ་ཆེན་པོའི་མདོ།།
大乘無量壽宗要經

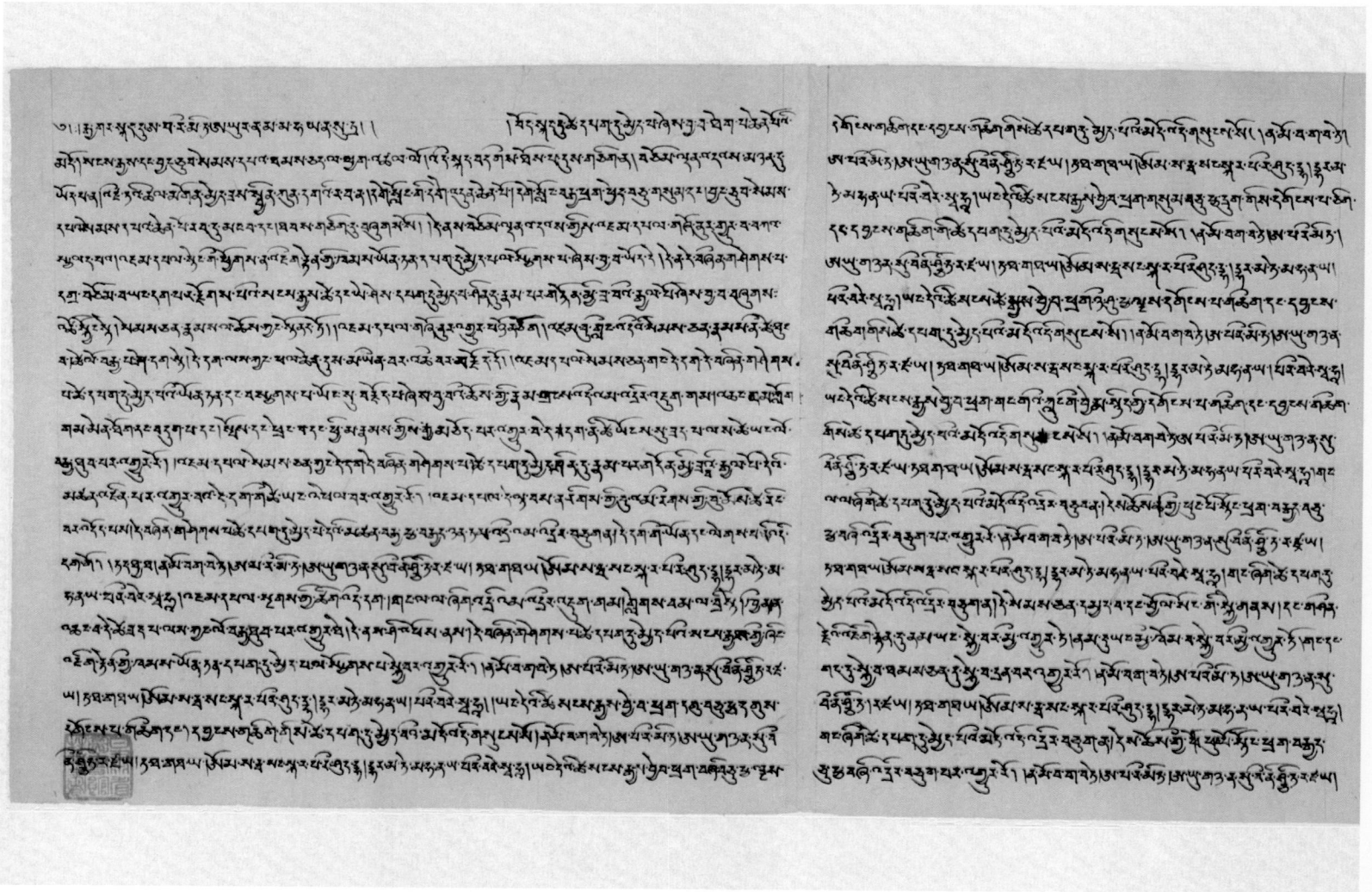

甘圖 GL.t.026　ཚེ་དཔག་དུ་མྱེད་པ་ཞེས་བྱ་བ་ཐེག་པ་ཆེན་པོའི་མདོ་།།
大乘無量壽宗要經　　(3—1)

甘圖 GL.t.026　ཚེ་དཔག་དུ་མྱེད་པ་ཞེས་བྱ་བ་ཐེག་པ་ཆེན་པོའི་མདོ་།།
大乘無量壽宗要經　　(3—2)

甘圖 GL.t.026 ཚེ་དཔག་དུ་མྱེད་པ་ཞེས་བྱ་བ་ཐེག་པ་ཆེན་པོའི་མདོ།།
大乘無量壽宗要經　　　(3—3)

甘圖 GL.t.027 ཚེ་དཔག་དུ་མྱེད་པ་ཞེས་བྱ་བ་ཐེག་པ་ཆེན་པོའི་མདོ།།
大乘無量壽宗要經　　　(4—1)

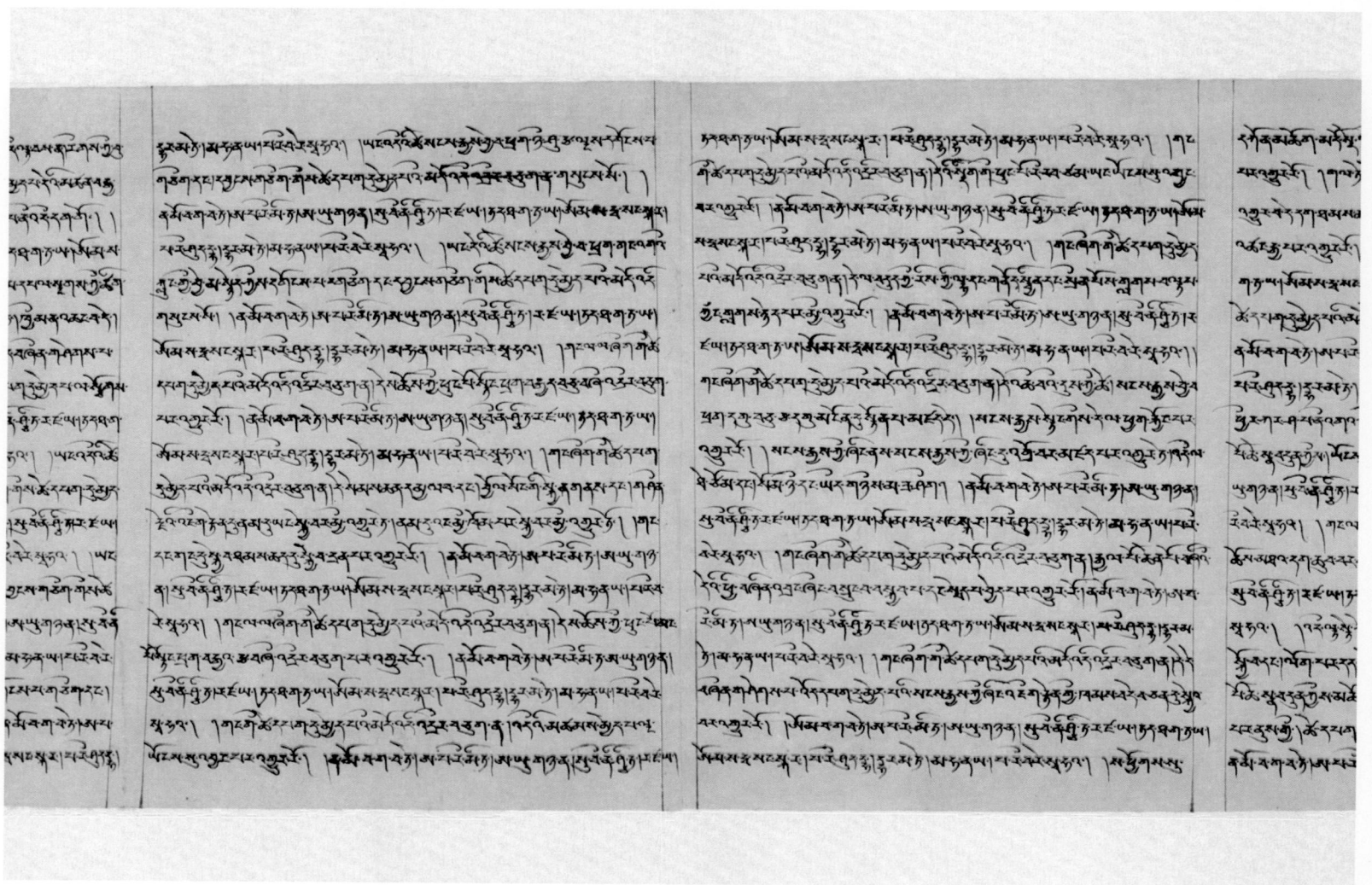

甘圖 GL.t.027　ཚེ་དཔག་དུ་མྱེད་པ་ཞེས་བྱ་བ་ཐེག་པ་ཆེན་པོའི་མདོ།།
大乘無量壽宗要經　　（4—2）

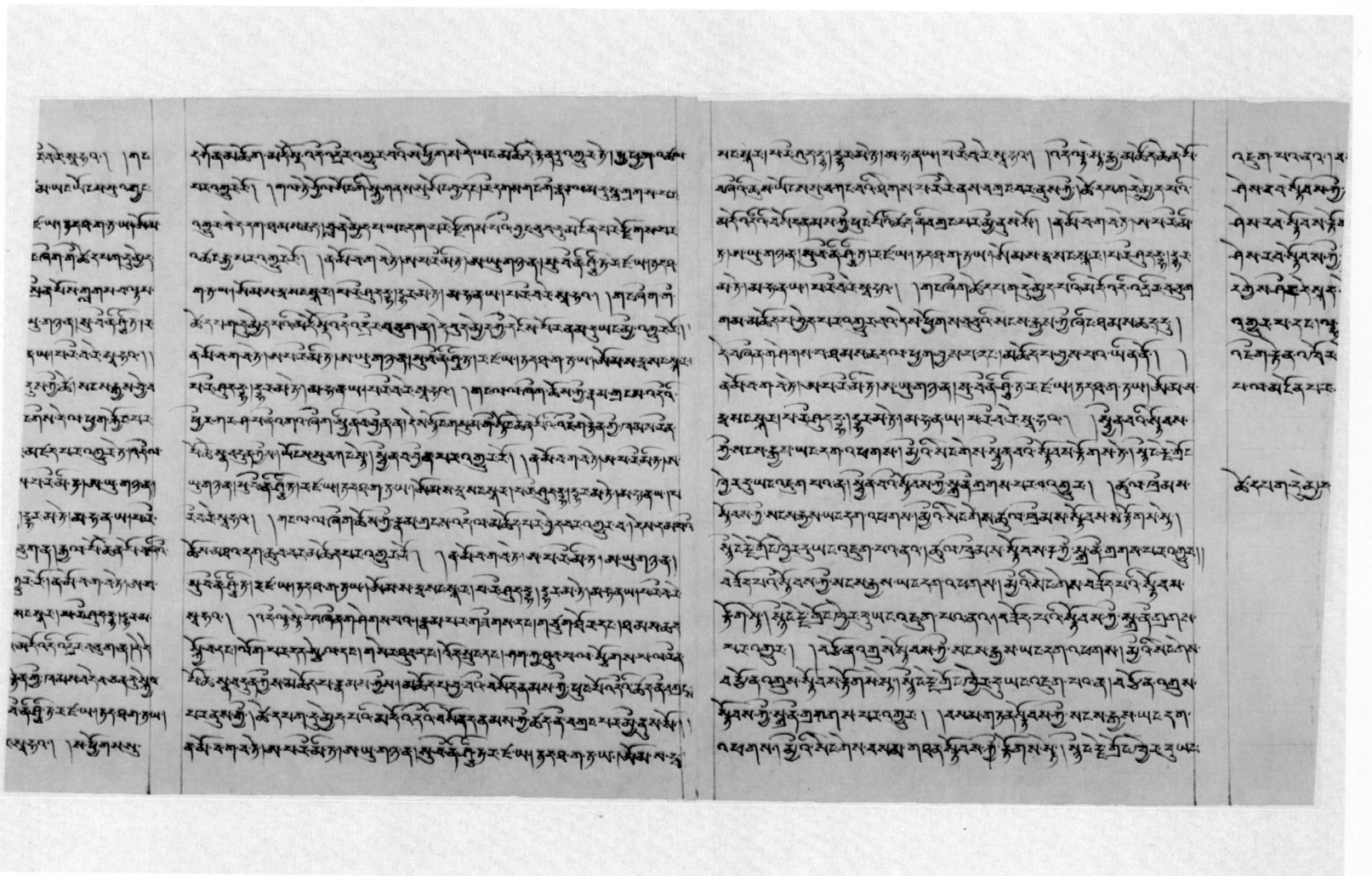

甘圖 GL.t.027　ཚེ་དཔག་དུ་མྱེད་པ་ཞེས་བྱ་བ་ཐེག་པ་ཆེན་པོའི་མདོ།།
大乘無量壽宗要經　　（4—3）

甘圖 GL.t.027　ཚེ་དཔག་ཏུ་མྱེད་པ་ཞེས་བྱ་བ་ཐེག་པ་ཆེན་པོའི་མདོ།།
大乘無量壽宗要經　　　(4—4)

甘圖 GL.t.028　ཚེ་དཔག་ཏུ་མྱེད་པ་ཞེས་བྱ་བ། ཐེག་པ་ཆེན་པོའི་མདོ།།
大乘無量壽宗要經　　　(4—1)

甘圖 GL.t.028　ཚེ་དཔག་དུ་མྱེད་པ་ཞེས་བྱ་བ་ཐེག་པ་ཆེན་པོའི་མདོ།།
大乘無量壽宗要經　　(4—2)

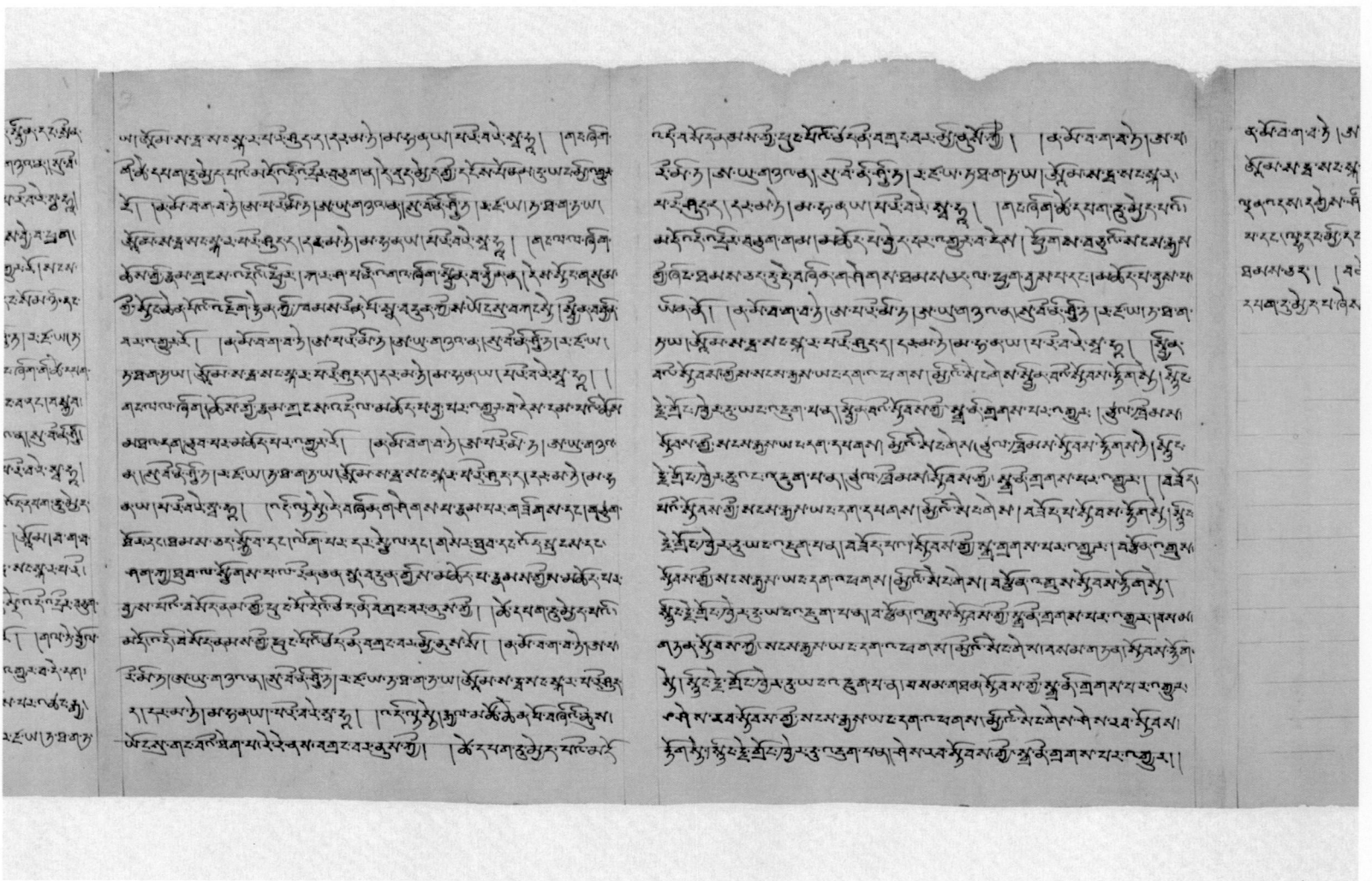

甘圖 GL.t.028　ཚེ་དཔག་དུ་མྱེད་པ་ཞེས་བྱ་བ་ཐེག་པ་ཆེན་པོའི་མདོ།།
大乘無量壽宗要經　　(4—3)

52

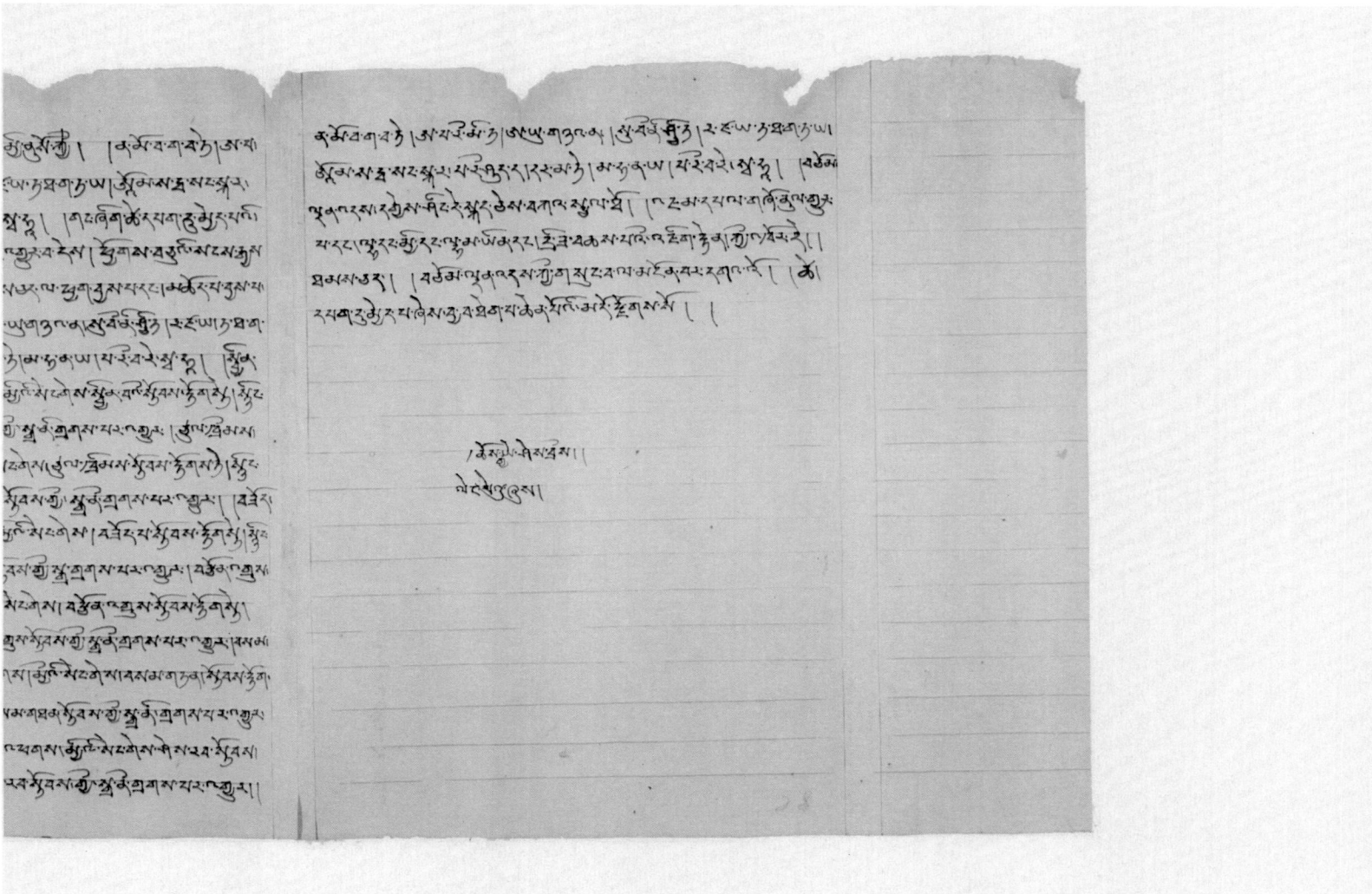

甘圖 GL.t.028　ཚེ་དཔག་དུ་མྱེད་པ་ཞེས་བྱ་བ་ཐེག་པ་ཆེན་པོའི་མདོ།།

大乘無量壽宗要經　　　(4—4)

甘圖 GL.t.029　ཚེ་དཔག་དུ་མྱེད་པ་ཞེས་བྱ་བ་ཐེག་པ་ཆེན་པོའི་མདོ།།

大乘無量壽宗要經　　　(3—1)

甘圖 GL.t.029　　ཚེ་དཔག་དུ་མྱེད་པ་ཞེས་བྱ་བ་ཐེག་པ་ཆེན་པོའི་མདོ༎
大乘無量壽宗要經　　　（3—2）

甘圖 GL.t.029　　ཚེ་དཔག་དུ་མྱེད་པ་ཞེས་བྱ་བ་ཐེག་པ་ཆེན་པོའི་མདོ༎
大乘無量壽宗要經　　　（3—3）

甘圖 GL.t.030 ཚེ་དཔག་དུ་མྱེད་པ་ཞེས་བྱ་བ་ཐེག་པ་ཆེན་པའི་མདོ།།

大乘無量壽宗要經　　(4—1)

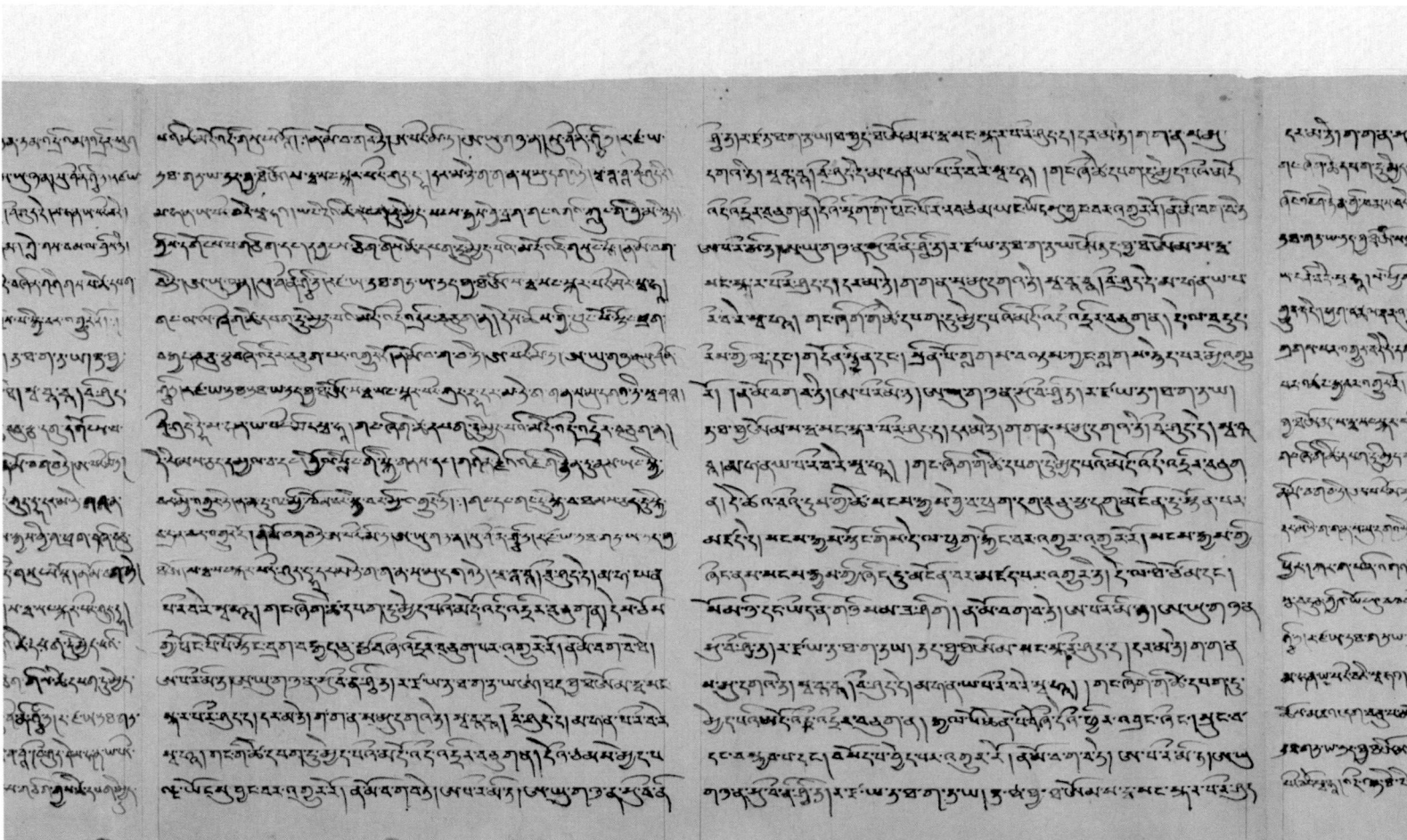

甘圖 GL.t.030 ཚེ་དཔག་དུ་མྱེད་པ་ཞེས་བྱ་བ་ཐེག་པ་ཆེན་པའི་མདོ།།

大乘無量壽宗要經　　(4—2)

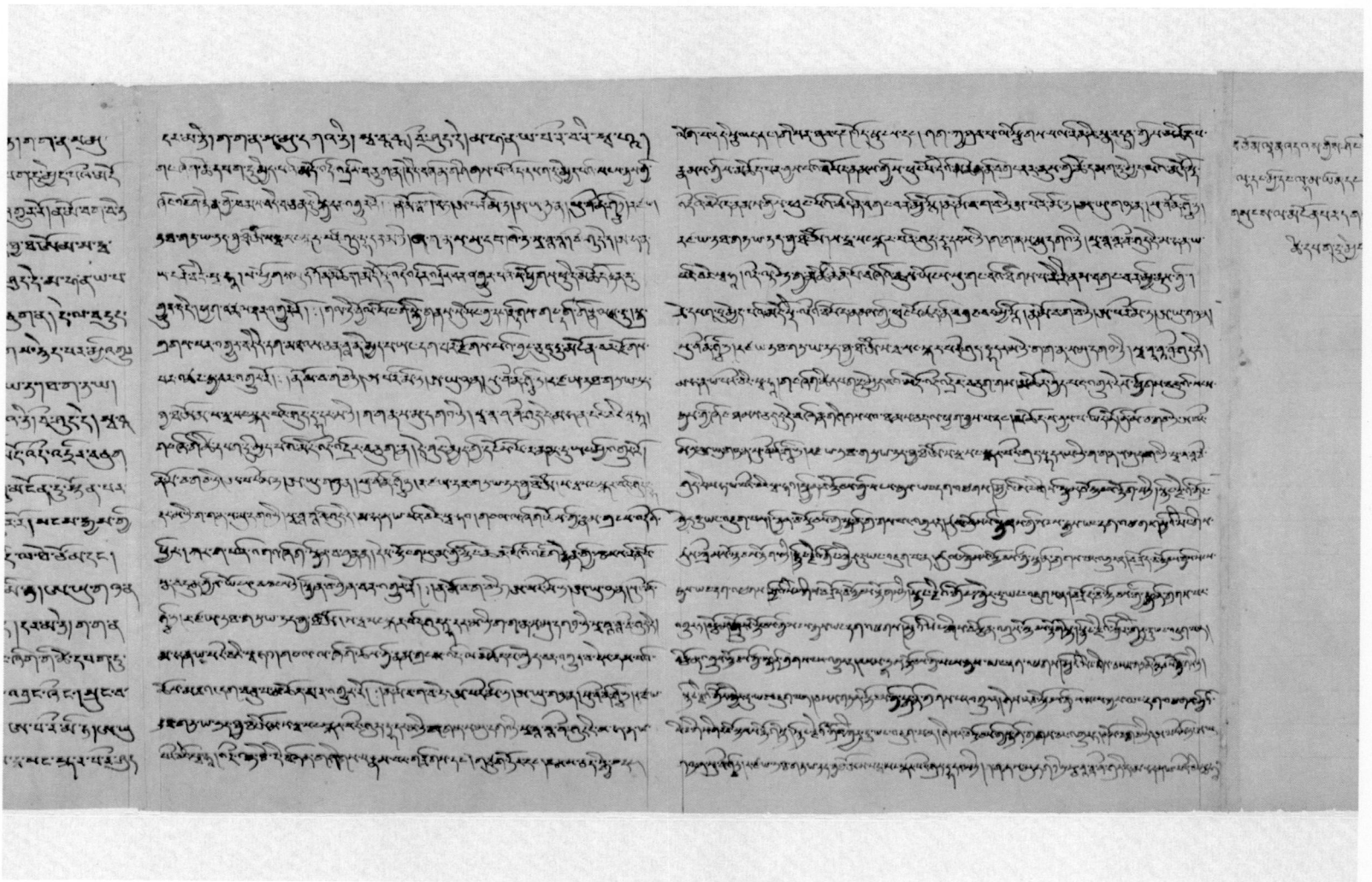

甘圖 GL.t.030　ཚེ་དཔག་ཏུ་མྱེད་པ་ཞེས་བྱ་བ་ཐེག་པ་ཆེན་པོའི་མདོ།།
大乘無量壽宗要經　　(4—3)

甘圖 GL.t.030　ཚེ་དཔག་ཏུ་མྱེད་པ་ཞེས་བྱ་བ་ཐེག་པ་ཆེན་པོའི་མདོ།།
大乘無量壽宗要經　　(4—4)

甘圖 GL.t.031　ཚེ་དཔག་ཏུ་མྱེད་པ་ཞེས་བྱ་བ་ཐེག་པ་ཆེན་པོའི་མདོ།།
大乘無量壽宗要經　　(15—1)

甘圖 GL.t.031　ཚེ་དཔག་ཏུ་མྱེད་པ་ཞེས་བྱ་བ་ཐེག་པ་ཆེན་པོའི་མདོ།།
大乘無量壽宗要經　　(15—2)

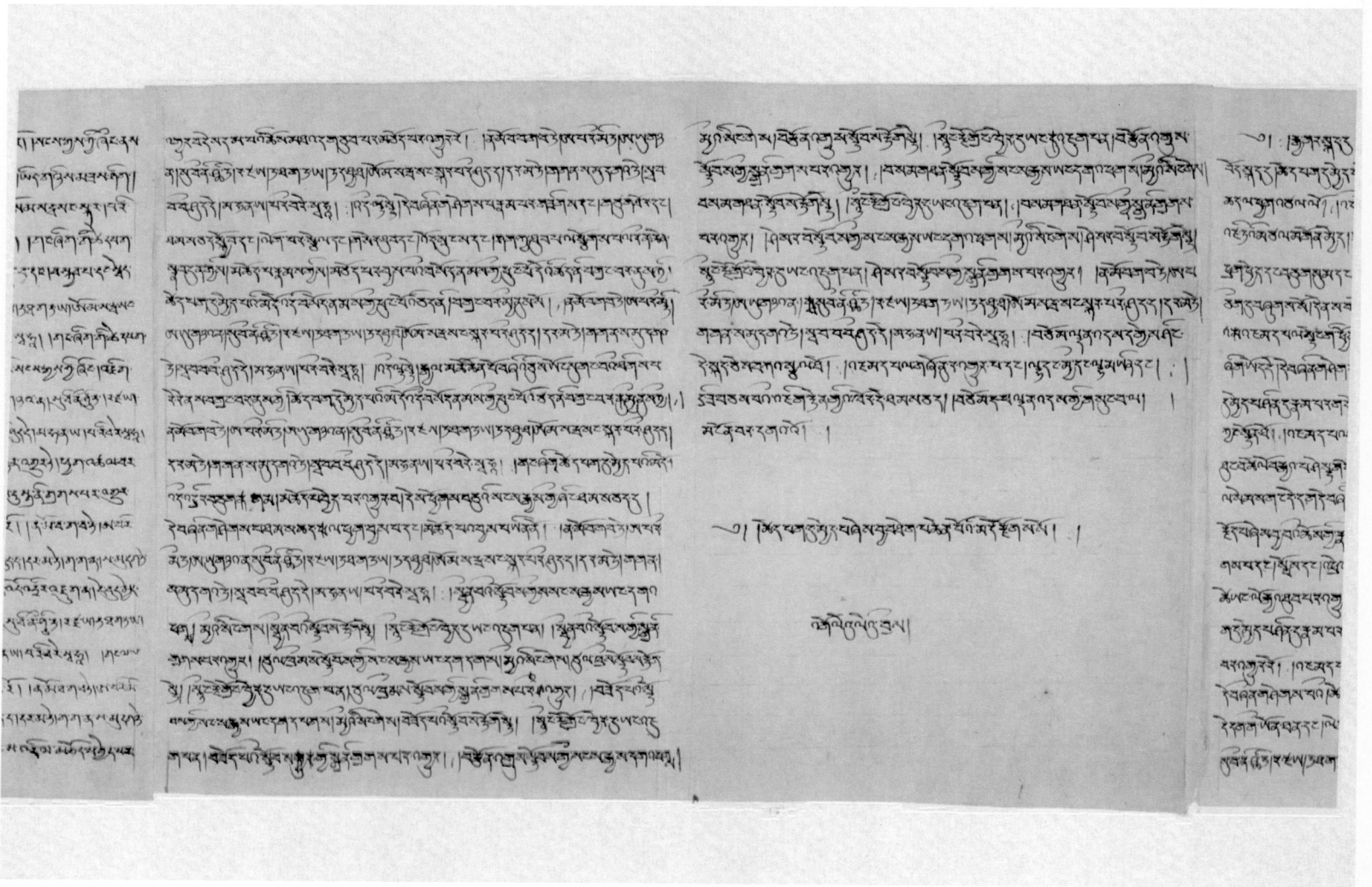

甘圖 GL.t.031　ཚེ་དཔག་དུ་མྱེད་པ་ཞེས་བྱ་བ་ཐེག་པ་ཆེན་པོའི་མདོ།།
大乘無量壽宗要經　　　(15—3)

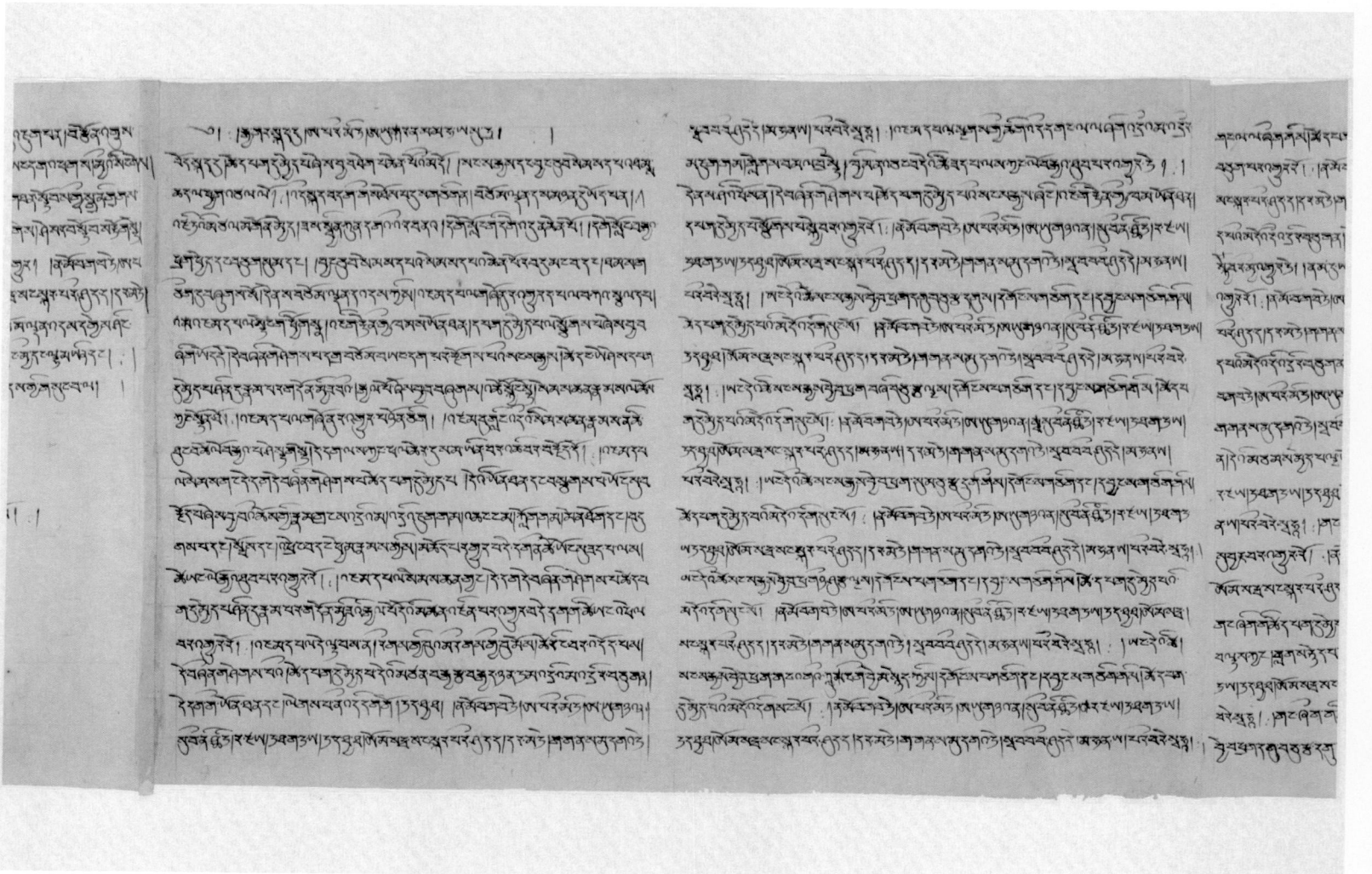

甘圖 GL.t.031　ཚེ་དཔག་དུ་མྱེད་པ་ཞེས་བྱ་བ་ཐེག་པ་ཆེན་པོའི་མདོ།།
大乘無量壽宗要經　　　(15—4)

甘圖 GL.t.031　ཚེ་དཔག་དུ་མྱེད་པ་ཞེས་བྱ་བ་ཐེག་པ་ཆེན་པོའི་མདོ།།
大乘無量壽宗要經　　　(15—5)

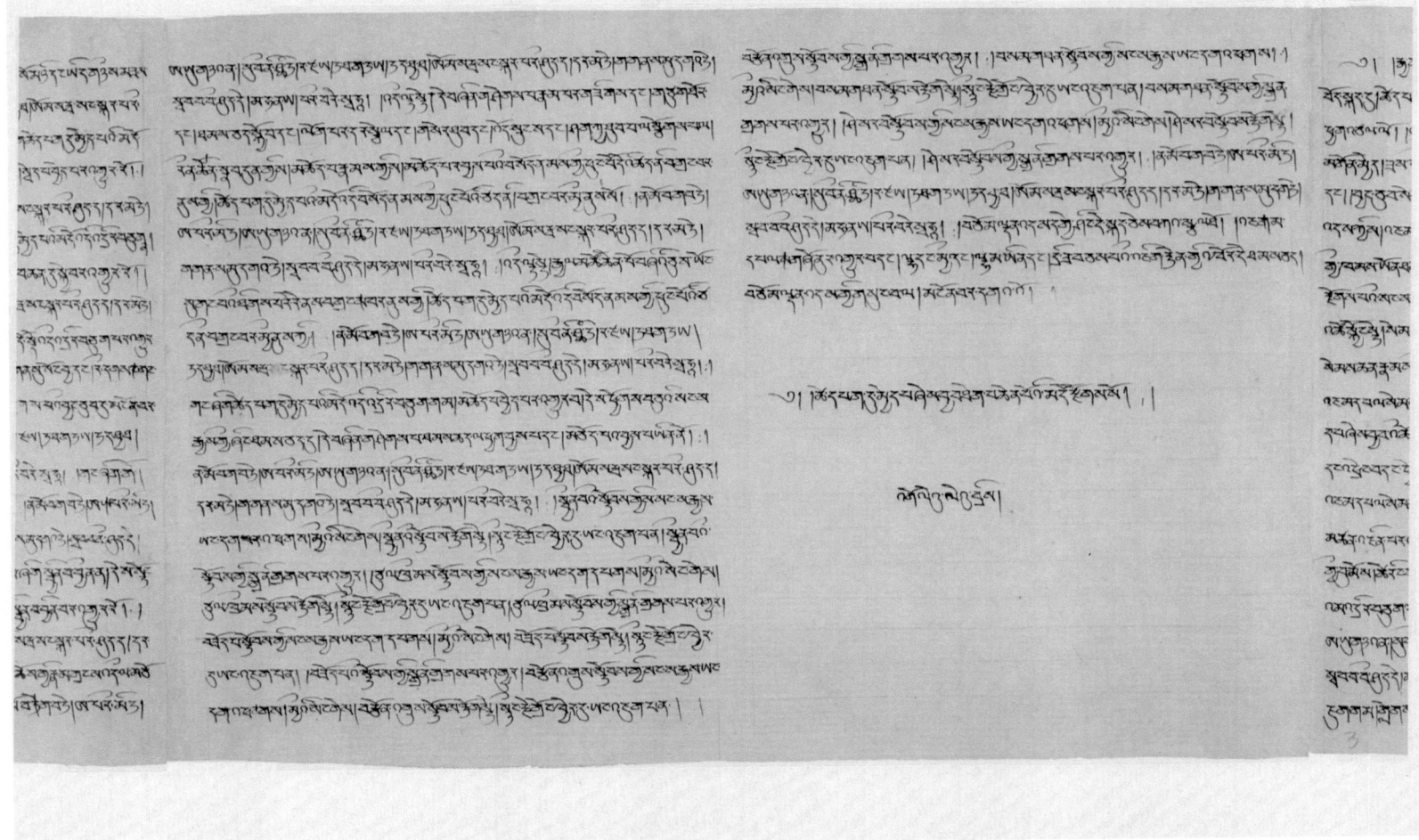

甘圖 GL.t.031　ཚེ་དཔག་དུ་མྱེད་པ་ཞེས་བྱ་བ་ཐེག་པ་ཆེན་པོའི་མདོ།།
大乘無量壽宗要經　　　(15—6)

甘圖 GL.t.031　ཚེ་དཔག་ཏུ་མྱེད་པ་ཞེས་བྱ་བ་ཐེག་པ་ཆེན་པོའི་མདོ།།
大乘無量壽宗要經　　（15—7）

甘圖 GL.t.031　ཚེ་དཔག་ཏུ་མྱེད་པ་ཞེས་བྱ་བ་ཐེག་པ་ཆེན་པོའི་མདོ།།
大乘無量壽宗要經　　（15—8）

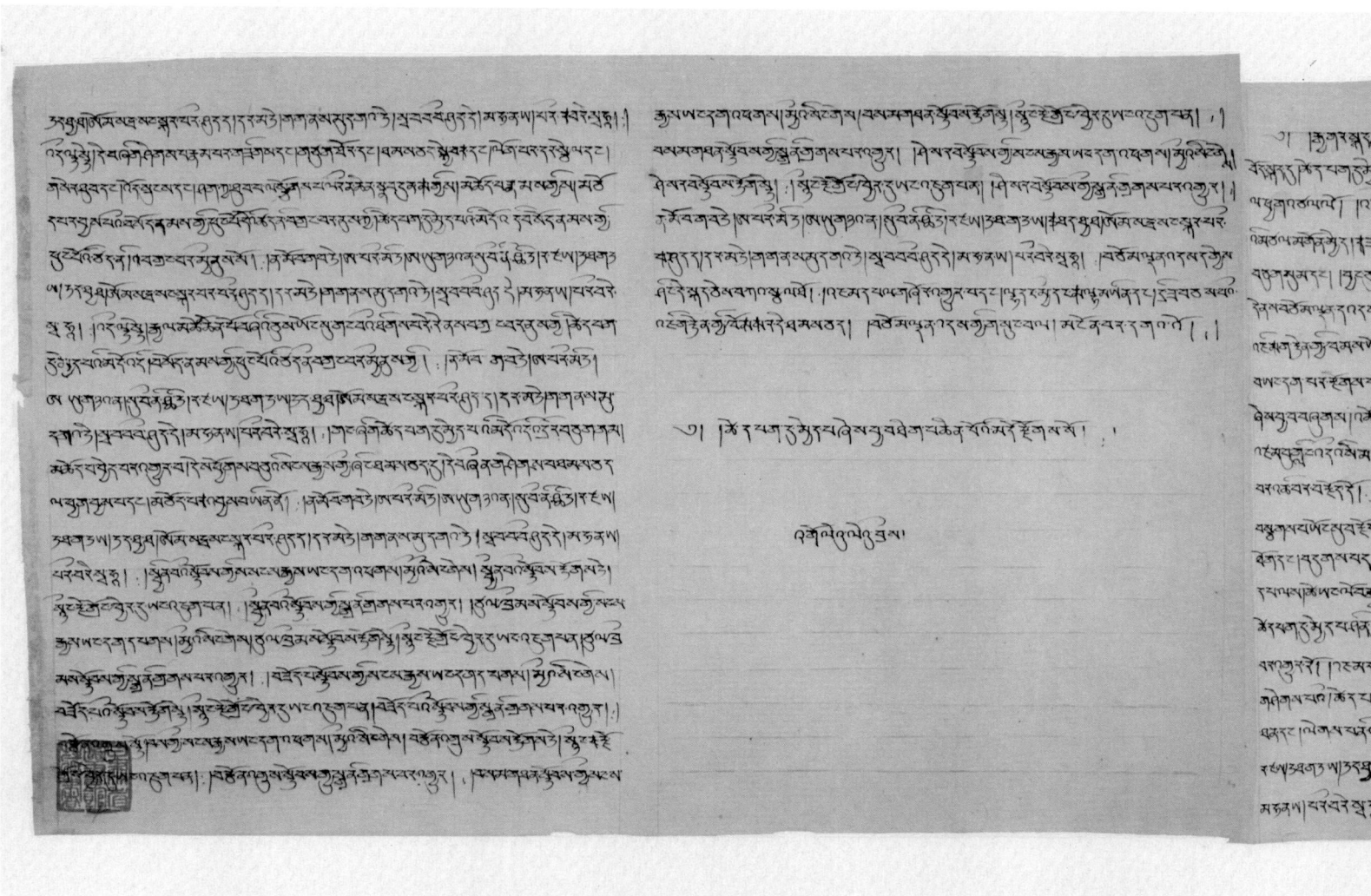

甘圖 GL.t.031　མཚོ་དཔག་ཏུ་མྱེད་པ་ཞེས་བྱ་བ་ཐེག་པ་ཆེན་པོའི་མདོ།།
大乘無量壽宗要經　　　(15—9)

甘圖 GL.t.031　མཚོ་དཔག་ཏུ་མྱེད་པ་ཞེས་བྱ་བ་ཐེག་པ་ཆེན་པོའི་མདོ།།
大乘無量壽宗要經　　　(15—10)

甘圖 GL.t.031　ཚེ་དཔག་དུ་མྱེད་པ་ཞེས་བྱ་བ་ཐེག་པ་ཆེན་པོའི་མདོ།།
大乘無量壽宗要經　　　(15—11)

甘圖 GL.t.031　ཚེ་དཔག་དུ་མྱེད་པ་ཞེས་བྱ་བ་ཐེག་པ་ཆེན་པོའི་མདོ།།
大乘無量壽宗要經　　　(15—12)

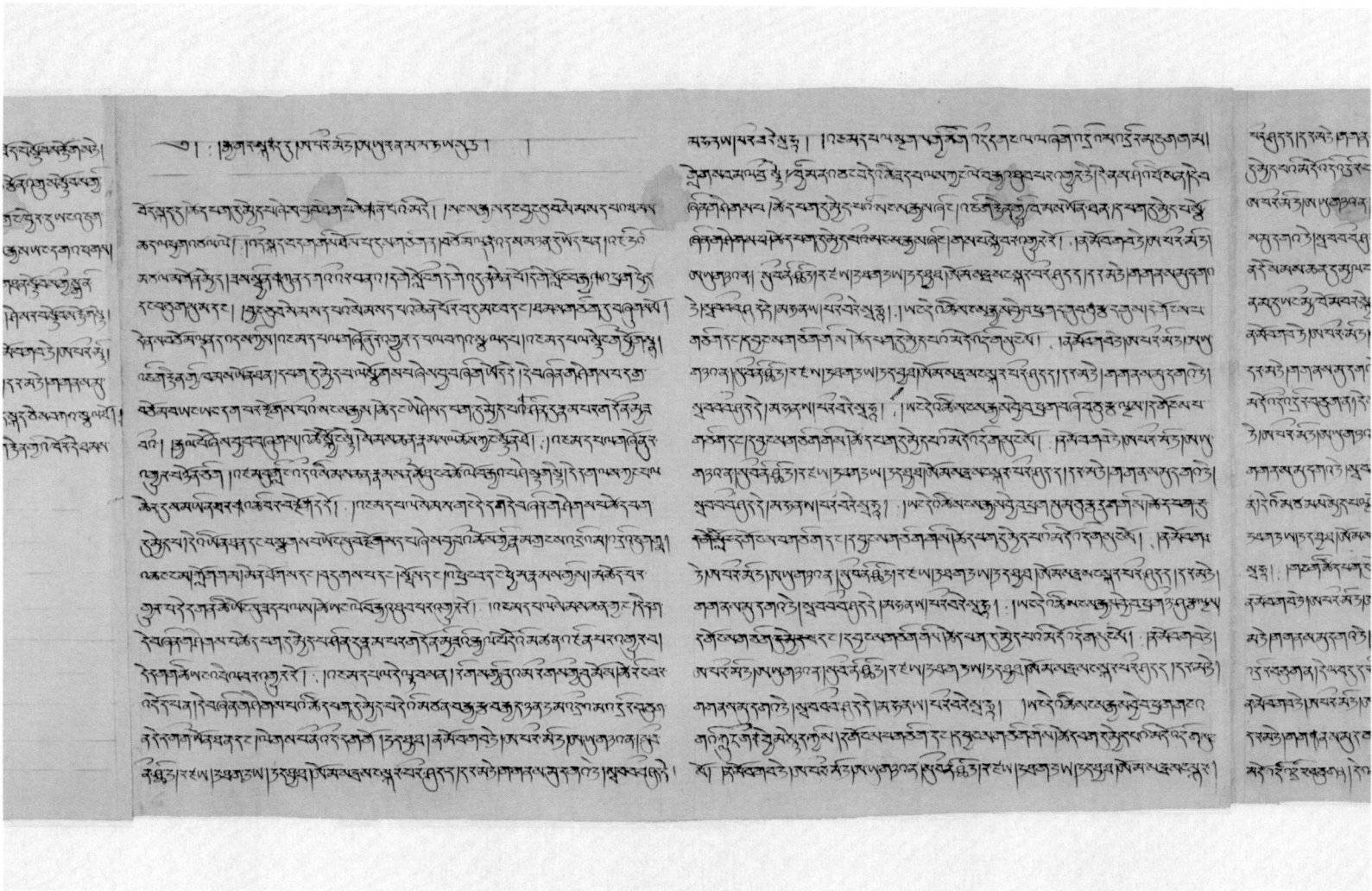

甘圖 GL.t.031　ཆོ་དཔག་ཏུ་མྱེད་པ་ཞེས་བྱ་བ་ཐེག་པ་ཆེན་པོའི་མདོ།།
大乘無量壽宗要經　　　(15—13)

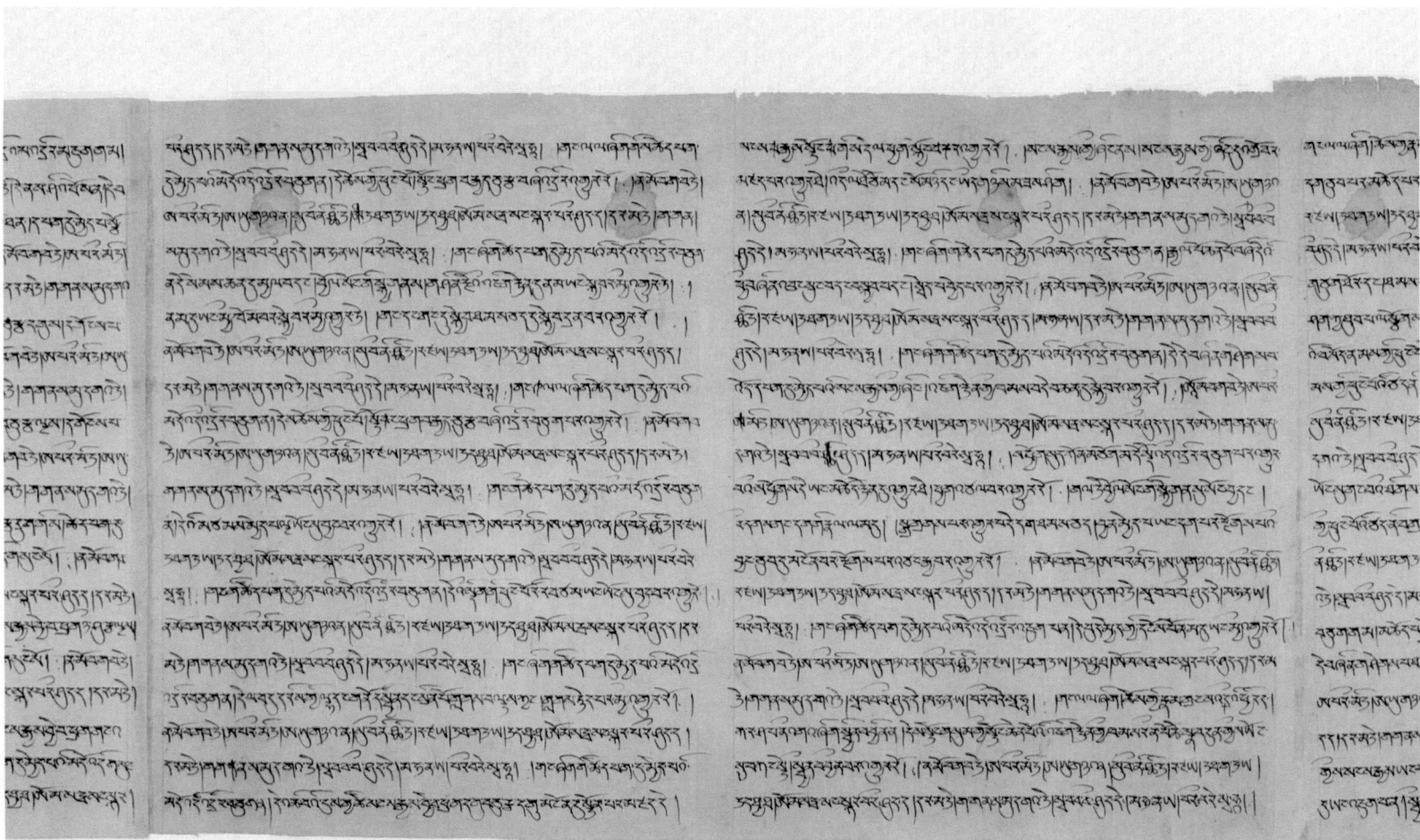

甘圖 GL.t.031　ཆོ་དཔག་ཏུ་མྱེད་པ་ཞེས་བྱ་བ་ཐེག་པ་ཆེན་པོའི་མདོ།།
大乘無量壽宗要經　　　(15—14)

甘圖 GL.t.031　ཚེ་དཔག་དུ་མྱེད་པ་ཞེས་བྱ་བ་ཐེག་པ་ཆེན་པོའི་མདོ།།
大乘無量壽宗要經　　　(15—15)

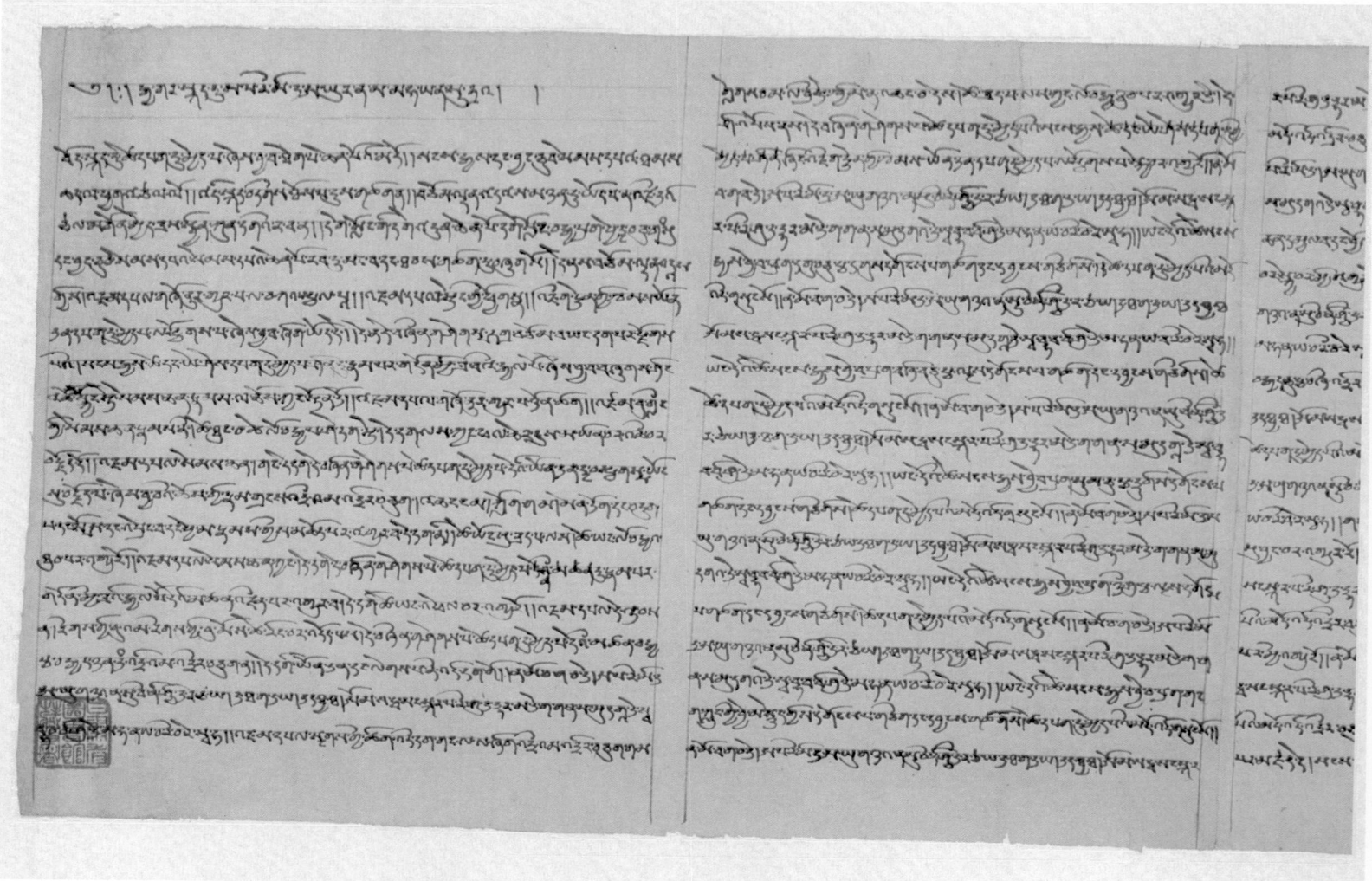

甘圖 GL.t.032　ཚེ་དཔག་དུ་མྱེད་པ་ཞེས་བྱ་བ་ཐེག་པ་ཆེན་པོའི་མདོ།།
大乘無量壽宗要經　　　(3—1)

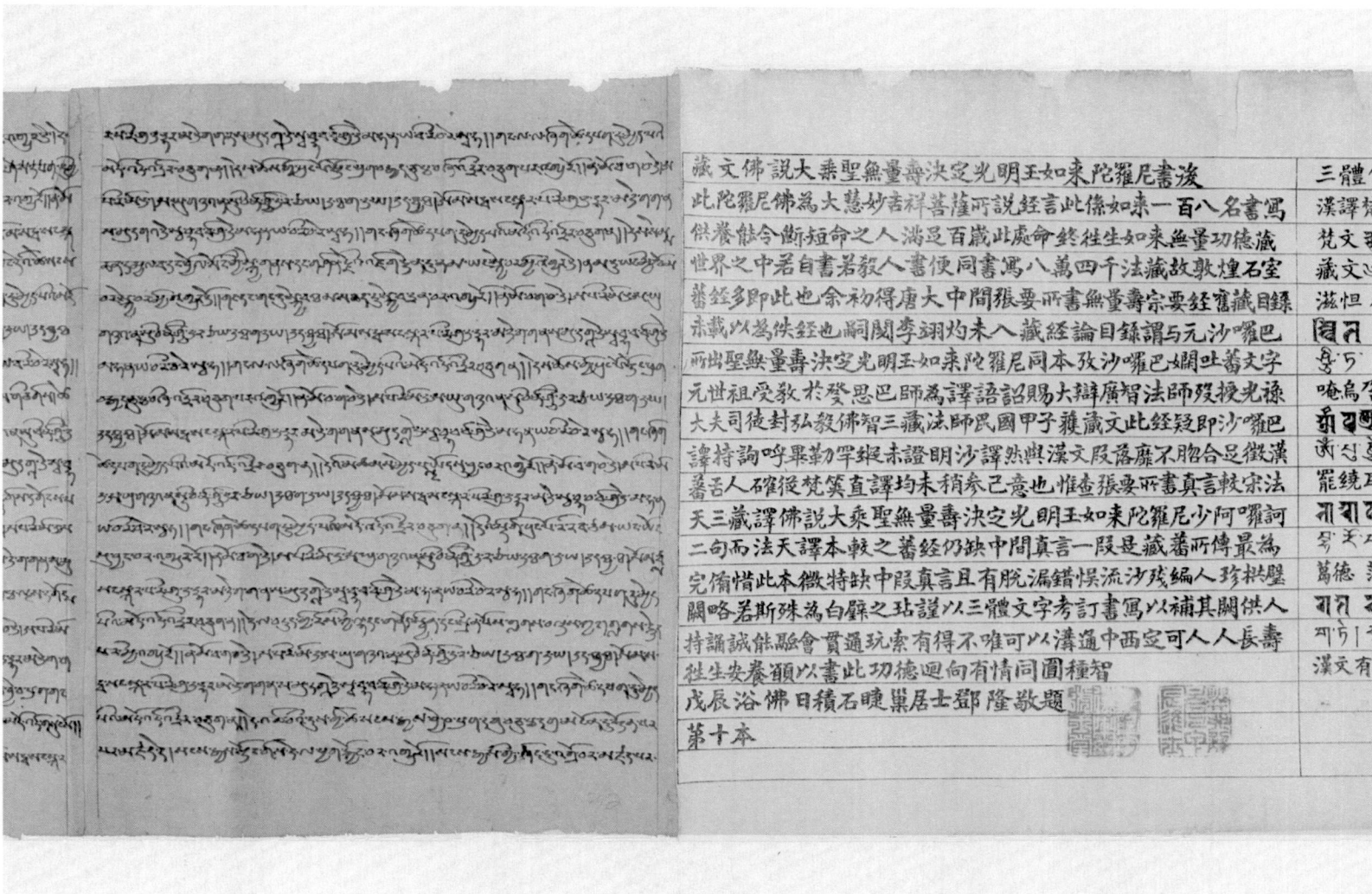

甘圖 GL.t.032 ཚེ་དཔག་ཏུ་མྱེད་པ་ཞེས་བྱ་བ་ཐེག་པ་ཆེན་པོའི་མདོ།།
大乘無量壽宗要經　　(3—2)

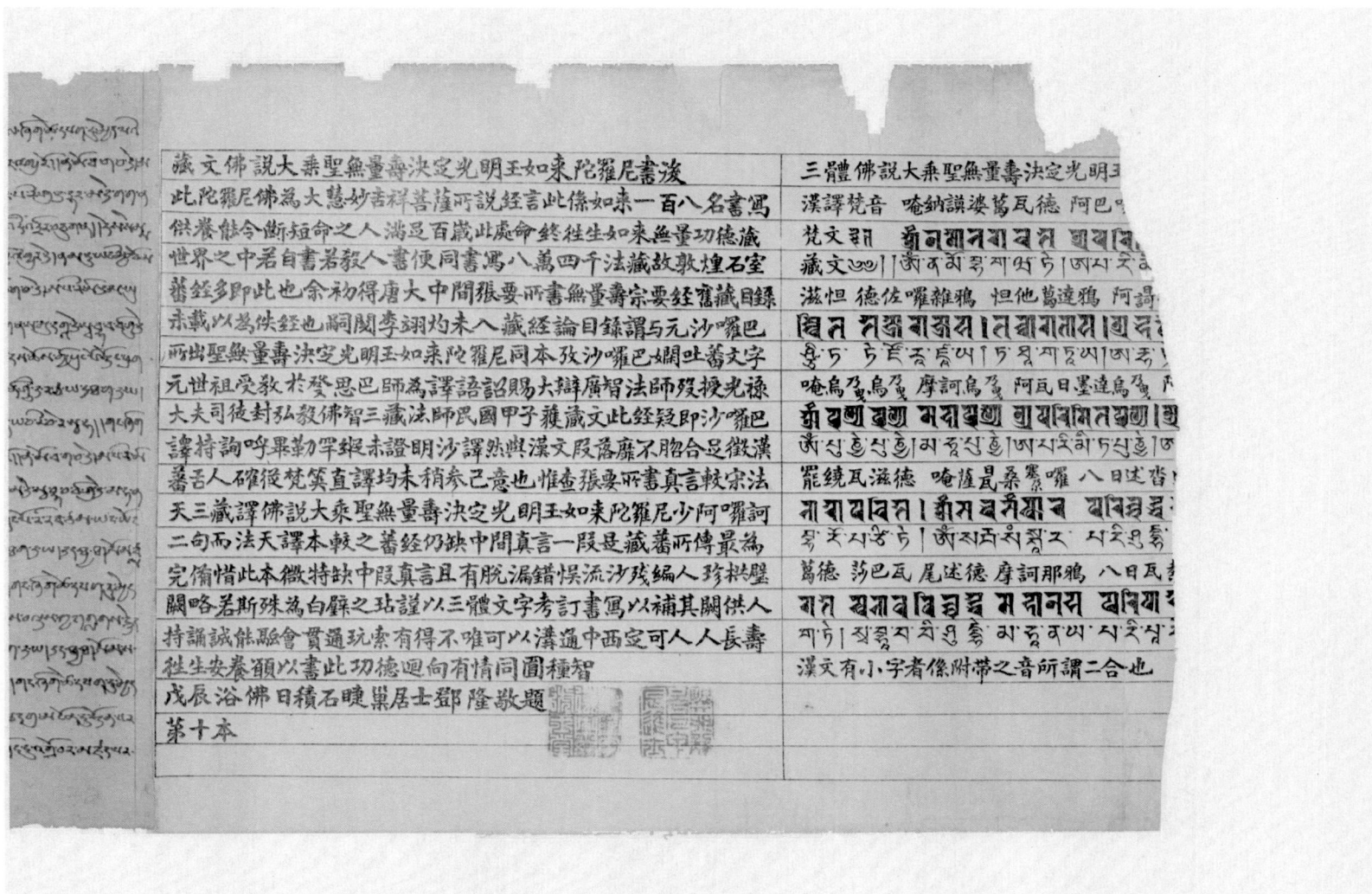

甘圖 GL.t.032 ཚེ་དཔག་ཏུ་མྱེད་པ་ཞེས་བྱ་བ་ཐེག་པ་ཆེན་པོའི་མདོ།།
大乘無量壽宗要經　　(3—3)

甘圖 GL.t.033 (R-V) ཤེས་རབ་ཀྱི་ཕ་རོལ་ཏུ་ཕྱིན་པ་སྟོང་ཕྲག་བརྒྱ་པ།

十萬頌般若波羅蜜多經

甘圖 GL.t.034 (R-V)　ཤེས་རབ་ཀྱི་ཕ་རོལ་ཏུ་ཕྱིན་པ་སྟོང་ཕྲག་བརྒྱ་པ།

十萬頌般若波羅蜜多經

甘圖 GL.t.035 (R-V) ཤེས་རབ་ཀྱི་ཕ་རོལ་ཏུ་ཕྱིན་པ་སྟོང་ཕྲག་བརྒྱ་པ།

十萬頌般若波羅蜜多經

68

甘圖 GL.t.036 (R-V)　ཤེས་རབ་ཀྱི་ཕ་རོལ་ཏུ་ཕྱིན་པ་སྟོང་ཕྲག་བརྒྱ་པ་དུམ་བུ་གསུམ་པ་བམ་པོ་གཉིས་སོ།།

十萬頌般若波羅蜜多經第三卷第二品　　(8—1)

甘圖 GL.t.036 (R-V) ཤེས་རབ་ཀྱི་ཕ་རོལ་ཏུ་ཕྱིན་པ་སྟོང་ཕྲག་བརྒྱའ་པ་དུམ་བུ་གསུམ་པ་བམ་པོ་གཉིས་སོ།།
十萬頌般若波羅蜜多經第三卷第二品 (8—2)

甘圖 GL.t.036 (R-V) ནེས་རབ་ཀྱི་ཕ་རོལ་ཏུ་ཕྱིན་པ་སྟོང་ཕྲག་བརྒྱད་པ་དུམ་བུ་གསུམ་པ་བམ་པོ་གཉིས་སོ།།
十萬頌般若波羅蜜多經第三卷第二品 　 (8—3)

甘圖 GL.t.036 (R-V) ཤེས་རབ་ཀྱི་ཕ་རོལ་ཏུ་ཕྱིན་པ་སྟོང་ཕྲག་བརྒྱད་པ་དུམ་བུ་གསུམ་པ་བམ་པོ་གཉིས་སོ།།
十萬頌般若波羅蜜多經第三卷第二品　　(8—4)

72

甘圖 GL.t.036 (R-V) ཤེས་རབ་ཀྱི་ཕ་རོལ་ཏུ་ཕྱིན་པ་སྟོང་ཕྲག་བརྒྱའ་པ་དུམ་བུ་གསུམ་པ་བམ་པོ་གཉིས་སོ།།

十萬頌般若波羅蜜多經第三卷第二品　　(8—5)

甘圖 GL.t.036 (R-V) ཤེས་རབ་ཀྱི་ཕ་རོལ་ཏུ་ཕྱིན་པ་སྟོང་ཕྲག་བརྒྱའི་པ་དུམ་བུ་གསུམ་པ་བམ་པོ་གཉིས་སོ།།

十萬頌般若波羅蜜多經第三卷第二品 (8—6)

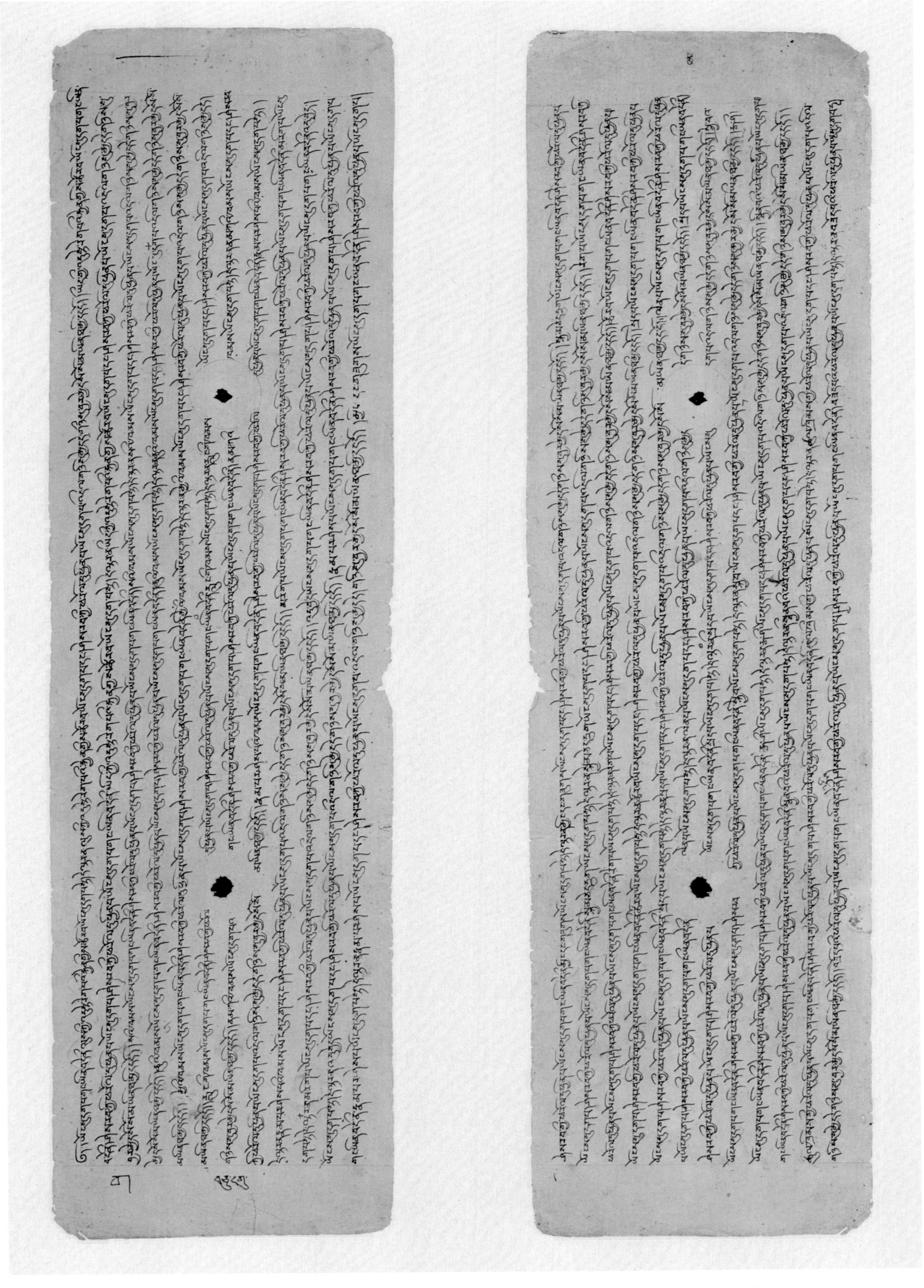

甘圖 GL.t.036 (R-V)　ཤེས་རབ་ཀྱི་ཕ་རོལ་ཏུ་ཕྱིན་པ་སྟོང་ཕྲག་བརྒྱའ་པ་དུམ་བུ་གསུམ་པ་བམ་པོ་གཉིས་སོ།།
十萬頌般若波羅蜜多經第三卷第二品　(8—7)

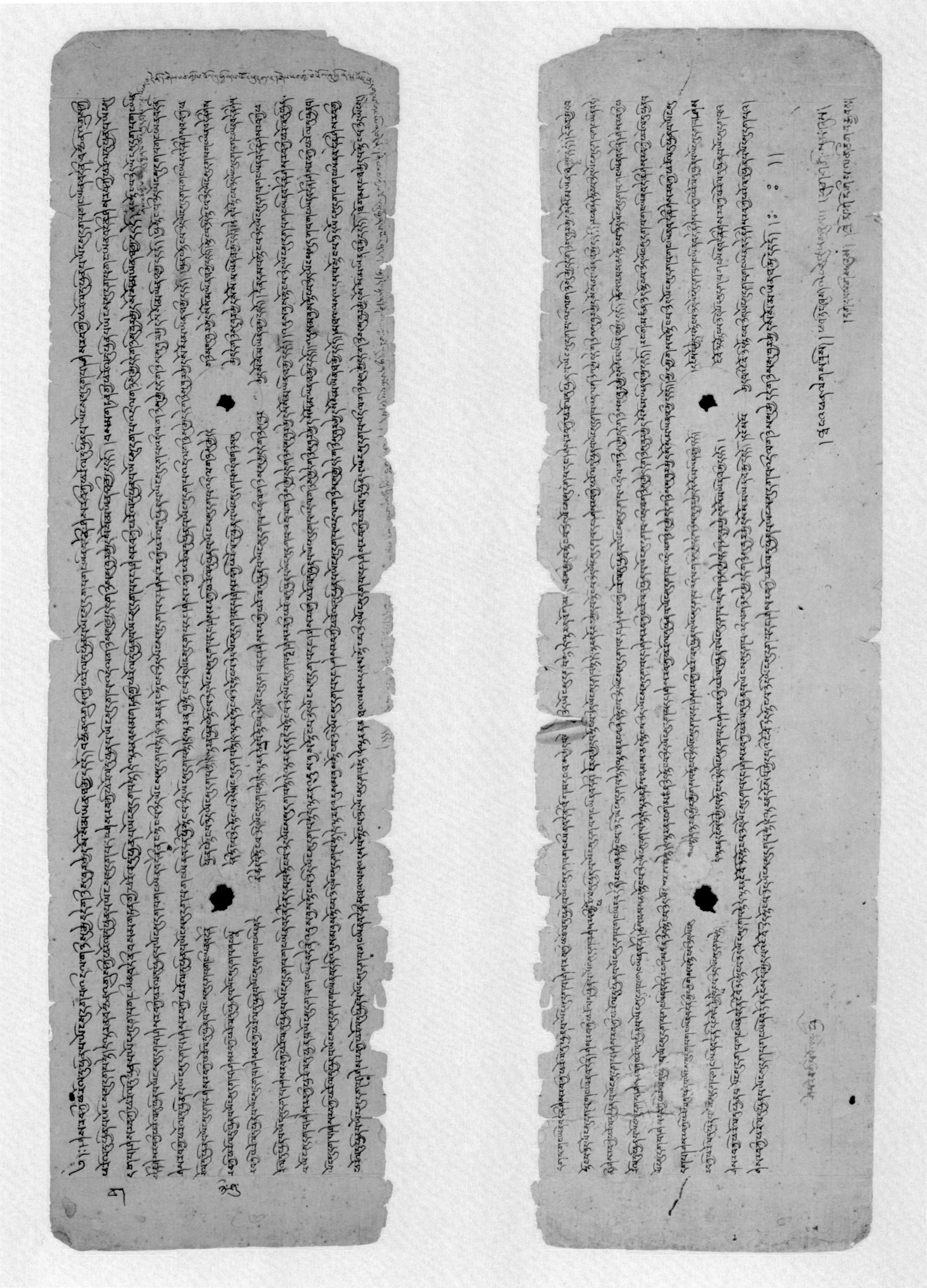

甘圖 GL.t.036 (R-V) ཤེས་རབ་ཀྱི་ཕ་རོལ་ཏུ་ཕྱིན་པ་སྟོང་ཕྲག་བརྒྱ་པ་དུམ་བུ་གསུམ་པ་བམ་པོ་གཉིས་སོ།།
十萬頌般若波羅蜜多經第三卷第二品 (8—8)

甘圖 GL.t.037 (R-V)　ཤེས་རབ་ཀྱི་ཕ་རོལ་ཏུ་ཕྱིན་པ་སྟོང་ཕྲག་བརྒྱའི་པ་དུམ་བུ་གསུམ་པ་བམ་པོ་གསུམ་མོ།།

十萬頌般若波羅蜜多經第三卷第三品　　(4—1)

甘圖 GL.t.037 (R-V)　ཤེས་རབ་ཀྱི་ཕ་རོལ་ཏུ་ཕྱིན་པ་སྟོང་ཕྲག་བརྒྱ་པ་དུམ་བུ་གསུམ་པ་བམ་པོ་གསུམ་མོ།།

十萬頌般若波羅蜜多經第三卷第三品　　(4—2)

甘圖 GL.t.037 (R-V) ཤེས་རབ་ཀྱི་ཕ་རོལ་ཏུ་ཕྱིན་པ་སྟོང་ཕྲག་བརྒྱ་པ་དུམ་བུ་གསུམ་པ་བམ་པོ་གསུམ་མོ།།

十萬頌般若波羅蜜多經第三卷第三品　　(4—3)

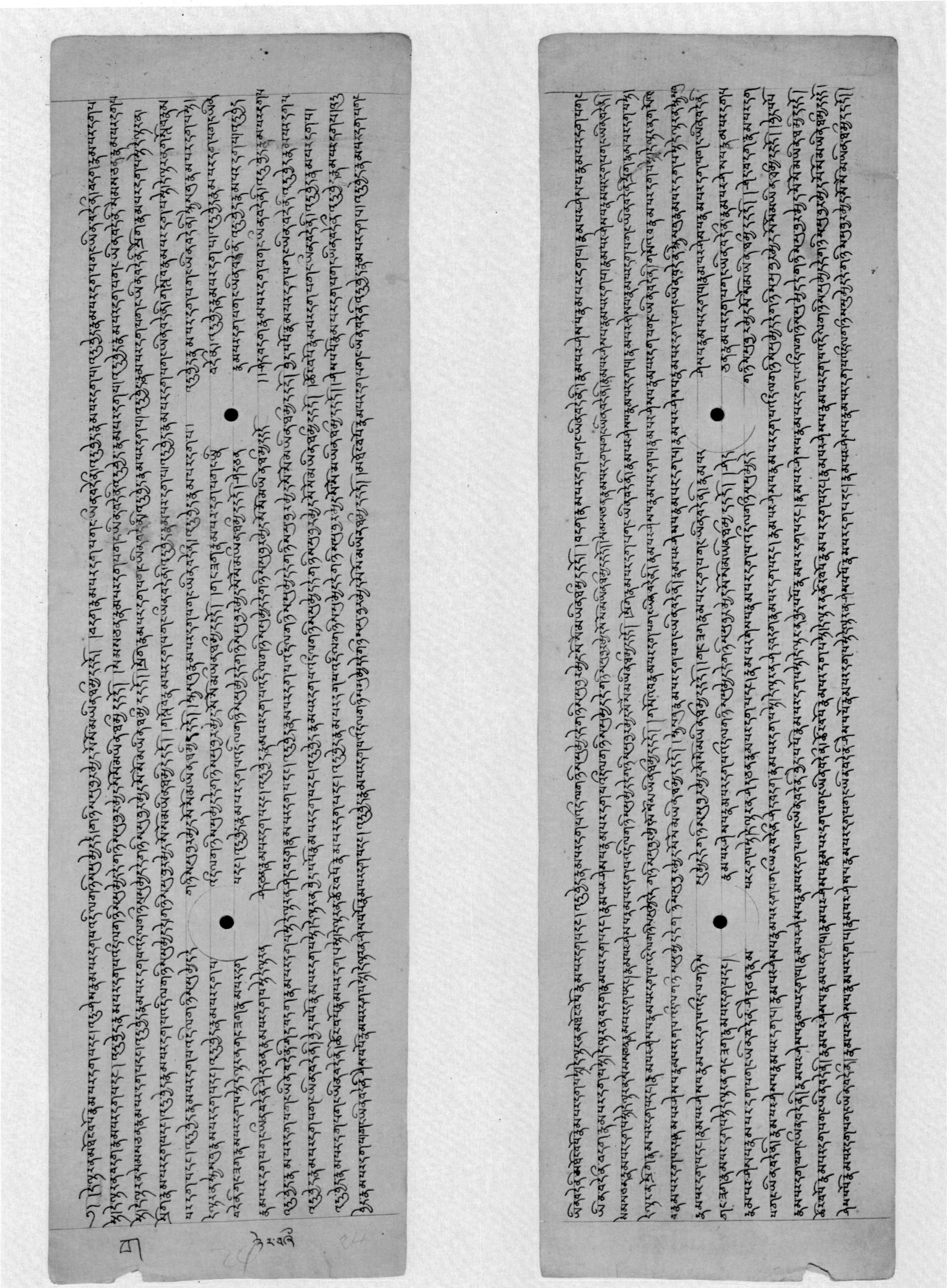

甘圖 GL.t.037 (R-V) ཤེས་རབ་ཀྱི་ཕ་རོལ་ཏུ་ཕྱིན་པ་སྟོང་ཕྲག་བརྒྱའ་པ་དུམ་བུ་གསུམ་པ་བམ་པོ་གསུམ་སོ།།
十萬頌般若波羅蜜多經第三卷第三品 (4—4)

甘圖 GL.t.038 (R-V)　ཤེས་རབ་ཀྱི་ཕ་རོལ་དུ་ཕྱིན་པ་སྟོང་ཕྲག་བརྒྱ་པ།
十萬頌般若波羅蜜多經

甘圖 GL.t.039 (R-V)　ཤེས་རབ་ཀྱི་ཕ་རོལ་ཏུ་ཕྱིན་པ་སྟོང་ཕྲག་བརྒྱ་པ།

十萬頌般若波羅蜜多經　　(6—1)

甘圖 GL.t.039 (R-V) ཤེས་རབ་ཀྱི་ཕ་རོལ་ཏུ་ཕྱིན་པ་སྟོང་ཕྲག་བརྒྱ་པ།

十萬頌般若波羅蜜多經 (6—2)

甘圖 GL.t.039 (R-V)　ཤེས་རབ་ཀྱི་ཕ་རོལ་ཏུ་ཕྱིན་པ་སྟོང་ཕྲག་བརྒྱ་པ།

十萬頌般若波羅蜜多經　　(6—3)

84

甘圖 GL.t.039 (R-V)   ཤེས་རབ་ཀྱི་ཕ་རོལ་ཏུ་ཕྱིན་པ་སྟོང་ཕྲག་བརྒྱ་པ།
十萬頌般若波羅蜜多經   (6—4)

甘圖 GL.t.039 (R-V)　ཤེས་རབ་ཀྱི་ཕ་རོལ་ཏུ་ཕྱིན་པ་སྟོང་ཕྲག་བརྒྱ་པ།

十萬頌般若波羅蜜多經　　(6—5)

86

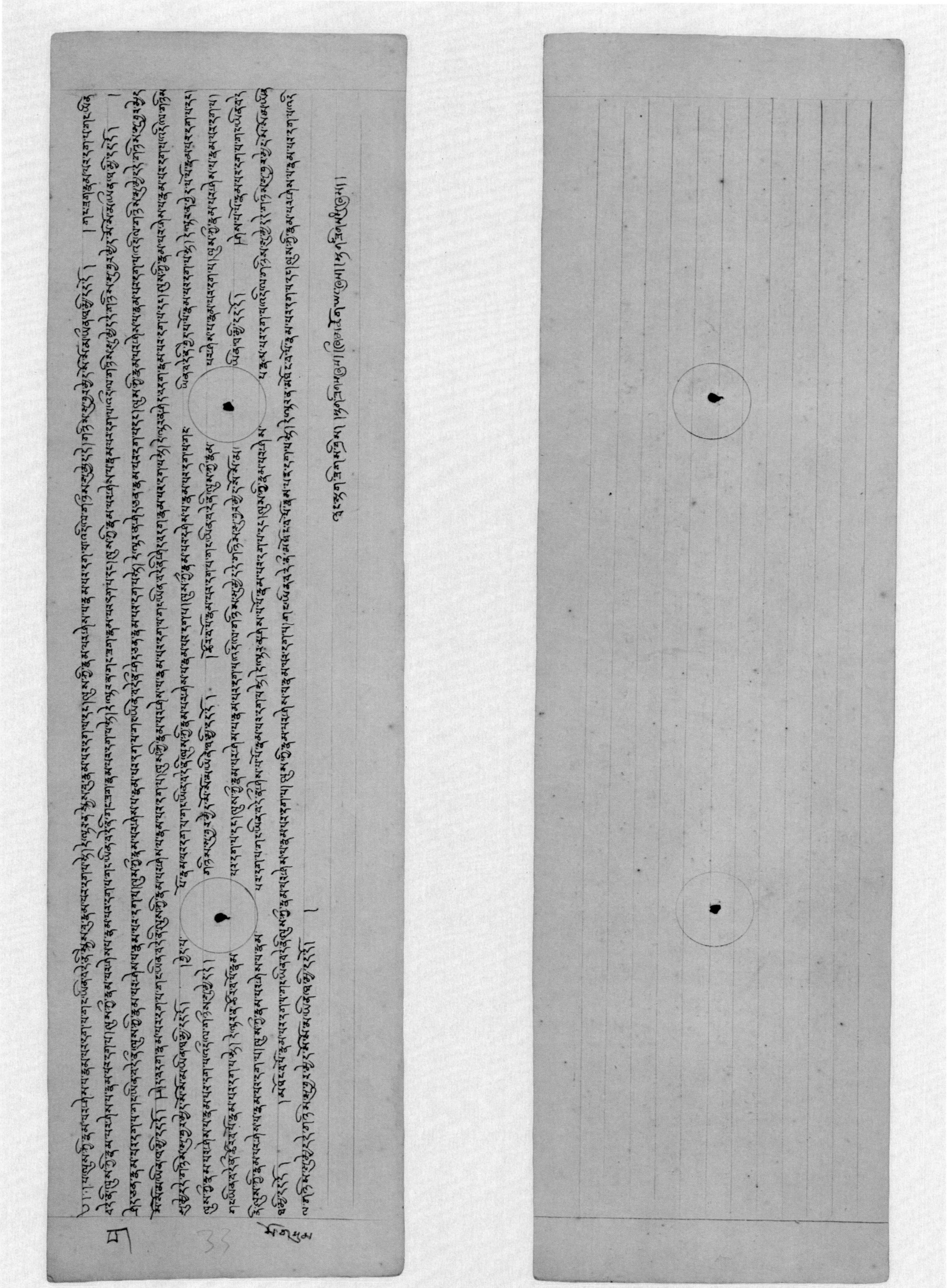

甘圖 GL.t.039 (R-V) ཤེས་རབ་ཀྱི་ཕ་རོལ་ཏུ་ཕྱིན་པ་སྟོང་ཕྲག་བརྒྱ་པ།
十萬頌般若波羅蜜多經 (6—6)

甘圖 GL.t.040 (R-V)　ཤེས་རབ་ཀྱི་ཕ་རོལ་ཏུ་ཕྱིན་པ་སྟོང་ཕྲག་བརྒྱ་པ་དུམ་བུ་གསུམ་པ་བམ་པོ་བཞི་དོ།།

十萬頌般若波羅蜜多經第三卷第四品　　(12—1)

88

甘圖 GL.t.040 (R-V) ཤེས་རབ་ཀྱི་ཕ་རོལ་ཏུ་ཕྱིན་པ་སྟོང་ཕྲག་བརྒྱའ་པ་དུམ་བུ་གསུམ་པ་བམ་པོ་བཞི་དོ།།

十萬頌般若波羅蜜多經第三卷第四品　　(12—2)

甘圖 GL.t.040 (R-V) ཤེས་རབ་ཀྱི་ཕ་རོལ་དུ་ཕྱིན་པ་སྟོང་ཕྲག་བརྒྱའ་པ་དུམ་བུ་གསུམ་པ་བམ་པོ་བཞི་པོ།།

十萬頌般若波羅蜜多經第三卷第四品　　(12—3)

甘圖 GL.t.040 (R-V)　ཤེས་རབ་ཀྱི་ཕ་རོལ་ཏུ་ཕྱིན་པ་སྟོང་ཕྲག་བརྒྱ་པ་དུམ་བུ་གསུམ་པ་བམ་པོ་བཞི་པོ།།

十萬頌般若波羅蜜多經第三卷第四品　　(12—4)

甘圖 GL.t.040 (R-V)　ཤེས་རབ་ཀྱི་ཕ་རོལ་ཏུ་ཕྱིན་པ་སྟོང་ཕྲག་བརྒྱ་པ་དུམ་བུ་གསུམ་པ་བམ་པོ་བཞི་པོ།།
十萬頌般若波羅蜜多經第三卷第四品　　(12—5)

92

甘圖 GL.t.040 (R-V) ཤེས་རབ་ཀྱི་ཕ་རོལ་ཏུ་ཕྱིན་པ་སྟོང་ཕྲག་བརྒྱ་པ་དུམ་བུ་གསུམ་པ་བམ་པོ་བཞི་པོ།།

十萬頌般若波羅蜜多經第三卷第四品　　(12—6)

甘圖 GL.t.040 (R-V)　ཤེས་རབ་ཀྱི་ཕ་རོལ་ཏུ་ཕྱིན་པ་སྟོང་ཕྲག་བརྒྱ་པ་དུམ་བུ་གསུམ་པ་བམ་པོ་བཞི་པོ།།

十萬頌般若波羅蜜多經第三卷第四品　　(12—7)

甘圖 GL.t.040 (R-V) ཤེས་རབ་ཀྱི་ཕ་རོལ་ཏུ་ཕྱིན་པ་སྟོང་ཕྲག་བརྒྱའ་པ་དུམ་བུ་གསུམ་པ་བམ་པོ་བཞིའོ།།

十萬頌般若波羅蜜多經第三卷第四品 （12—8）

甘圖 GL.t.040 (R-V) ཤེས་རབ་ཀྱི་ཕ་རོལ་ཏུ་ཕྱིན་པ་སྟོང་ཕྲག་བརྒྱ་པ་དུམ་བུ་གསུམ་པ་བཞལ་པོ་བཞི་དོ།།
十萬頌般若波羅蜜多經第三卷第四品　　(12—9)

96

甘圖 GL.t.040 (R-V)　ཤེས་རབ་ཀྱི་ཕ་རོལ་ཏུ་ཕྱིན་པ་སྟོང་ཕྲག་བརྒྱད་པ་དུམ་བུ་གསུམ་པ་བམ་པོ་བཞི་གོ།
十萬頌般若波羅蜜多經第三卷第四品　　(12—10)

97

甘圖 GL.t.040 (R-V)　ཤེས་རབ་ཀྱི་ཕ་རོལ་ཏུ་ཕྱིན་པ་སྟོང་ཕྲག་བརྒྱའ་པ་དུམ་བུ་གསུམ་པ་བམ་པོ་བཞི་པོ།།

十萬頌般若波羅蜜多經第三卷第四品　　(12—11)

甘圖 GL.t.040 (R-V)　ཤེས་རབ་ཀྱི་ཕ་རོལ་ཏུ་ཕྱིན་པ་སྟོང་ཕྲག་བརྒྱ་པ་དུམ་བུ་གསུམ་པ་བམ་པོ་བཞི་དོ།།

十萬頌般若波羅蜜多經第三卷第四品　　(12—12)

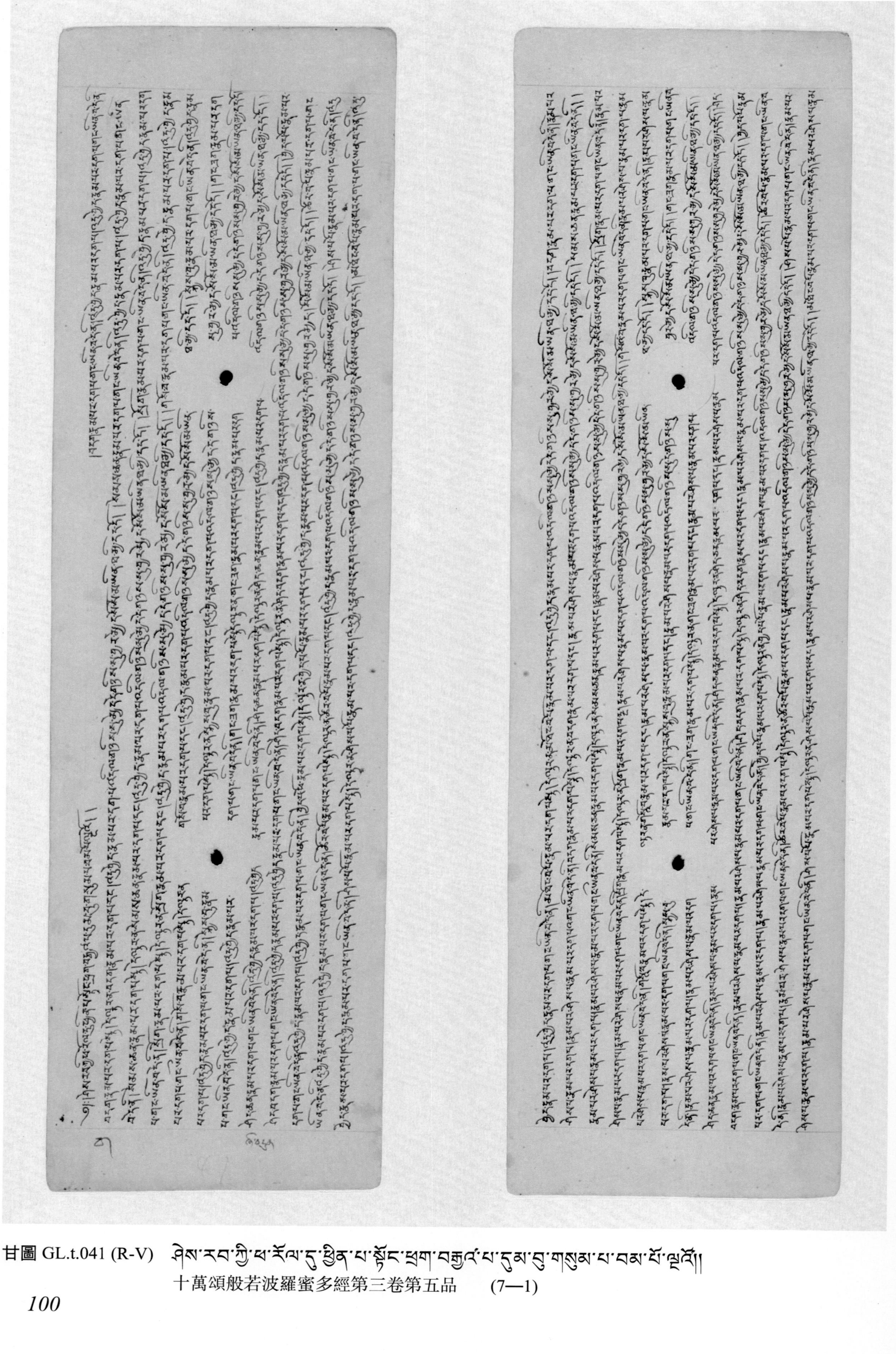

甘圖 GL.t.041 (R-V) ཤེས་རབ་ཀྱི་ཕ་རོལ་ཏུ་ཕྱིན་པ་སྟོང་ཕྲག་བརྒྱའ་པ་དུམ་བུ་གསུམ་པ་བམ་པོ་ལྔའོ།།
十萬頌般若波羅蜜多經第三卷第五品 (7—1)

甘圖 GL.t.041 (R-V)　ཤེས་རབ་ཀྱི་ཕ་རོལ་ཏུ་ཕྱིན་པ་སྟོང་ཕྲག་བརྒྱ་པ་དུམ་བུ་གསུམ་པ་བམ་པོ་ལྔ་པོ།།

十萬頌般若波羅蜜多經第三卷第五品　　(7—2)

甘圖 GL.t.041 (R-V)　ཤེས་རབ་ཀྱི་ཕ་རོལ་ཏུ་ཕྱིན་པ་སྟོང་ཕྲག་བརྒྱ་པ་དུམ་བུ་གསུམ་པ་བམ་པོ་ལྔ་འོ།།

十萬頌般若波羅蜜多經第三卷第五品　　(7—3)

甘圖 GL.t.041 (R-V)　ཤེས་རབ་ཀྱི་ཕ་རོལ་ཏུ་ཕྱིན་པ་སྟོང་ཕྲག་བརྒྱ་པ་དུམ་བུ་གསུམ་པ་བམ་པོ་ལྔ་འོ།།

十萬頌般若波羅蜜多經第三卷第五品　　(7—4)

甘圖 GL.t.041 (R-V) ཤེས་རབ་ཀྱི་ཕ་རོལ་དུ་ཕྱིན་པ་སྟོང་ཕྲག་བརྒྱ་པ་དུམ་བུ་གསུམ་པ་བམ་པོ་ལྔ་འོ།།

十萬頌般若波羅蜜多經第三卷第五品　　(7—5)

104

甘圖 GL.t.041 (R-V) ཤེས་རབ་ཀྱི་ཕ་རོལ་དུ་ཕྱིན་པ་སྟོང་ཕྲག་བརྒྱད་པ་དུམ་བུ་གསུམ་པ་བམ་པོ་ལྔའོ།།

十萬頌般若波羅蜜多經第三卷第五品　　(7—6)

甘圖 GL.t.041 (R-V)　ཤེས་རབ་ཀྱི་ཕ་རོལ་ཏུ་ཕྱིན་པ་སྟོང་ཕྲག་བརྒྱ་པ་དུམ་བུ་གསུམ་པ་བམ་པོ་ལྔ་པོ།།

十萬頌般若波羅蜜多經第三卷第五品　　(7—7)

106

甘圖 GL.t.042 (R-V)　ཤེས་རབ་ཀྱི་ཕ་རོལ་ཏུ་ཕྱིན་པ་སྟོང་ཕྲག་བརྒྱ་པ།
十萬頌般若波羅蜜多經　　(3—1)

甘圖 GL.t.042 (R-V) ཤེས་རབ་ཀྱི་ཕ་རོལ་ཏུ་ཕྱིན་པ་སྟོང་ཕྲག་བརྒྱ་པ།

十萬頌般若波羅蜜多經 (3—2)

甘圖 GL.t.042 (R-V)　ཤེས་རབ་ཀྱི་ཕ་རོལ་ཏུ་ཕྱིན་པ་སྟོང་ཕྲག་བརྒྱ་པ།
十萬頌般若波羅蜜多經　　(3—3)

甘圖 GL.t.043 (R-V) ཤེས་རབ་ཀྱི་ཕ་རོལ་ཏུ་ཕྱིན་པ་སྟོང་ཕྲག་བརྒྱ་པ་དུམ་བུ་གསུམ་པ་བམ་པོ་དྲུག་གོ།།

十萬頌般若波羅蜜多經第三卷第六品　　(7—1)

甘圖 GL.t.043 (R-V) ཤེས་རབ་ཀྱི་ཕ་རོལ་ཏུ་ཕྱིན་པ་སྟོང་ཕྲག་བརྒྱ་པ་དུམ་བུ་གསུམ་པ་བམ་པོ་དྲུག་གོ།།

十萬頌般若波羅蜜多經第三卷第六品　　(7—2)

甘圖 GL.t.043 (R-V) ཤེས་རབ་ཀྱི་ཕ་རོལ་ཏུ་ཕྱིན་པ་སྟོང་ཕྲག་བརྒྱ་པ་དུམ་བུ་གསུམ་པ་བམ་པོ་དྲུག་གོ།།

十萬頌般若波羅蜜多經第三卷第六品　　(7—3)

甘圖 GL.t.043 (R-V)　ཤེས་རབ་ཀྱི་ཕ་རོལ་ཏུ་ཕྱིན་པ་སྟོང་ཕྲག་བརྒྱ་པ་དུམ་བུ་གསུམ་པ་བམ་པོ་དྲུག་གོ །།
十萬頌般若波羅蜜多經第三卷第六品　　(7—4)

甘圖 GL.t.043 (R-V)　ཤེས་རབ་ཀྱི་ཕ་རོལ་དུ་ཕྱིན་པ་སྟོང་ཕྲག་བརྒྱ་པ་ལས་བུ་གཟུགས་པ་བམ་པོ་དྲུག་གོ།།

十萬頌般若波羅蜜多經第三卷第六品　　(7—5)

114

甘圖 GL.t.043 (R-V) ཤེས་རབ་ཀྱི་ཕ་རོལ་ཏུ་ཕྱིན་པ་སྟོང་ཕྲག་བརྒྱ་པ་དུམ་བུ་གསུམ་པ་བམ་པོ་དྲུག་གོ།།
十萬頌般若波羅蜜多經第三卷第六品　　(7—6)

甘圖 GL.t.043 (R-V)　ཤེས་རབ་ཀྱི་ཕ་རོལ་ཏུ་ཕྱིན་པ་སྟོང་ཕྲག་བརྒྱ་པ་དུམ་བུ་གསུམ་པ་བམ་པོ་དྲུག་གོ།།།

十萬頌般若波羅蜜多經第三卷第六品　　(7—7)

甘圖 GL.t.044 (R-V) ཤེས་རབ་ཀྱི་ཕ་རོལ་ཏུ་ཕྱིན་པ་སྟོང་ཕྲག་བརྒྱའ་པ་དུམ་བུ་གསུམ་པ་བམ་པོ་བདུན་ནོ།།

十萬頌般若波羅蜜多經第三卷第七品　　(3—1)

甘圖 GL.t.044 (R-V)　ཤེས་རབ་ཀྱི་ཕ་རོལ་དུ་ཕྱིན་པ་སྟོང་ཕྲག་བརྒྱ་པ་དུམ་བུ་གསུམ་པ་བམ་པོ་བདུན་ནོ།།

十萬頌般若波羅蜜多經第三卷第七品　　(3—2)

118

甘圖 GL.t.044 (R-V) ཤེས་རབ་ཀྱི་ཕ་རོལ་ཏུ་ཕྱིན་པ་སྟོང་ཕྲག་བརྒྱ་པ་དུམ་བུ་གསུམ་པ་བམ་པོ་བདུན་ནོ།།

十萬頌般若波羅蜜多經第三卷第七品　　(3—3)

甘圖 GL.t.045 (R-V)　ཤེས་རབ་ཀྱི་ཕ་རོལ་ཏུ་ཕྱིན་པ་སྟོང་ཕྲག་བརྒྱ་པ།

十萬頌般若波羅蜜多經

甘圖 GL.t.046 (R-V) ཤེས་རབ་ཀྱི་ཕ་རོལ་ཏུ་ཕྱིན་པ་སྟོང་ཕྲག་བརྒྱ་པ།
十萬頌般若波羅蜜多經 （3—1）

甘圖 GL.t.046 (R-V)　ཤེས་རབ་ཀྱི་ཕ་རོལ་དུ་ཕྱིན་པ་སྟོང་ཕྲག་བརྒྱ་པ།
十萬頌般若波羅蜜多經　　(3—2)

甘圖 GL.t.046 (R-V)　ཤེས་རབ་ཀྱི་ཕ་རོལ་ཏུ་ཕྱིན་པ་སྟོང་ཕྲག་བརྒྱ་པ།
十萬頌般若波羅蜜多經　　(3—3)

甘圖 GL.t.047 (R-V) ཤེས་རབ་ཀྱི་ཕ་རོལ་དུ་ཕྱིན་པ་སྟོང་ཕྲག་བརྒྱ་པ།

十萬頌般若波羅蜜多經

124

甘圖 GL.t.048 (R-V) ཤེས་རབ་ཀྱི་ཕ་རོལ་དུ་ཕྱིན་པ་སྟོང་ཕྲག་བརྒྱ་པ་དུམ་བུ་གསུམ་པ་བམ་པོ་དགུའོ།།

十萬頌般若波羅蜜多經第三卷第九品　　(9—1)

甘圖 GL.t.048 (R-V) ཤེས་རབ་ཀྱི་ཕ་རོལ་དུ་ཕྱིན་པ་སྟོང་ཕྲག་བརྒྱ་པ་དུམ་བུ་གསུམ་པ་བམ་པོ་དགུའོ།།

十萬頌般若波羅蜜多經第三卷第九品　　(9—2)

甘圖 GL.t.048 (R-V)　ཤེས་རབ་ཀྱི་ཕ་རོལ་དུ་ཕྱིན་པ་སྟོང་ཕྲག་བརྒྱ་པ་དུམ་བུ་གསུམ་པ་བམ་པོ་དགུ་པའོ།།

甘圖 GL.t.048 (R-V)　ཤེས་རབ་ཀྱི་ཕ་རོལ་དུ་ཕྱིན་པ་སྟོང་ཕྲག་བརྒྱ་པ་དུམ་བུ་གསུམ་པ་བམ་པོ་དགུའོ།།

十萬頌般若波羅蜜多經第三卷第九品　　(9—4)

128

甘圖 GL.t.048 (R-V)　ཤེས་རབ་ཀྱི་ཕ་རོལ་དུ་ཕྱིན་པ་སྟོང་ཕྲག་བརྒྱ་པ་དུམ་བུ་གསུམ་པ་བམ་པོ་དགུའོ།།

十萬頌般若波羅蜜多經第三卷第九品　　(9—5)

甘圖 GL.t.048 (R-V)　ཤེས་རབ་ཀྱི་ཕ་རོལ་དུ་ཕྱིན་པ་སྟོང་ཕྲག་བརྒྱ་པ་དུམ་བུ་གསུམ་པ་བམ་པོ་དགུའོ།།

十萬頌般若波羅蜜多經第三卷第九品　　(9—6)

甘圖 GL.t.048 (R-V)　ཤེས་རབ་ཀྱི་ཕ་རོལ་ཏུ་ཕྱིན་པ་སྟོང་ཕྲག་བརྒྱ་པ་དུམ་བུ་གསུམ་པ་བམ་པོ་དགུ་བོ།།
十萬頌般若波羅蜜多經第三卷第九品　　(9—7)

甘圖 GL.t.048 (R-V) ཤེས་རབ་ཀྱི་ཕ་རོལ་ཏུ་ཕྱིན་པ་སྟོང་ཕྲག་བརྒྱ་པ་དུམ་བུ་གསུམ་པ་བམ་པོ་དགུའོ།།

十萬頌般若波羅蜜多經第三卷第九品　　(9—8)

甘圖 GL.t.048 (R-V)　ཤེས་རབ་ཀྱི་ཕ་རོལ་དུ་ཕྱིན་པ་སྟོང་ཕྲག་བརྒྱ་པ་དུམ་བུ་གསུམ་པ་བཀ་པོ་དགུ་པོ།།

十萬頌般若波羅蜜多經第三卷第九品　　(9—9)

甘圖 GL.t.049 (R-V) ཤེས་རབ་ཀྱི་ཕ་རོལ་དུ་ཕྱིན་པ་སྟོང་ཕྲག་བརྒྱའ་པ་དུམ་བུ་གསུམ་པ་བམ་པོ་བཅུའོ།།

十萬頌般若波羅蜜多經第三卷第十品　　(2—1)

134

甘圖 GL.t.049 (R-V) ཤེས་རབ་ཀྱི་ཕ་རོལ་དུ་ཕྱིན་པ་སྟོང་ཕྲག་བརྒྱ་པ་དུམ་བུ་གསུམ་པ་བམ་པོ་བཅུ་པོ།།
十萬頌般若波羅蜜多經第三卷第十品　　(2—2)

甘圖 GL.t.050 (R-V) ཤེས་རབ་ཀྱི་ཕ་རོལ་ཏུ་ཕྱིན་པ་སྟོང་ཕྲག་བརྒྱ་པ།

十萬頌般若波羅蜜多經

136

甘圖 GL.t.051 (R-V) ཤེས་རབ་ཀྱི་ཕ་རོལ་ཏུ་ཕྱིན་པ་སྟོང་ཕྲག་བརྒྱད་པ་དུམ་བུ་གསུམ་པ་བམ་པོ་བཅུ་པོ།།
十萬頌般若波羅蜜多經第三卷第十品 (6—1)

甘圖 GL.t.051 (R-V) ཤེས་རབ་ཀྱི་ཕ་རོལ་དུ་ཕྱིན་པ་སྟོང་ཕྲག་བརྒྱ་པ་དུམ་བུ་གསུམ་པ་བམ་པོ་བཅུ་པོ།།

十萬頌般若波羅蜜多經第三卷第十品　　(6—2)

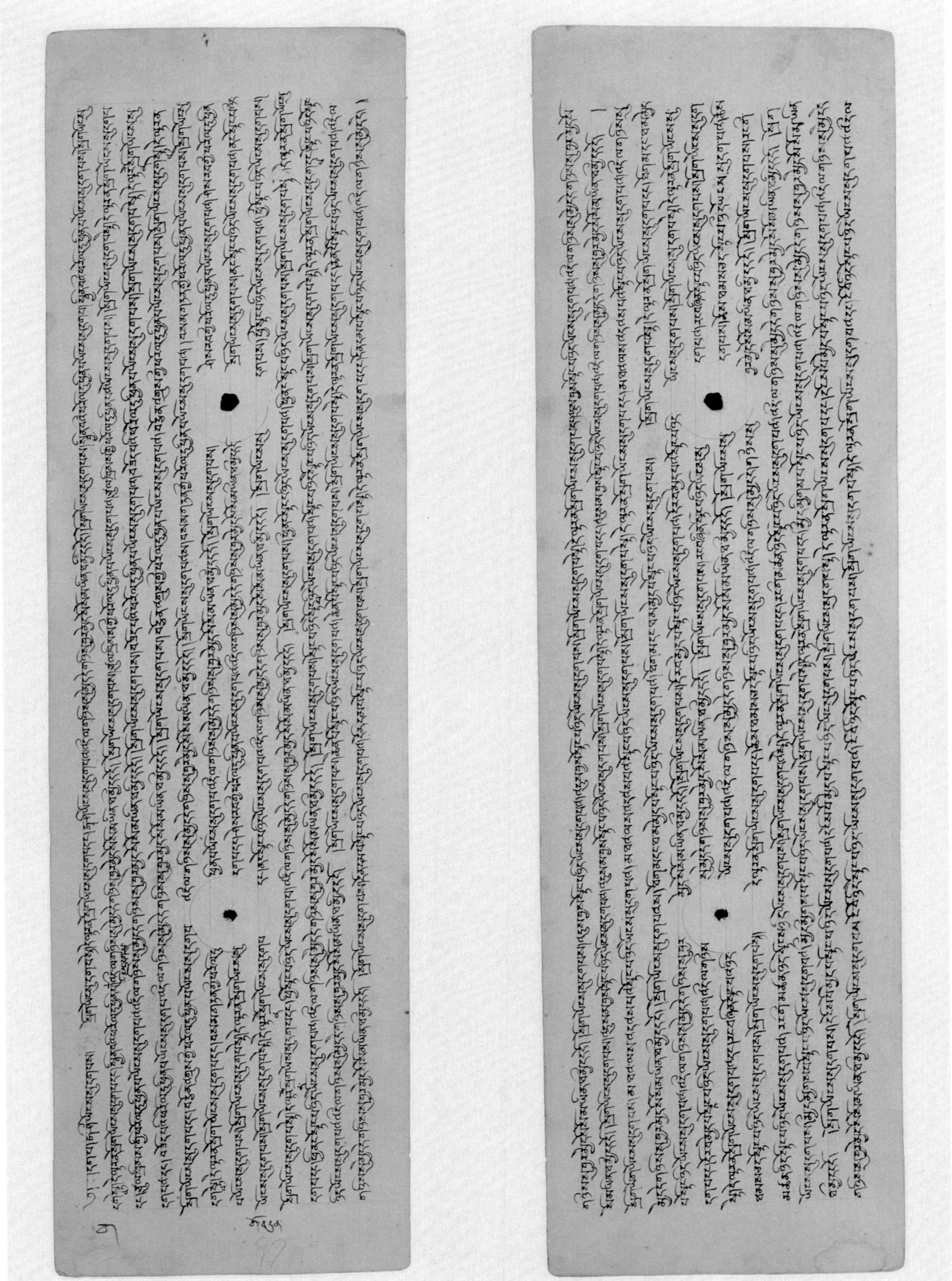

甘圖 GL.t.051 (R-V) ཤེས་རབ་ཀྱི་ཕ་རོལ་ཏུ་ཕྱིན་པ་སྟོང་ཕྲག་བརྒྱ་པ་དུམ་བུ་གསུམ་པ་བམ་པོ་བཅུའོ།།

十萬頌般若波羅蜜多經第三卷第十品 (6—3)

甘圖 GL.t.051 (R-V)　ཤེས་རབ་ཀྱི་ཕ་རོལ་ཏུ་ཕྱིན་པ་སྟོང་ཕྲག་བརྒྱ་པ་དུམ་བུ་གསུམ་པ་བམ་པོ་བཅུ་པོ།།
十萬頌般若波羅蜜多經第三卷第十品　　(6—4)

140

甘圖 GL.t.051 (R-V)　ཤེས་རབ་ཀྱི་ཕ་རོལ་ཏུ་ཕྱིན་པ་སྟོང་ཕྲག་བརྒྱ་པ་དུམ་བུ་གསུམ་པ་བམ་པོ་བཅུ་པའོ།།

十萬頌般若波羅蜜多經第三卷第十品　　(6—5)

甘圖 GL.t.051 (R-V)　ཤེས་རབ་ཀྱི་ཕ་རོལ་ཏུ་ཕྱིན་པ་སྟོང་ཕྲག་བརྒྱ་པ་དུམ་བུ་གསུམ་པ་བམ་པོ་བཅུ་པོ།།

十萬頌般若波羅蜜多經第三卷第十品　　(6—6)

甘圖 GL.t.052 (R-V) ཤེས་རབ་ཀྱི་ཕ་རོལ་དུ་ཕྱིན་པ་སྟོང་ཕྲག་བརྒྱ་པ་དུམ་བུ་གསུམ་པ་བམ་པོ་བཅུ་གཅིག་གོ།།
十萬頌般若波羅蜜多經第三卷第十一品　　(8—1)

甘圖 GL.t.052 (R-V) ཤེས་རབ་ཀྱི་ཕ་རོལ་ཏུ་ཕྱིན་པ་སྟོང་ཕྲག་བརྒྱ་པ་ལས་དུམ་བུ་གསུམ་པ་བམ་པོ་བཅུ་གཅིག་གོ།།

十萬頌般若波羅蜜多經第三卷第十一品　　(8—2)

144

甘圖 GL.t.052 (R-V)　ཤེས་རབ་ཀྱི་ཕ་རོལ་ཏུ་ཕྱིན་པ་སྟོང་ཕྲག་བརྒྱ་པ་དུམ་བུ་གསུམ་པ་བམ་པོ་བཅུ་གཅིག་གོ།།

十萬頌般若波羅蜜多經第三卷第十一品　　　(8—3)

145

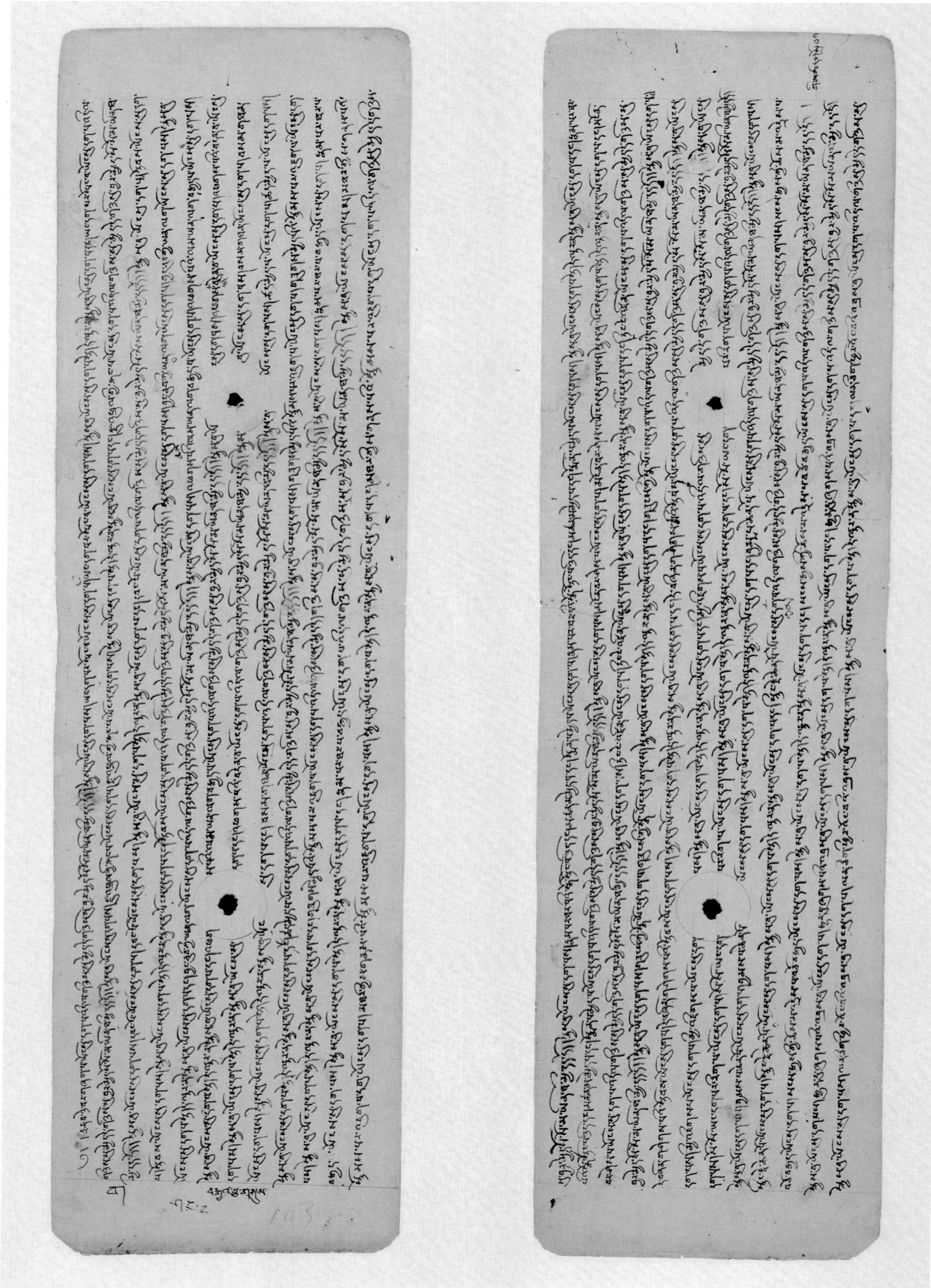

甘圖 GL.t.052 (R-V) ཤེས་རབ་ཀྱི་ཕ་རོལ་ཏུ་ཕྱིན་པ་སྟོང་ཕྲག་བརྒྱའ་དུམ་བུ་གསུམ་པ་བམ་པོ་བཅུ་གཅིག་པོ།།
十萬頌般若波羅蜜多經第三卷第十一品 (8—4)

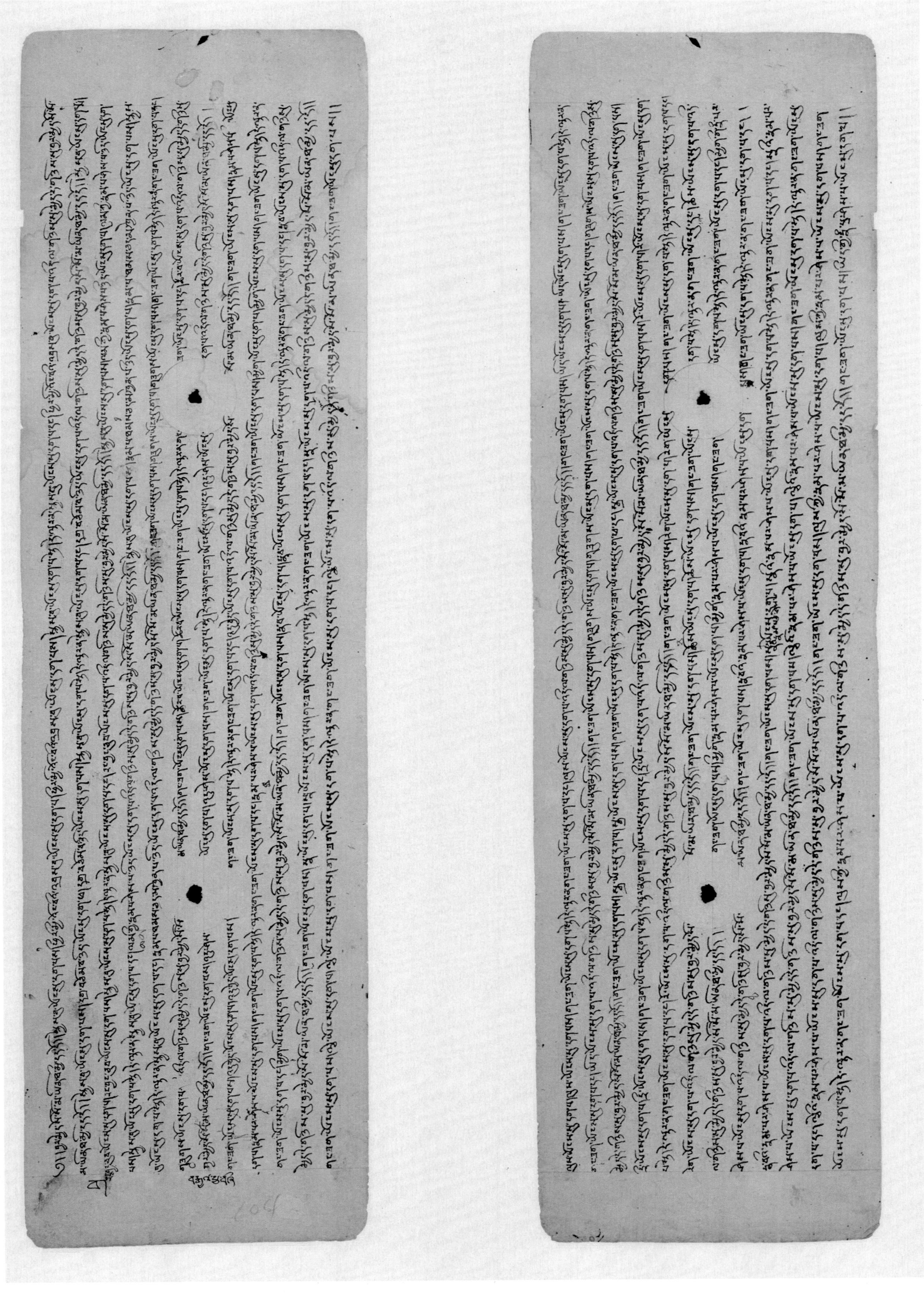

甘圖 GL.t.052 (R-V) ཤེས་རབ་ཀྱི་ཕ་རོལ་ཏུ་ཕྱིན་པ་སྟོང་ཕྲག་བརྒྱ་པ་དུམ་བུ་གསུམ་པ་བམ་པོ་བཅུ་གཅིག་པོ།།
十萬頌般若波羅蜜多經第三卷第十一品 (8—5)

甘圖 GL.t.052 (R-V) ཤེས་རབ་ཀྱི་ཕ་རོལ་ཏུ་ཕྱིན་པ་སྟོང་ཕྲག་བརྒྱ་པ་དུམ་བུ་གསུམ་པ་བམ་པོ་བཅུ་གཅིག་གོ།།།

十萬頌般若波羅蜜多經第三卷第十一品　　(8—6)

148

甘圖 GL.t.052 (R-V)　ཤེས་རབ་ཀྱི་ཕ་རོལ་ཏུ་ཕྱིན་པ་སྟོང་ཕྲག་བརྒྱ་པ་དུམ་བུ་གསུམ་པ་བམ་པོ་བཅུ་གཅིག་གོ།།
十萬頌般若波羅蜜多經第三卷第十一品　　(8—7)

149

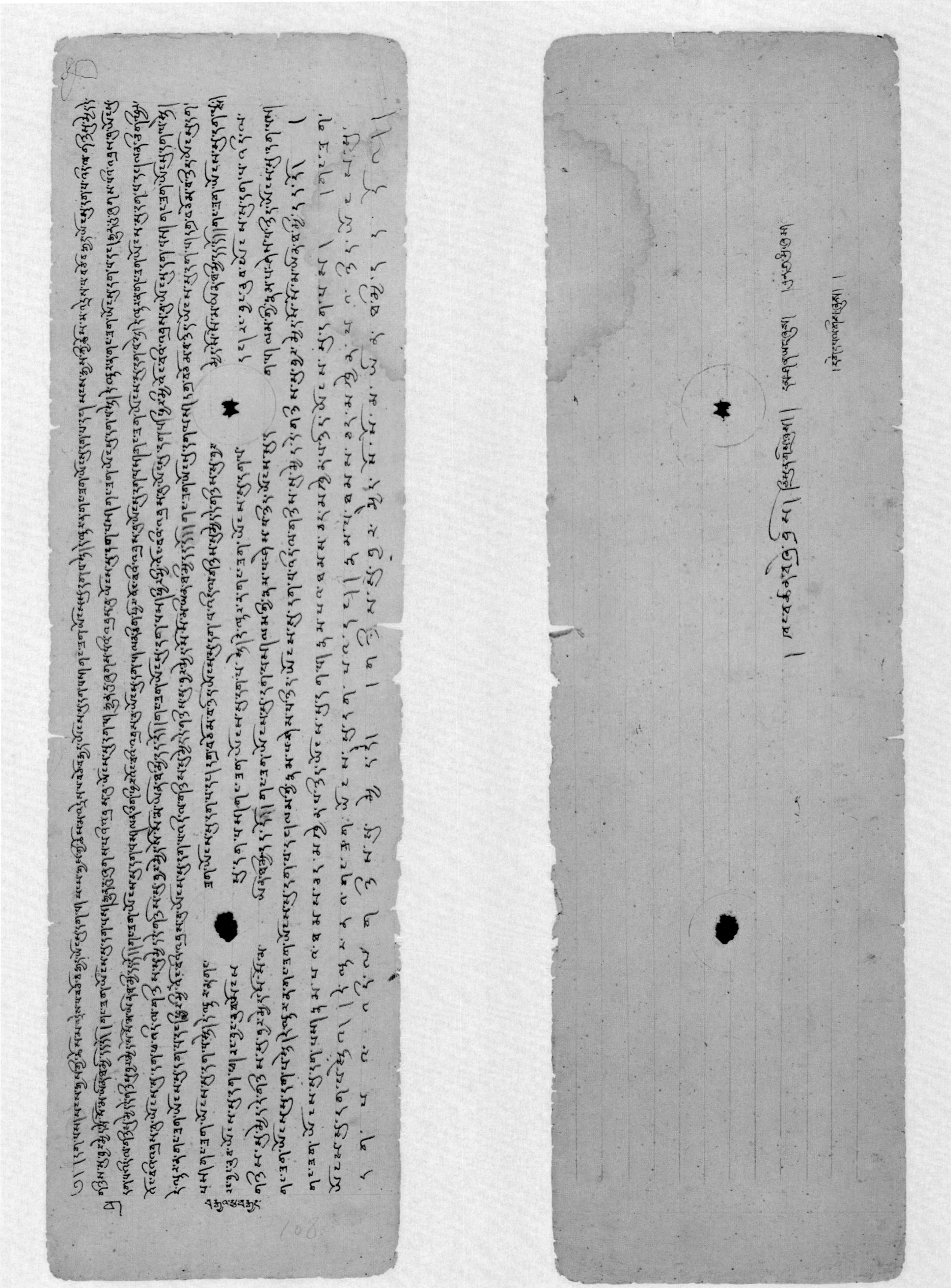

甘圖 GL.t.052 (R-V) ཤེས་རབ་ཀྱི་ཕ་རོལ་ཏུ་ཕྱིན་པ་སྟོང་ཕྲག་བརྒྱའ་དུམ་བུ་གསུམ་པ་བམ་པོ་བཅུ་གཅིག་གོ།།
十萬頌般若波羅蜜多經第三卷第十一品 (8—8)

甘圖 GL.t.053 (R-V)　ཤེས་རབ་ཀྱི་ཕ་རོལ་ཏུ་ཕྱིན་པ་སྟོང་ཕྲག་བརྒྱ་པ་དུམ་བུ་གསུམ་པ་བམ་པོ་བཅུ་གཉིས་སོ།།

十萬頌般若波羅蜜多經第三卷第十二品　　(9—1)

甘圖 GL.t.053 (R-V)　ཤེས་རབ་ཀྱི་ཕ་རོལ་ཏུ་ཕྱིན་པ་སྟོང་ཕྲག་བརྒྱ་པ་དུམ་བུ་གསུམ་པ་བམ་པོ་བཅུ་གཉིས་སོ།།

十萬頌般若波羅蜜多經第三卷第十二品　　(9—2)

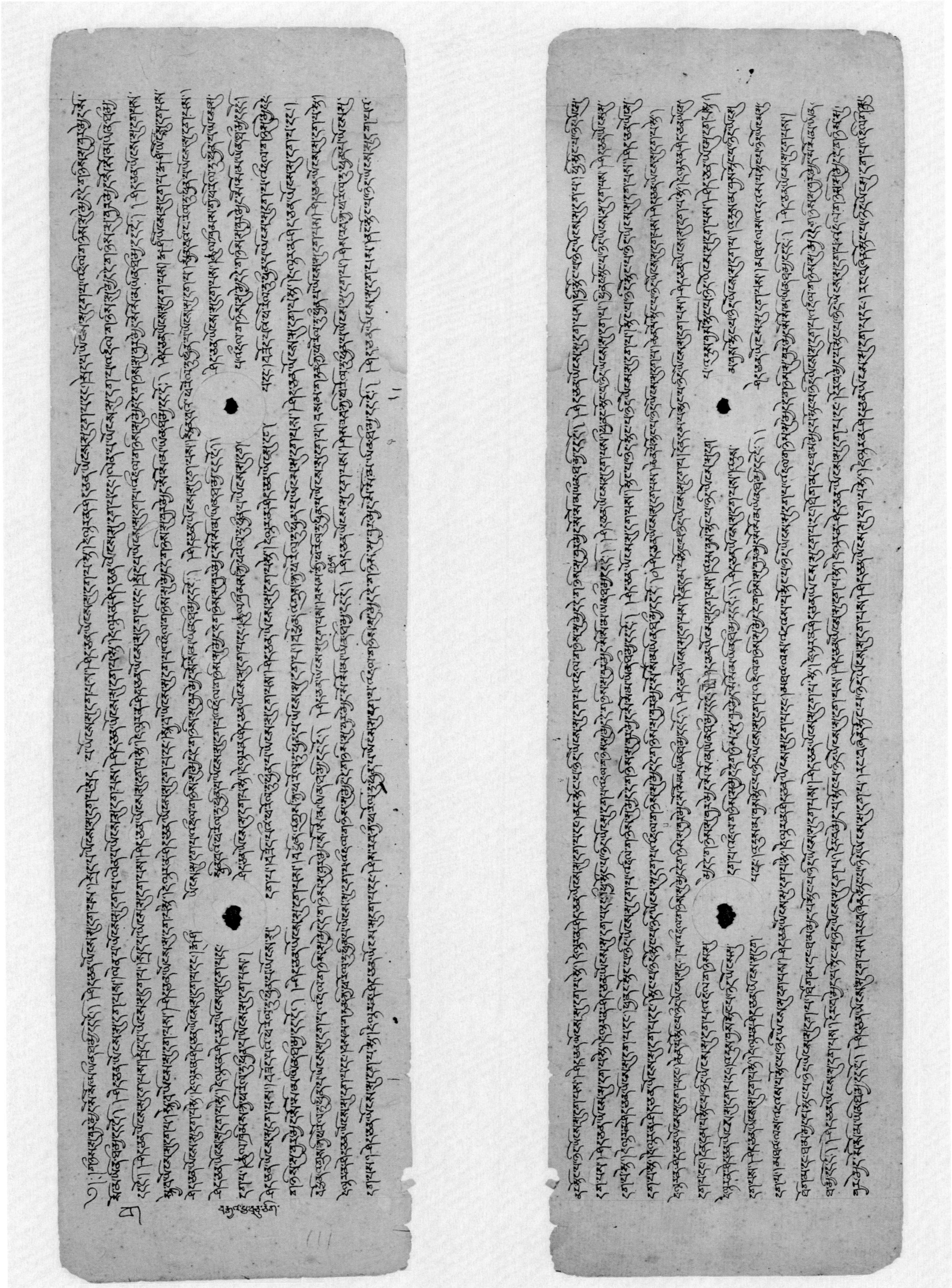

甘圖 GL.t.053 (R-V) ཤེས་རབ་ཀྱི་ཕ་རོལ་ཏུ་ཕྱིན་པ་སྟོང་ཕྲག་བརྒྱའ་པ་དུམ་བུ་གསུམ་པ་བམ་པོ་བཅུ་གཉིས་སོ་།།

十萬頌般若波羅蜜多經第三卷第十二品　　(9—3)

甘圖 GL.t.053 (R-V)　ཤེས་རབ་ཀྱི་ཕ་རོལ་ཏུ་ཕྱིན་པ་སྟོང་ཕྲག་བརྒྱ་པ་དུམ་བུ་གསུམ་པ་བམ་པོ་བཅུ་གཉིས་སོ།།

十萬頌般若波羅蜜多經第三卷第十二品　　(9—4)

甘圖 GL.t.053 (R-V) ཤེས་རབ་ཀྱི་ཕ་རོལ་ཏུ་ཕྱིན་པ་སྟོང་ཕྲག་བརྒྱ་པ་དུམ་བུ་གསུམ་པ་བམ་པོ་བཅུ་གཉིས་སོ།།
十萬頌般若波羅蜜多經第三卷第十二品　　(9—5)

甘圖 GL.t.053 (R-V)　ཤེས་རབ་ཀྱི་ཕ་རོལ་ཏུ་ཕྱིན་པ་སྟོང་ཕྲག་བརྒྱད་པ་དུམ་བུ་གསུམ་པ་བམ་པོ་བཅུ་གཉིས་སོ།།

十萬頌般若波羅蜜多經第三卷第十二品　　(9—6)

156

甘圖 GL.t.053 (R-V)　ཤེས་རབ་ཀྱི་ཕ་རོལ་ཏུ་ཕྱིན་པ་སྟོང་ཕྲག་བརྒྱད་པ་དུམ་བུ་གསུམ་པ་བམ་པོ་བཅུ་གཉིས་སོ།།

十萬頌般若波羅蜜多經第三卷第十二品　　(9—7)

甘圖 GL.t.053 (R-V) ཤེས་རབ་ཀྱི་ཕ་རོལ་ཏུ་ཕྱིན་པ་སྟོང་ཕྲག་བརྒྱ་པ་དུམ་བུ་གསུམ་པ་བམ་པོ་བཅུ་གཉིས་སོ།།

十萬頌般若波羅蜜多經第三卷第十二品　　(9—8)

158

甘圖 GL.t.053 (R-V) ཤེས་རབ་ཀྱི་ཕ་རོལ་ཏུ་ཕྱིན་པ་སྟོང་ཕྲག་བརྒྱ་པ་དུམ་བུ་གསུམ་པ་བམ་པོ་བཅུ་གཉིས་སོ།།

十萬頌般若波羅蜜多經第三卷第十二品　　(9—9)

甘圖 GL.t.054 (R-V)　ཤེས་རབ་ཀྱི་ཕ་རོལ་ཏུ་ཕྱིན་པ་སྟོང་ཕྲག་བརྒྱ་པ་དུམ་བུ་གསུམ་པ་བམ་པོ་བཅུ་གསུམ་མོ།།

十萬頌般若波羅蜜多經第三卷第十三品

160

甘圖 GL.t.055 (R-V)　ཤེས་རབ་ཀྱི་ཕ་རོལ་ཏུ་ཕྱིན་པ་སྟོང་ཕྲག་བརྒྱ་པ།

十萬頌般若波羅蜜多經　　(7—1)

甘圖 GL.t.055 (R-V)　ཤེས་རབ་ཀྱི་ཕ་རོལ་དུ་ཕྱིན་པ་སྟོང་ཕྲག་བརྒྱ་པ།

十萬頌般若波羅蜜多經　　(7—2)

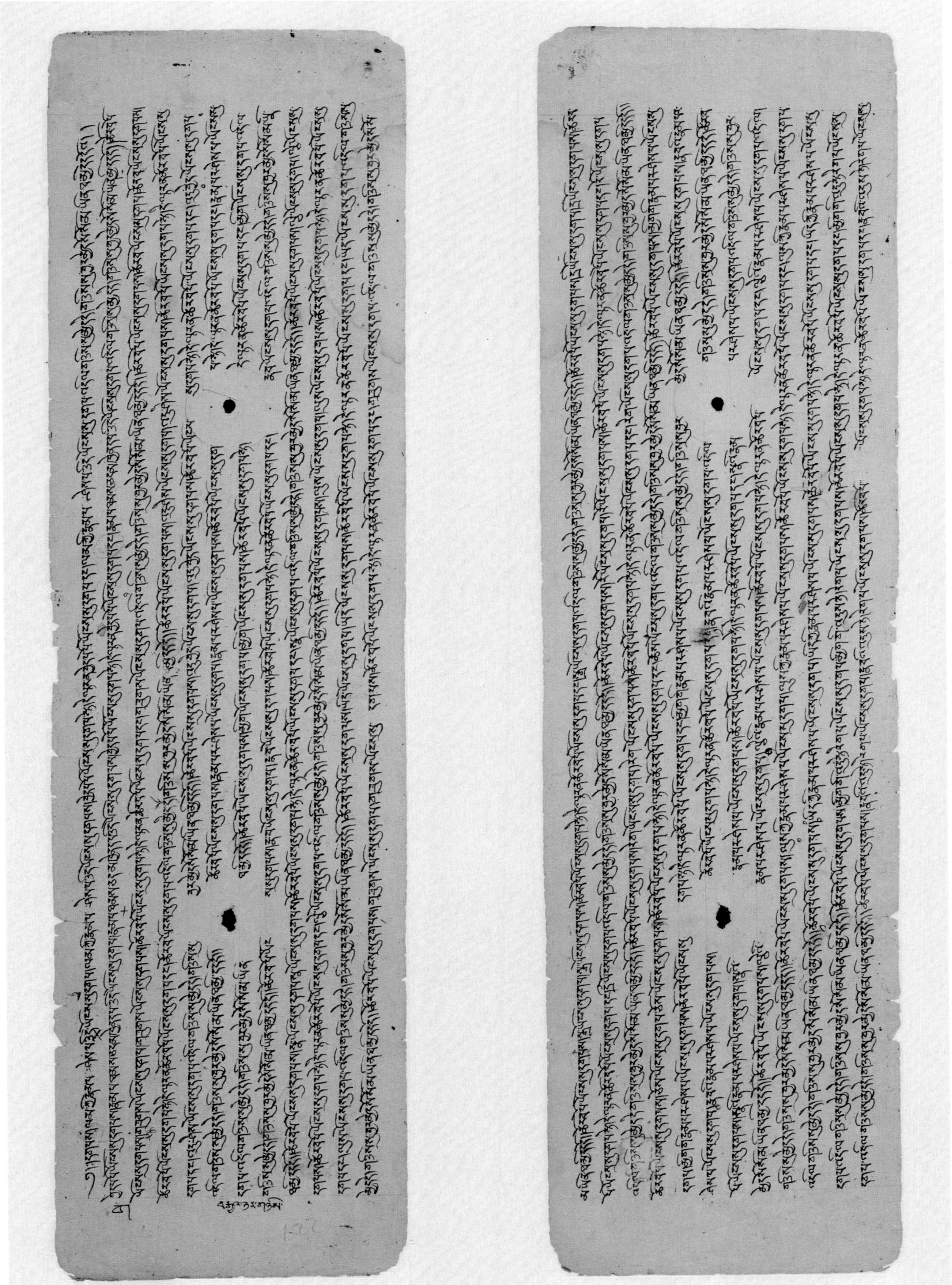

甘圖 GL.t.055 (R-V) ཤེས་རབ་ཀྱི་ཕ་རོལ་ཏུ་ཕྱིན་པ་སྟོང་ཕྲག་བརྒྱ་པ།
十萬頌般若波羅蜜多經 (7—3)

甘圖 GL.t.055 (R-V)　ཤེས་རབ་ཀྱི་ཕ་རོལ་ཏུ་ཕྱིན་པ་སྟོང་ཕྲག་བརྒྱ་པ།

十萬頌般若波羅蜜多經　　(7—4)

甘圖 GL.t.055 (R-V) ཤེས་རབ་ཀྱི་ཕ་རོལ་དུ་ཕྱིན་པ་སྟོང་ཕྲག་བརྒྱ་པ།

十萬頌般若波羅蜜多經 (7—5)

甘圖 GL.t.055 (R-V)　ཤེས་རབ་ཀྱི་ཕ་རོལ་ཏུ་ཕྱིན་པ་སྟོང་ཕྲག་བརྒྱ་པ།

十萬頌般若波羅蜜多經　　(7—6)

甘圖 GL.t.055 (R-V)　ཤེས་རབ་ཀྱི་ཕ་རོལ་ཏུ་ཕྱིན་པ་སྟོང་ཕྲག་བརྒྱ་པ།

十萬頌般若波羅蜜多經　　(7—7)

甘圖 GL.t.056 (R-V)　ཤེས་རབ་ཀྱི་ཕ་རོལ་ཏུ་ཕྱིན་པ་སྟོང་ཕྲག་བརྒྱ་པ།

十萬頌般若波羅蜜多經　　(6—1)

168

甘圖 GL.t.056 (R-V)　ཤེས་རབ་ཀྱི་ཕ་རོལ་ཏུ་ཕྱིན་པ་སྟོང་ཕྲག་བརྒྱ་པ།
十萬頌般若波羅蜜多經　　(6—2)

甘圖 GL.t.056 (R-V) ཤེས་རབ་ཀྱི་ཕ་རོལ་དུ་ཕྱིན་པ་སྟོང་ཕྲག་བརྒྱ་པ།

十萬頌般若波羅蜜多經 (6—3)

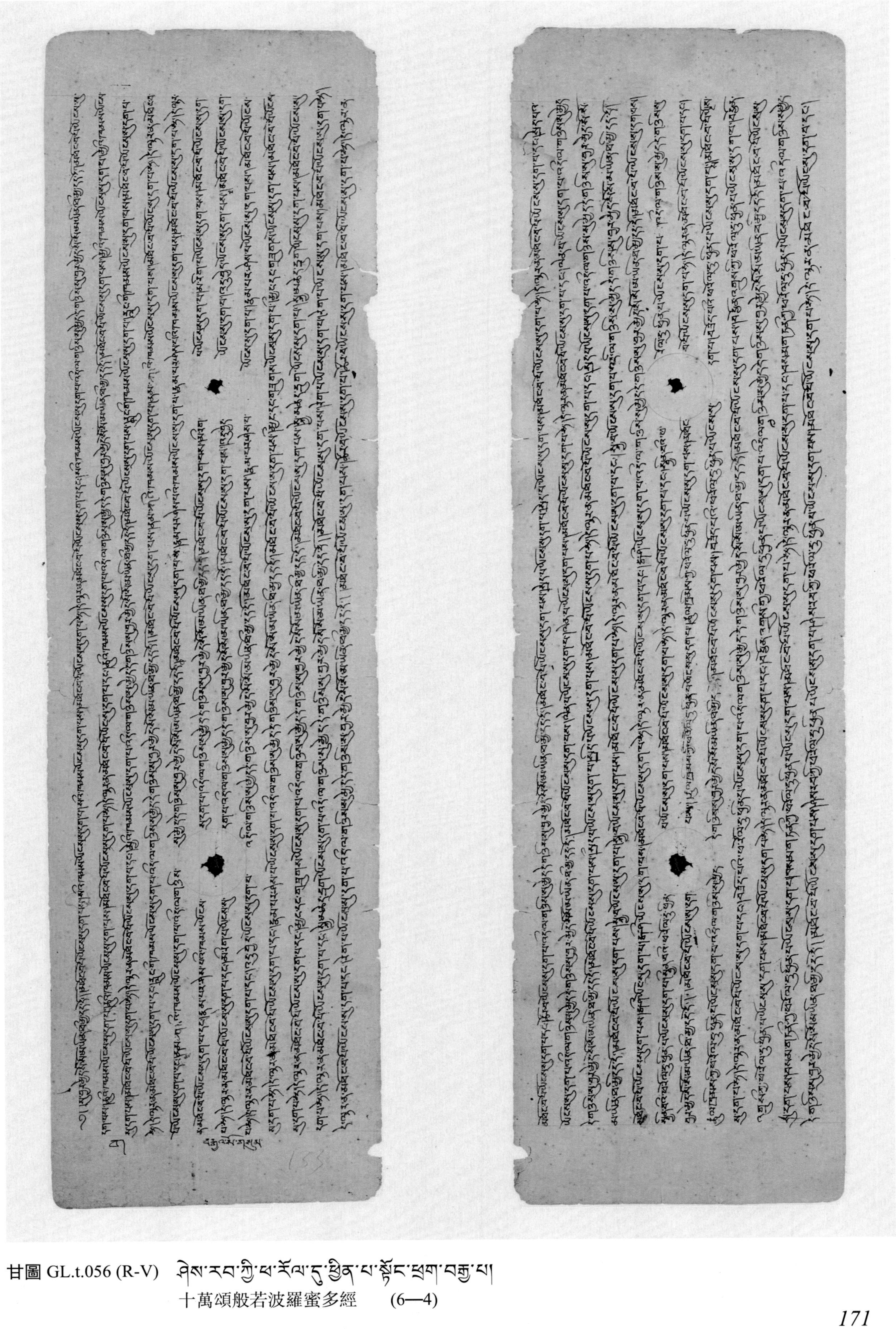

甘圖 GL.t.056 (R-V) ཤེས་རབ་ཀྱི་ཕ་རོལ་ཏུ་ཕྱིན་པ་སྟོང་ཕྲག་བརྒྱ་པ།
十萬頌般若波羅蜜多經 (6—4)

甘圖 GL.t.056 (R-V) ཤེས་རབ་ཀྱི་ཕ་རོལ་ཏུ་ཕྱིན་པ་སྟོང་ཕྲག་བརྒྱ་པ།

十萬頌般若波羅蜜多經 　　(6—5)

172

甘圖 GL.t.056 (R-V) ཤེས་རབ་ཀྱི་ཕ་རོལ་ཏུ་ཕྱིན་པ་སྟོང་ཕྲག་བརྒྱ་པ།
十萬頌般若波羅蜜多經　　(6—6)

甘圖 GL.t.057 (R-V) ཤེས་རབ་ཀྱི་ཕ་རོལ་ཏུ་ཕྱིན་པ་སྟོང་ཕྲག་བརྒྱ་པ་དུམ་བུ་གསུམ་པ་བམ་པོ་བཅོ་ལྔའོ།།

十萬頌般若波羅蜜多經第三卷第十五品　　(6—1)

174

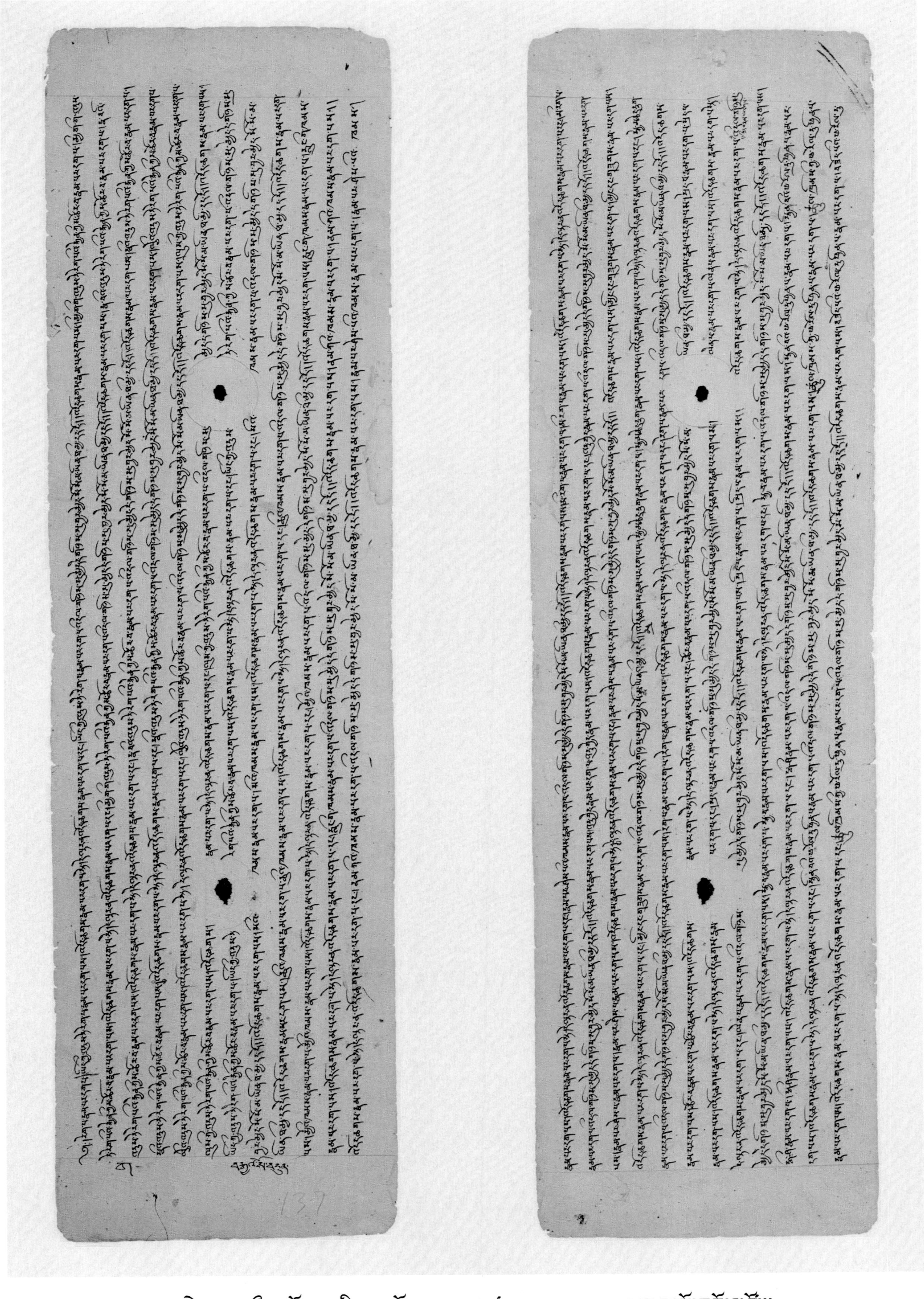

甘圖 GL.t.057 (R-V) ཤེས་རབ་ཀྱི་ཕ་རོལ་ཏུ་ཕྱིན་པ་སྟོང་ཕྲག་བརྒྱའ་པ་དུམ་བུ་གསུམ་པ་བམ་པོ་བཅོ་ལྔའོ།།
十萬頌般若波羅蜜多經第三卷第十五品 (6—2)

甘圖 GL.t.057 (R-V) ཤེས་རབ་ཀྱི་ཕ་རོལ་དུ་ཕྱིན་པ་སྟོང་ཕྲག་བརྒྱ་པ་དུམ་བུ་གསུམ་པ་བམ་པོ་བཅོ་ལྔའོ།།
十萬頌般若波羅蜜多經第三卷第十五品　　(6—3)

甘圖 GL.t.057 (R-V) ཤེས་རབ་ཀྱི་ཕ་རོལ་དུ་ཕྱིན་པ་སྟོང་ཕྲག་བརྒྱ་བ་དུམ་བུ་གསུམ་པ་བམ་པོ་བཅོ་ལྔའོ།།

十萬頌般若波羅蜜多經第三卷第十五品　　(6—4)

甘圖 GL.t.057 (R-V)　ཤེས་རབ་ཀྱི་ཕ་རོལ་ཏུ་ཕྱིན་པ་སྟོང་ཕྲག་བརྒྱ་པ་དུམ་བུ་གསུམ་པ་བམ་པོ་བཅོ་ལྔའོ།།
十萬頌般若波羅蜜多經第三卷第十五品　　(6—5)

甘圖 GL.t.057 (R-V) ཤེས་རབ་ཀྱི་ཕ་རོལ་དུ་ཕྱིན་པ་སྟོང་ཕྲག་བརྒྱའ་པ་དུམ་བུ་གསུམ་པ་བམ་པོ་བཅོ་ལྔའོ།།

十萬頌般若波羅蜜多經第三卷第十五品 　　(6—6)

甘圖 GL.t.058 (R-V) ཤེས་རབ་ཀྱི་ཕ་རོལ་ཏུ་ཕྱིན་པ་སྟོང་ཕྲག་བརྒྱ་པ།

十萬頌般若波羅蜜多經 　　(7—1)

甘圖 GL.t.058 (R-V)　ཤེས་རབ་ཀྱི་ཕ་རོལ་ཏུ་ཕྱིན་པ་སྟོང་ཕྲག་བརྒྱ་པ།
十萬頌般若波羅蜜多經　　(7—2)

甘圖 GL.t.058 (R-V)　ཤེས་རབ་ཀྱི་ཕ་རོལ་ཏུ་ཕྱིན་པ་སྟོང་ཕྲག་བརྒྱ་པ།

十萬頌般若波羅蜜多經　　(7—3)

甘圖 GL.t.058 (R-V) ཤེས་རབ་ཀྱི་ཕ་རོལ་ཏུ་ཕྱིན་པ་སྟོང་ཕྲག་བརྒྱ་པ།

十萬頌般若波羅蜜多經　　(7—4)

甘圖 GL.t.058 (R-V)　ཤེས་རབ་ཀྱི་ཕ་རོལ་དུ་ཕྱིན་པ་སྟོང་ཕྲག་བརྒྱ་པ།

十萬頌般若波羅蜜多經　　(7—5)

甘圖 GL.t.058 (R-V)　ཤེས་རབ་ཀྱི་ཕ་རོལ་ཏུ་ཕྱིན་པ་སྟོང་ཕྲག་བརྒྱ་པ།

十萬頌般若波羅蜜多經　　(7—6)

甘圖 GL.t.058 (R-V) ཤེས་རབ་ཀྱི་ཕ་རོལ་དུ་ཕྱིན་པ་སྟོང་ཕྲག་བརྒྱ་པ།
十萬頌般若波羅蜜多經　　(7—7)

甘圖 GL.t.059 (R-V)　ཤེས་རབ་ཀྱི་ཕ་རོལ་ཏུ་ཕྱིན་པ་སྟོང་ཕྲག་བརྒྱ་པ།

十萬頌般若波羅蜜多經　　(2—1)

甘圖 GL.t.059 (R-V) ཤེས་རབ་ཀྱི་ཕ་རོལ་ཏུ་ཕྱིན་པ་སྟོང་ཕྲག་བརྒྱ་པ།
十萬頌般若波羅蜜多經　　(2—2)

188

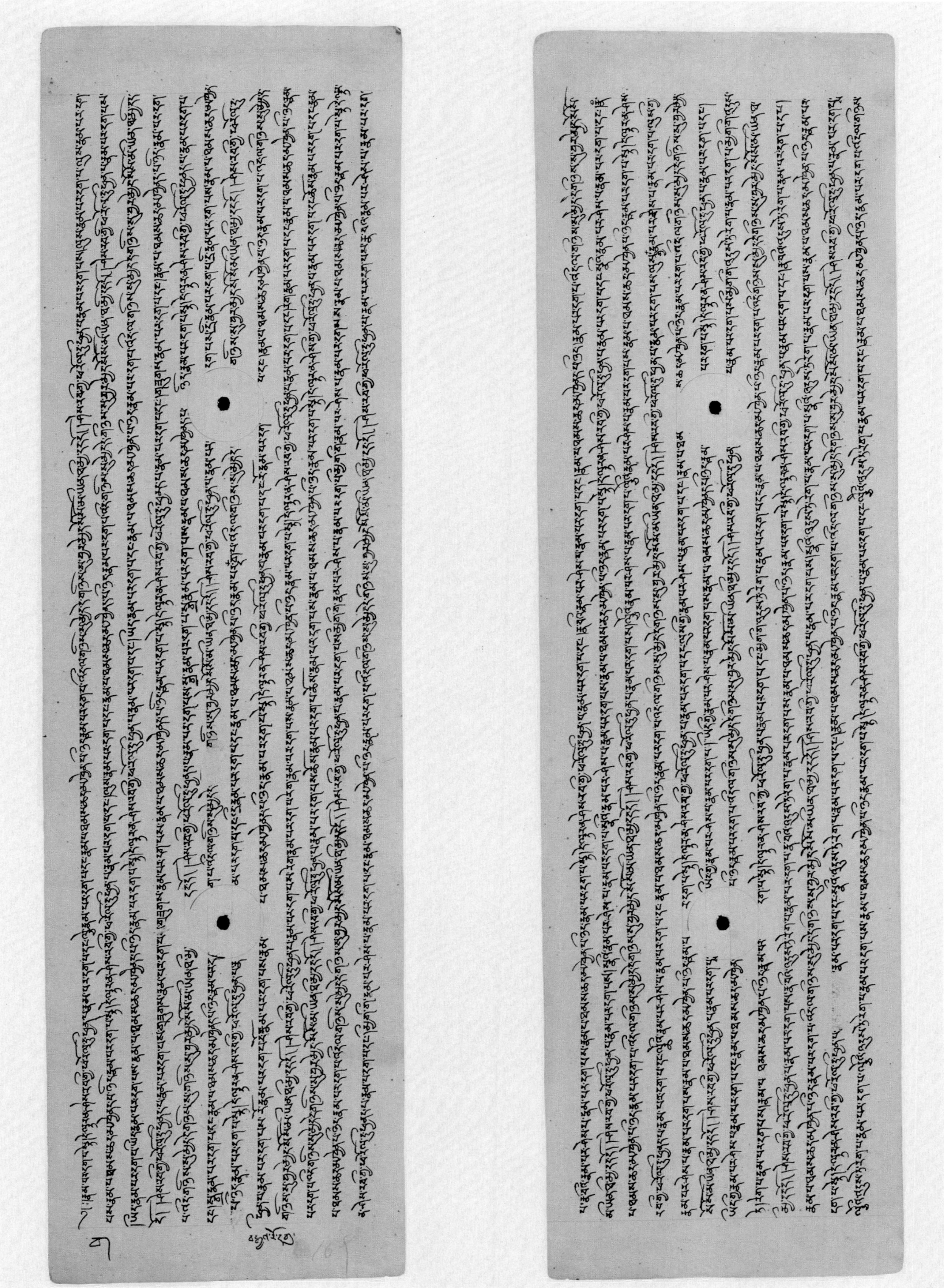

甘圖 GL.t.060 (R-V) ཤེས་རབ་ཀྱི་ཕ་རོལ་ཏུ་ཕྱིན་པ་སྟོང་ཕྲག་བརྒྱ་པ།
十萬頌般若波羅蜜多經 (4—1)

甘圖 GL.t.060 (R-V) ཤེས་རབ་ཀྱི་ཕ་རོལ་དུ་ཕྱིན་པ་སྟོང་ཕྲག་བརྒྱ་པ།
十萬頌般若波羅蜜多經　　(4—2)

甘圖 GL.t.060 (R-V)　ཤེས་རབ་ཀྱི་ཕ་རོལ་ཏུ་ཕྱིན་པ་སྟོང་ཕྲག་བརྒྱ་པ།

十萬頌般若波羅蜜多經　　(4—3)

甘圖 GL.t.060 (R-V)　ཤེས་རབ་ཀྱི་ཕ་རོལ་ཏུ་ཕྱིན་པ་སྟོང་ཕྲག་བརྒྱ་པ།
十萬頌般若波羅蜜多經　　(4—4)

甘圖 GL.t.061 (R-V)　ཤེས་རབ་ཀྱི་ཕ་རོལ་ཏུ་ཕྱིན་པ་སྟོང་ཕྲག་བརྒྱ་པ་དུམ་བུ་གསུམ་པ་བམ་པོ་བཅུ་དགུའོ།།
十萬頌般若波羅蜜多經第三卷第十九品　　(9—1)

甘圖 GL.t.061 (R-V) ཤེས་རབ་ཀྱི་ཕ་རོལ་དུ་ཕྱིན་པ་སྟོང་ཕྲག་བརྒྱ་པ་དུམ་བུ་གསུམ་པ་བམ་པོ་བཅུ་དགུ་པའོ།།

十萬頌般若波羅蜜多經第三卷第十九品　(9—2)

甘圖 GL.t.061 (R-V) ཤེས་རབ་ཀྱི་ཕ་རོལ་ཏུ་ཕྱིན་པ་སྟོང་ཕྲག་བརྒྱ་པ་དུམ་བུ་གསུམ་པ་བམ་པོ་བཅུ་དགུའོ།།

十萬頌般若波羅蜜多經第三卷第十九品　　(9—3)

甘圖 GL.t.061 (R-V) ཤེས་རབ་ཀྱི་ཕ་རོལ་ཏུ་ཕྱིན་པ་སྟོང་ཕྲག་བརྒྱ་པ་དུམ་བུ་གསུམ་པ་བམ་པོ་བཅུ་དགུ་པོ།།

十萬頌般若波羅蜜多經第三卷第十九品　　(9—4)

196

甘圖 GL.t.061 (R-V) ཤེས་རབ་ཀྱི་ཕ་རོལ་ཏུ་ཕྱིན་པ་སྟོང་ཕྲག་བརྒྱ་པ་དུམ་བུ་གསུམ་པ་བམ་པོ་བཅུ་དགུའོ།།

十萬頌般若波羅蜜多經第三卷第十九品　　(9—5)

甘圖 GL.t.061 (R-V) ཤེས་རབ་ཀྱི་ཕ་རོལ་ཏུ་ཕྱིན་པ་སྟོང་ཕྲག་བརྒྱ་པ་དུམ་བུ་གསུམ་པ་བམ་པོ་བཅུ་དགུ་པའོ།།

十萬頌般若波羅蜜多經第三卷第十九品　　(9—6)

198

甘圖 GL.t.061 (R-V)　ཤེས་རབ་ཀྱི་ཕ་རོལ་ཏུ་ཕྱིན་པ་སྟོང་ཕྲག་བརྒྱ་པ་དུམ་བུ་གསུམ་པ་བམ་པོ་བཅུ་དགུཔ་འོ།།

十萬頌般若波羅蜜多經第三卷第十九品　　(9—7)

甘圖 GL.t.061 (R-V) ཤེས་རབ་ཀྱི་ཕ་རོལ་ཏུ་ཕྱིན་པ་སྟོང་ཕྲག་བརྒྱ་པ་དུམ་བུ་གསུམ་པ་བམ་པོ་བཅུ་དགུ་པོ།།

十萬頌般若波羅蜜多經第三卷第十九品　　(9—8)

甘圖 GL.t.061 (R-V)　ཤེས་རབ་ཀྱི་ཕ་རོལ་ཏུ་ཕྱིན་པ་སྟོང་ཕྲག་བརྒྱ་པ་དུམ་བུ་གསུམ་པ་བམ་པོ་བཅུ་དགུའོ།།

十萬頌般若波羅蜜多經第三卷第十九品　　(9—9)

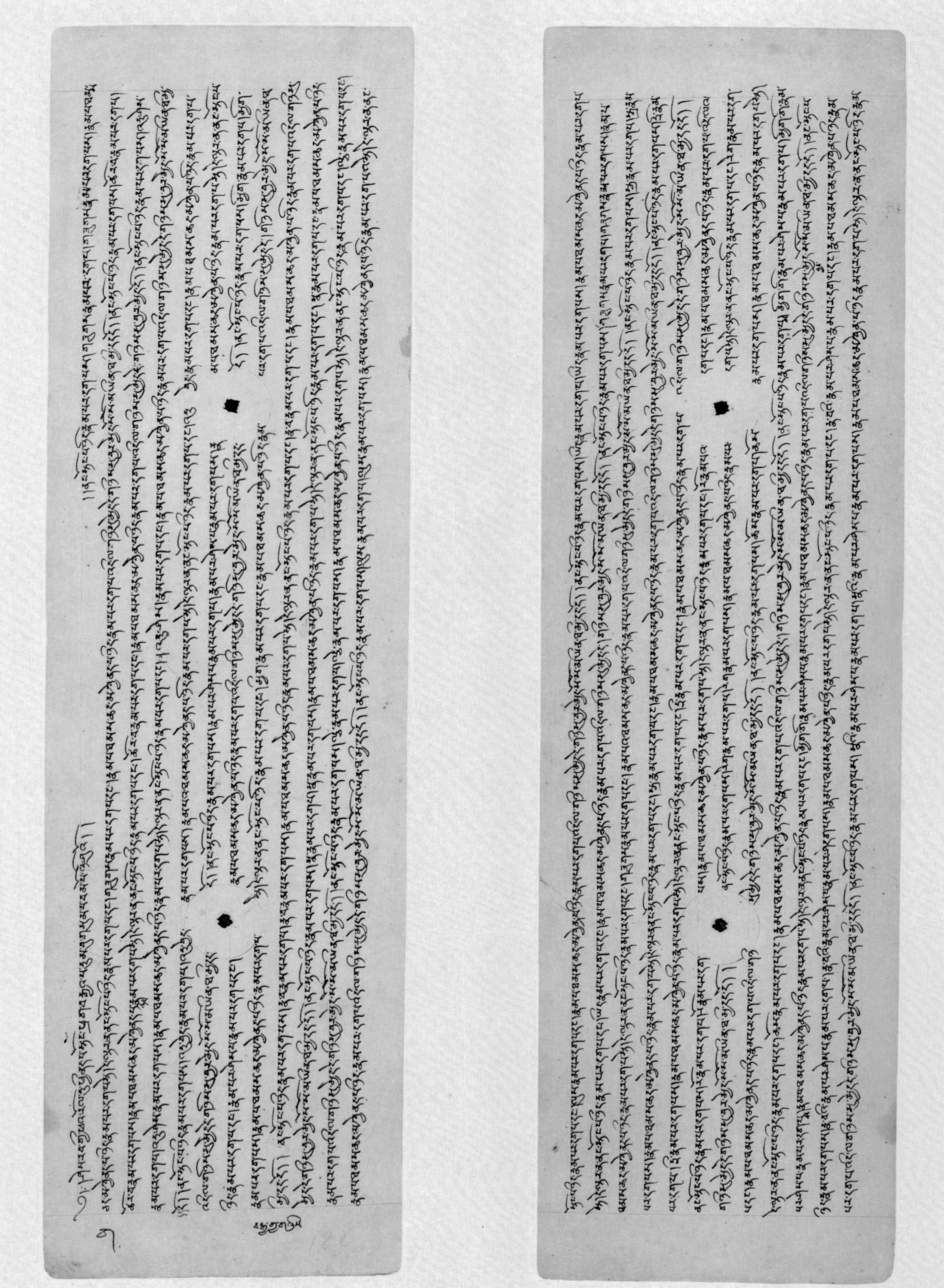

甘圖 GL.t.062 (R-V) ཤེས་རབ་ཀྱི་ཕའ་རོལ་དུ་ཕྱིན་པ་སྟོང་ཕྲག་བརྒྱའ་པ་དུམ་བུ་གསུམ་པ་བམ་པོ་ཉི་ཤུ་པོ།།
十萬頌般若波羅蜜多經第三卷第二十品 (8—1)

甘圖 GL.t.062 (R-V) ཤེས་རབ་ཀྱི་ཕ་རོལ་ཏུ་ཕྱིན་པ་སྟོང་ཕྲག་བརྒྱད་པ་དུམ་བུ་གསུམ་པ་བམ་པོ་ཉི་ཤུ་པའོ།། 十萬頌般若波羅蜜多經第三卷第二十品 (8—2)

甘圖 GL.t.062 (R-V)　ཤེས་རབ་ཀྱི་ཕ་རོལ་ཏུ་ཕྱིན་པ་སྟོང་ཕྲག་བརྒྱ་པ་དུམ་བུ་གསུམ་པ་བམ་པོ་ཉི་ཤུ་པའོ།།
十萬頌般若波羅蜜多經第三卷第二十品　　(8—3)

204

甘圖 GL.t.062 (R-V)　ཤེས་རབ་ཀྱི་ཕ་རོལ་ཏུ་ཕྱིན་པ་སྟོང་ཕྲག་བརྒྱ་པ་དུམ་བུ་གསུམ་པ་བམ་པོ་ནི་ཤུ་པ།།

十萬頌般若波羅蜜多經第三卷第二十品　　(8—4)

甘圖 GL.t.062 (R-V) ཤེས་རབ་ཀྱི་ཕ་རོལ་ཏུ་ཕྱིན་པ་སྟོང་ཕྲག་བརྒྱ་པ་དུམ་བུ་གསུམ་པ་བམ་པོ་ནི་ཤུ་པའོ།།
十萬頌般若波羅蜜多經第三卷第二十品　　(8—5)

甘圖 GL.t.062 (R-V) ཤེས་རབ་ཀྱི་ཕ་རོལ་ཏུ་ཕྱིན་པ་སྟོང་ཕྲག་བརྒྱ་པ་དུམ་བུ་གསུམ་པ་བམ་པོ་ཉི་ཤུ་པའོ།།

十萬頌般若波羅蜜多經第三卷第二十品　　(8—6)

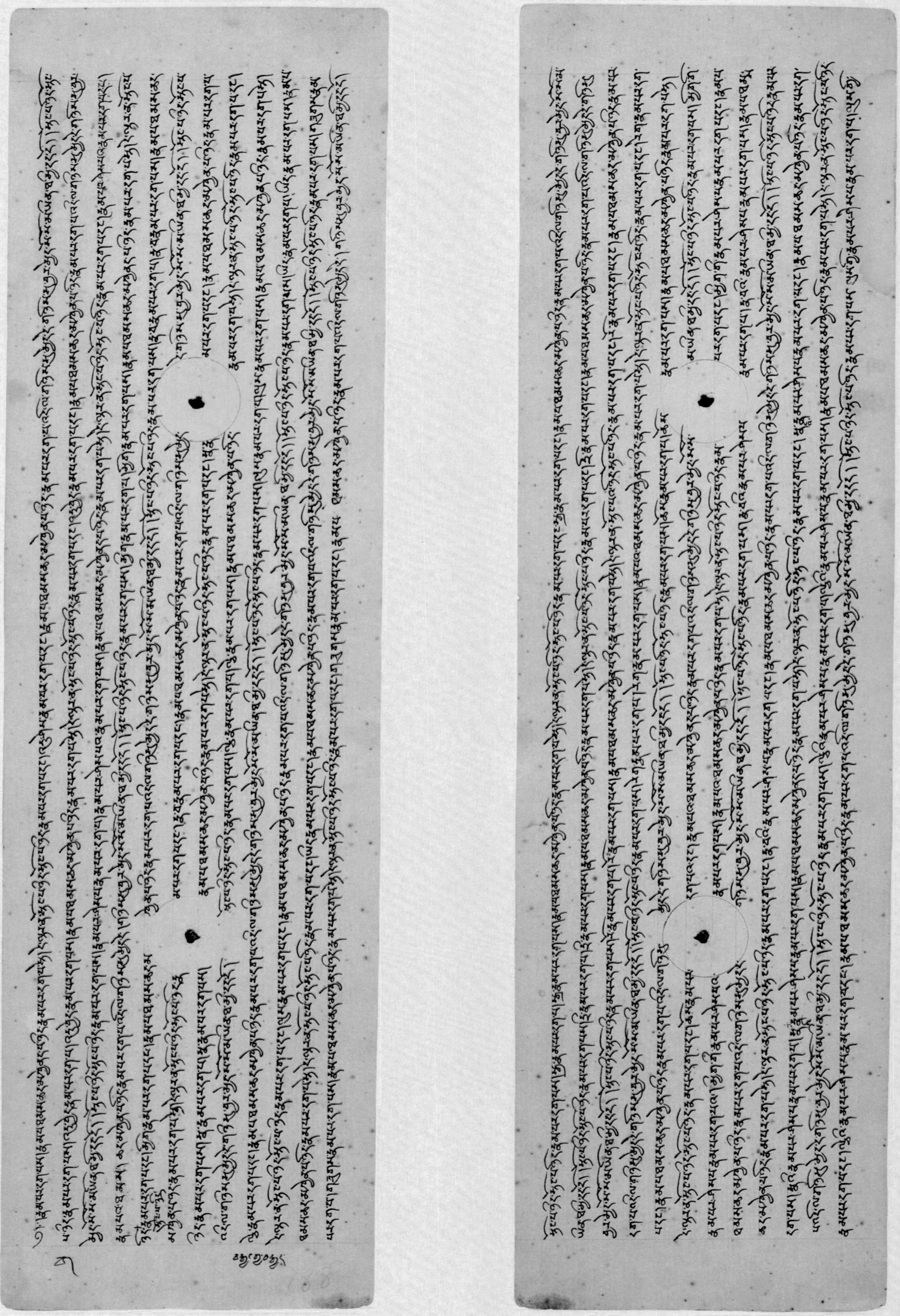

甘圖 GL.t.062 (R-V) ཤེས་རབ་ཀྱི་ཕ་རོལ་ཏུ་ཕྱིན་པ་སྟོང་ཕྲག་བརྒྱ་པ་དུམ་བུ་གསུམ་པ་བམ་པོ་ཉི་ཤུ་པ།།

十萬頌般若波羅蜜多經第三卷第二十品 (8—7)

甘圖 GL.t.062 (R-V)　ཤེས་རབ་ཀྱི་ཕ་རོལ་ཏུ་ཕྱིན་པ་སྟོང་ཕྲག་བརྒྱ་པ་དུམ་བུ་གསུམ་པ་བམ་པོ་ཉི་ཤུ་པའོ།།

十萬頌般若波羅蜜多經第三卷第二十品　　(8—8)

209

甘圖 GL.t.063 (R-V) ཤེས་རབ་ཀྱི་ཕ་རོལ་ཏུ་ཕྱིན་པ་སྟོང་ཕྲག་བརྒྱ་པ།

十萬頌般若波羅蜜多經 (4—1)

甘圖 GL.t.063 (R-V)　ཤེས་རབ་ཀྱི་ཕ་རོལ་ཏུ་ཕྱིན་པ་སྟོང་ཕྲག་བརྒྱ་པ།

十萬頌般若波羅蜜多經　　(4—2)

甘圖 GL.t.063 (R-V)　ཤེས་རབ་ཀྱི་ཕ་རོལ་དུ་ཕྱིན་པ་སྟོང་ཕྲག་བརྒྱ་པ།

十萬頌般若波羅蜜多經　　　(4—3)

甘圖 GL.t.063 (R-V)　ཤེས་རབ་ཀྱི་ཕ་རོལ་ཏུ་ཕྱིན་པ་སྟོང་ཕྲག་བརྒྱ་པ།

十萬頌般若波羅蜜多經　　(4—4)

甘圖 GL.t.064 (R-V)　ཤེས་རབ་ཀྱི་ཕ་རོལ་ཏུ་ཕྱིན་པ་སྟོང་ཕྲག་བརྒྱ་པ།

十萬頌般若波羅蜜多經　　(2—1)

甘圖 GL.t.064 (R-V) ཤེས་རབ་ཀྱི་ཕ་རོལ་ཏུ་ཕྱིན་པ་སྟོང་ཕྲག་བརྒྱ་པ།

十萬頌般若波羅蜜多經 (2—2)

甘圖 GL.t.065 (R-V)　ཤེས་རབ་ཀྱི་ཕ་རོལ་ཏུ་ཕྱིན་པ་སྟོང་ཕྲག་བརྒྱ་པ།

十萬頌般若波羅蜜多經

甘圖 GL.t.066 (R-V)　ཤེས་རབ་ཀྱི་ཕ་རོལ་ཏུ་ཕྱིན་པ་སྟོང་ཕྲག་བརྒྱ་པ་དུམ་བུ་གསུམ་པ་བམ་པོ་ཉི་ཤུ་དྲུག་དང་བདུན་ནོ།།
十萬頌般若波羅蜜多經第三卷第二十六、二十七品　　(10—1)

217

甘圖 GL.t.066 (R-V)　ཤེས་རབ་ཀྱི་ཕ་རོལ་ཏུ་ཕྱིན་པ་སྟོང་ཕྲག་བརྒྱ་པ་དུམ་བུ་གསུམ་པ་བམ་པོ་ཉི་ཤུ་དྲུག་དང་བདུན་ནོ།།
十萬頌般若波羅蜜多經第三卷第二十六、二十七品　　(10—2)

218

甘圖 GL.t.066 (R-V)　ཤེས་རབ་ཀྱི་ཕ་རོལ་ཏུ་ཕྱིན་པ་སྟོང་ཕྲག་བརྒྱ་པ་དུམ་བུ་གསུམ་པ་བམ་པོ་ཉི་ཤུ་དྲུག་དང་བདུན་ནོ།།

十萬頌般若波羅蜜多經第三卷第二十六、二十七品　　(10—3)

219

甘圖 GL.t.066 (R-V)　ཤེས་རབ་ཀྱི་ཕ་རོལ་ཏུ་ཕྱིན་པ་སྟོང་ཕྲག་བརྒྱའ་པ་དུམ་བུ་གསུམ་པ་བམ་པོ་ཉི་ཤུ་དྲུག་དང་བདུན་ནོ།།
十萬頌般若波羅蜜多經第三卷第二十六、二十七品　　(10—4)

220

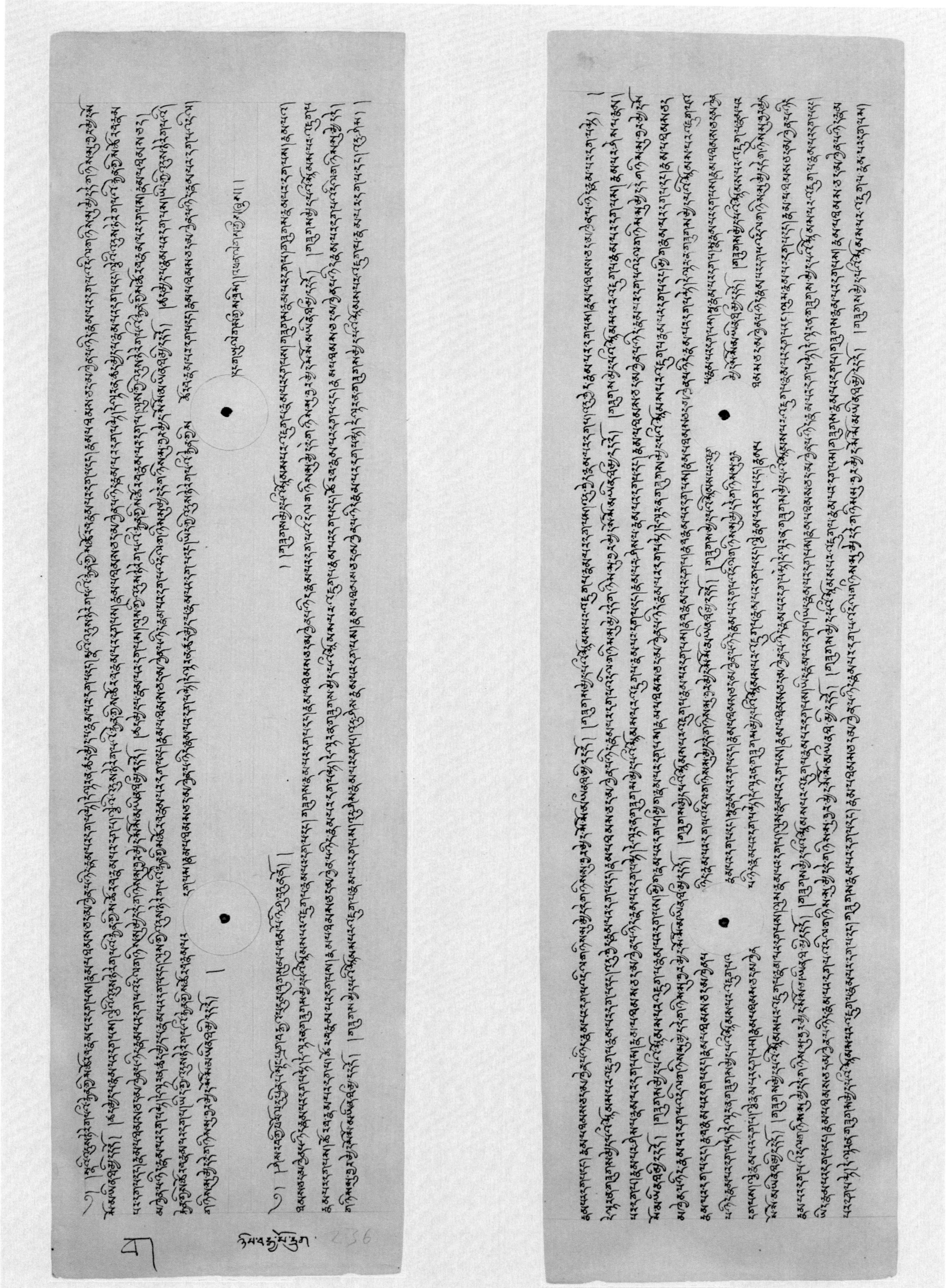

甘圖 GL.t.066 (R-V) ཤེས་རབ་ཀྱི་ཕ་རོལ་ཏུ་ཕྱིན་པ་སྟོང་ཕྲག་བརྒྱ་པ་དུམ་བུ་གསུམ་པ་བམ་པོ་ཉི་ཤུ་དྲུག་དང་བདུན་བོ།།
十萬頌般若波羅蜜多經第三卷第二十六、二十七品 (10—5)

甘圖 GL.t.066 (R-V) ཤེས་རབ་ཀྱི་ཕ་རོལ་ཏུ་ཕྱིན་པ་སྟོང་ཕྲག་བརྒྱའ་པ་དུམ་བུ་གསུམ་པ་བམ་པོ་ཉི་ཤུ་དྲུག་དང་བདུན་ནོ།།
十萬頌般若波羅蜜多經第三卷第二十六、二十七品　　(10—6)

甘圖 GL.t.066 (R-V)　ཤེས་རབ་ཀྱི་ཕ་རོལ་ཏུ་ཕྱིན་པ་སྟོང་ཕྲག་བརྒྱ་པ་དུམ་བུ་གསུམ་པ་བཞི་པོ་ཉི་ཤུ་དྲུག་དང་བདུན་པོ།།

十萬頌般若波羅蜜多經第三卷第二十六、二十七品　　(10—7)

甘圖 GL.t.066 (R-V) ཤེས་རབ་ཀྱི་ཕ་རོལ་ཏུ་ཕྱིན་པ་སྟོང་ཕྲག་བརྒྱ་པ་དུམ་བུ་གསུམ་པ་བམ་པོ་ནི་ཉི་ཤུ་དྲུག་དང་ཉི་ཤུ་བདུན་ནོ།།

十萬頌般若波羅蜜多經第三卷第二十六、二十七品　　（10—8）

224

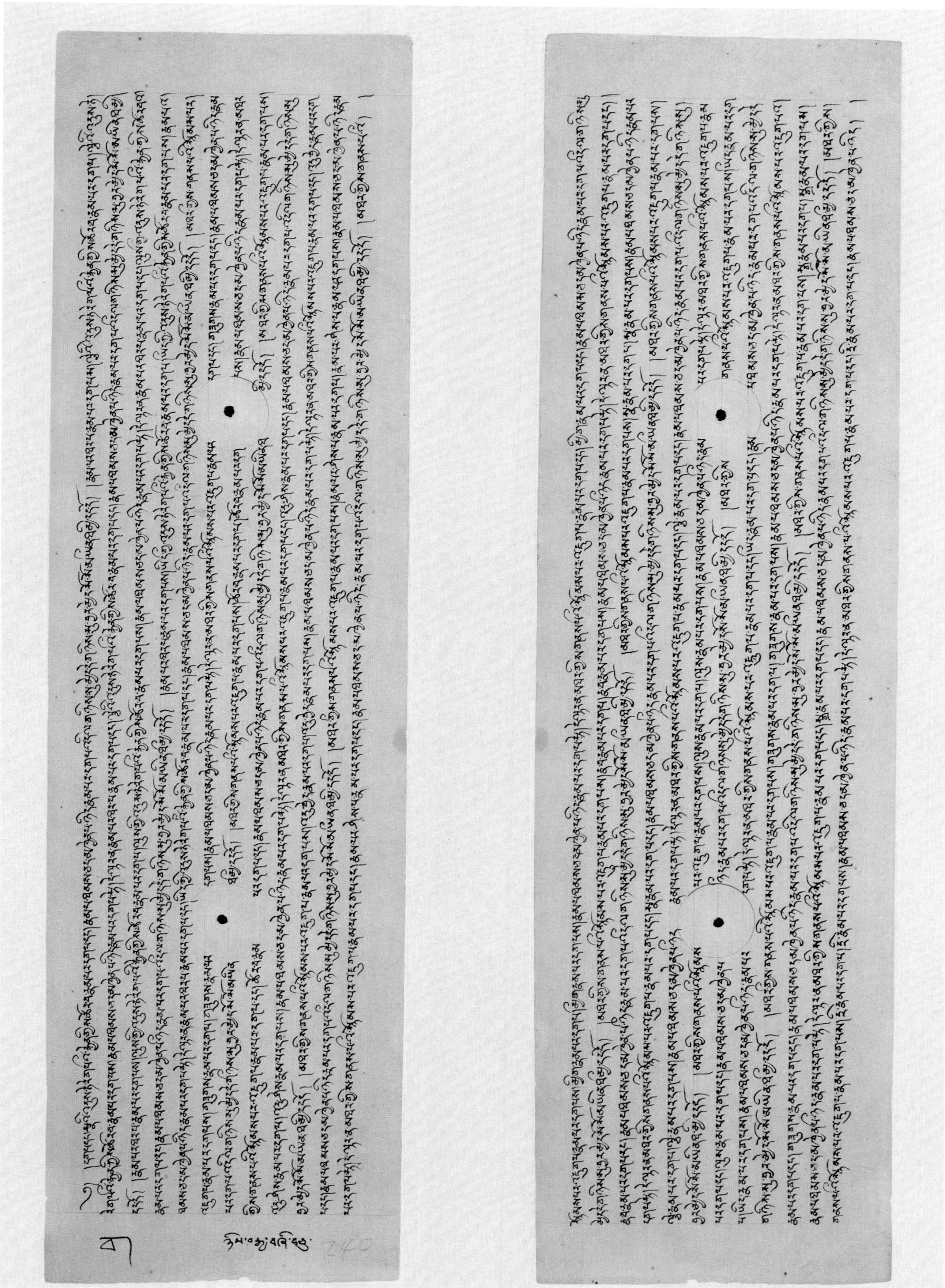

甘圖 GL.t.066 (R-V) ཤེས་རབ་ཀྱི་ཕ་རོལ་ཏུ་ཕྱིན་པ་སྟོང་ཕྲག་བརྒྱ་པ་དུམ་བུ་གསུམ་པ་བམ་པོ་ཉི་ཤུ་དྲུག་དང་བདུན་ནོ།།
十萬頌般若波羅蜜多經第三卷第二十六、二十七品 (10—9)

甘圖 GL.t.066 (R-V) ཤེས་རབ་ཀྱི་ཕ་རོལ་ཏུ་ཕྱིན་པ་སྟོང་ཕྲག་བརྒྱ་པ་དུམ་བུ་གསུམ་པ་བམ་པོ་ཏེ་ཉི་ཤུ་དྲུག་དང་བདུན་ནོ།།

十萬頌般若波羅蜜多經第三卷第二十六、二十七品 (10—10)

226

甘圖 GL.t.067 (R-V)　ཤེས་རབ་ཀྱི་ཕ་རོལ་དུ་ཕྱིན་པ་སྟོང་ཕྲག་བརྒྱ་པ་དུམ་བུ་གསུམ་པ་བམ་པོ་ཉི་ཤུ་བརྒྱད་དང་ཉི་ཤུ་དགུ་དང་སུམ་ཅུ་ལོ།།

甘圖 GL.t.067 (R-V)　ཤེས་རབ་ཀྱི་ཕ་རོལ་དུ་ཕྱིན་པ་སྟོང་ཕྲག་བརྒྱད་པ་དུམ་བུ་གསུམ་པ་བམ་པོ་ཉི་ཤུ་བརྒྱད་དང་ཉི་ཤུ་དགུ་དང་སུམ་ཅུ་པའོ།།

228

十萬頌般若波羅蜜多經第三卷第二十八、二十九、三十品 　　(17—2)

甘圖 GL.t.067 (R-V)　ཉེས་རབ་ཀྱི་ཕ་རོལ་ཏུ་ཕྱིན་པ་སྟོང་ཕྲག་བརྒྱ་པ་དུམ་བུ་གསུམ་པ་བམ་པོ་ཉི་ཤུ་བརྒྱད་དང་ཉི་ཤུ་
དགུ་དང་སུམ་ཅུ་འོ།།

十萬頌般若波羅蜜多經第三卷第二十八、二十九、三十品　　(17—3)

229

甘圖 GL.t.067 (R-V) ཤེས་རབ་ཀྱི་ཕ་རོལ་ཏུ་ཕྱིན་པ་སྟོང་ཕྲག་བརྒྱ་པ་དུམ་བུ་གསུམ་པ་བམ་པོ་ཉི་ཤུ་བརྒྱད་དང་ཉི་ཤུ་
དགུ་དང་སུམ་ཅུ་འོ།།

十萬頌般若波羅蜜多經第三卷第二十八、二十九、三十品　　(17—4)

230

甘圖 GL.t.067 (R-V) ཉེས་རབ་ཀྱི་པ་རོལ་དུ་ཕྱིན་པ་སྟོང་ཕྲག་བརྒྱའ་པ་དུམ་བུ་གསུམ་པ་བམ་པོ་ཉི་ཤུ་བརྒྱད་དང་ཉི་ཤུ་
དགུ་དང་སུམ་ཅུ་འོ།།

十萬頌般若波羅蜜多經第三卷第二十八、二十九、三十品　　（17—5）

231

甘圖 GL.t.067 (R-V) ཤེས་རབ་ཀྱི་ཕ་རོལ་དུ་ཕྱིན་པ་སྟོང་ཕྲག་བརྒྱའ་པ་དུམ་བུ་གསུམ་པ་བམ་པོ་ནི་ཤུ་བརྒྱད་དང་ཉི་ཤུ་
དགུ་དང་སུམ་ཅུ་འོ།།

十萬頌般若波羅蜜多經第三卷第二十八、二十九、三十品　　(17—6)

甘圖 GL.t.067 (R-V) ཤེས་རབ་ཀྱི་ཕ་རོལ་ཏུ་ཕྱིན་པ་སྟོང་ཕྲག་བརྒྱ་པ་དུམ་བུ་གསུམ་པ་བམ་པོ་ཉི་ཤུ་བརྒྱད་དང་ཉི་ཤུ་དགུ་དང་སུམ་ཅུ་བོ།།

十萬頌般若波羅蜜多經第三卷第二十八、二十九、三十品　　(17—7)

233

甘圖 GL.t.067 (R-V)　ཤེས་རབ་ཀྱི་ཕ་རོལ་ཏུ་ཕྱིན་པ་སྟོང་ཕྲག་བརྒྱ་པ་དུམ་བུ་གསུམ་པ་བམ་པོ་ཉི་ཤུ་བརྒྱད་དང་ཉི་ཤུ་
དགུ་དང་སུམ་ཅུ་པའོ།།

234　　十萬頌般若波羅蜜多經第三卷第二十八、二十九、三十品　　(17—8)

甘圖 GL.t.067 (R-V) ཤེས་རབ་ཀྱི་ཕ་རོལ་ཏུ་ཕྱིན་པ་སྟོང་ཕྲག་བརྒྱ་པ་དུམ་བུ་གསུམ་པ་བམ་པོ་ཉི་ཤུ་བརྒྱད་དང་ཉི་ཤུ་
དགུ་དང་སུམ་ཅུ་འོ།།

十萬頌般若波羅蜜多經第三卷第二十八、二十九、三十品 　　(17—9)

甘圖 GL.t.067 (R-V)　ཤེས་རབ་ཀྱི་ཕ་རོལ་ཏུ་ཕྱིན་པ་སྟོང་ཕྲག་བརྒྱ་པ་དུམ་བུ་གསུམ་པ་བམ་པོ་ཉི་ཤུ་བརྒྱད་དང་ཉི་ཤུ་
དགུ་དང་སུམ་ཅུ་པའོ།།

　　十萬頌般若波羅蜜多經第三卷第二十八、二十九、三十品　　(17—10)

甘圖 GL.t.067 (R-V) ཤེས་རབ་ཀྱི་ཕ་རོལ་དུ་ཕྱིན་པ་སྟོང་ཕྲག་བརྒྱ་པ་དུམ་བུ་གསུམ་པ་བམ་པོ་ཉི་ཤུ་བརྒྱད་དང་ཉི་ཤུ་
དགུ་དང་སུམ་ཅུ་འོ།།

十萬頌般若波羅蜜多經第三卷第二十八、二十九、三十品　　(17—11)

237

甘圖 GL.t.067 (R-V) ཤེས་རབ་ཀྱི་ཕ་རོལ་དུ་ཕྱིན་པ་སྟོང་ཕྲག་བརྒྱད་པ་དུམ་བུ་གསུམ་པ་བམ་པོ་ཉི་ཤུ་བརྒྱད་དང་ཉི་ཤུ་
དགུ་དང་སུམ་ཅུ་བོ།།

十萬頌般若波羅蜜多經第三卷第二十八、二十九、三十品　　(17—12)

甘圖 GL.t.067 (R-V) ཤེས་རབ་ཀྱི་ཕ་རོལ་དུ་ཕྱིན་པ་སྟོང་ཕྲག་བརྒྱའ་པ་དུམ་བུ་གསུམ་པ་བམ་པོ་ཉི་ཤུ་བརྒྱད་དང་ཉི་ཤུ་
དགུ་དང་སུམ་ཅུ་འོ།།

十萬頌般若波羅蜜多經第三卷第二十八、二十九、三十品　　（17—13）

甘圖 GL.t.067 (R-V)　ཤེས་རབ་ཀྱི་ཕ་རོལ་ཏུ་ཕྱིན་པ་སྟོང་ཕྲག་བརྒྱ་པ་དུམ་བུ་གསུམ་པ་བམ་པོ་ཉི་ཤུ་བརྒྱད་དང་ཉི་ཤུ་
དགུ་དང་སུམ་ཅུ་བོ།།

240　　　十萬頌般若波羅蜜多經第三卷第二十八、二十九、三十品　　(17—14)

甘圖 GL.t.067 (R-V)　ཤེས་རབ་ཀྱི་ཕ་རོལ་དུ་ཕྱིན་པ་སྟོང་ཕྲག་བརྒྱ་པ་དུམ་བུ་གསུམ་པ་བམ་པོ་ཉི་ཤུ་བརྒྱད་དང་ཉི་ཤུ་
དགུ་དང་སུམ་ཅུ་འོ།།

十萬頌般若波羅蜜多經第三卷第二十八、二十九、三十品　　(17—15)

241

甘圖 GL.t.067 (R-V) ཤེས་རབ་ཀྱི་ཕ་རོལ་ཏུ་ཕྱིན་པ་སྟོང་ཕྲག་བརྒྱ་པ་དུམ་བུ་གསུམ་པ་བམ་པོ་ཉི་ཤུ་བརྒྱད་དང་ཉི་ཤུ་
དགུ་དང་སུམ་ཅུ་འོ།།

十萬頌般若波羅蜜多經第三卷第二十八、二十九、三十品　　(17—16)

242

甘圖 GL.t.067 (R-V) ཉེས་རབ་ཀྱི་པ་རོལ་དུ་ཕྱིན་པ་སྟོང་ཕྲག་བརྒྱ་པ་དུམ་བུ་གསུམ་པ་བམ་པོ་ཉི་ཤུ་བརྒྱད་དང་ཉི་ཤུ་
དགུ་དང་སུམ་ཅུ་འོ།།

十萬頌般若波羅蜜多經第三卷第二十八、二十九、三十品　　(17—17)

243

甘圖 GL.t.068 (R-V) ཤེས་རབ་ཀྱི་ཕ་རོལ་ཏུ་ཕྱིན་པ་སྟོང་ཕྲག་བརྒྱ་པ་དུམ་བུ་གསུམ་པ་བམ་པོ་སུམ་ཅུ་གཅིག་གོ།།

十萬頌般若波羅蜜多經第三卷第三十一品　　(11—1)

甘圖 GL.t.068 (R-V)　ཤེས་རབ་ཀྱི་ཕ་རོལ་ཏུ་ཕྱིན་པ་སྟོང་ཕྲག་བརྒྱ་པ་དུམ་བུ་གསུམ་པ་བམ་པོ་སུམ་ཅུ་གཅིག་གོ།།

十萬頌般若波羅蜜多經第三卷第三十一品　　(11—2)

甘圖 GL.t.068 (R-V)　ཤེས་རབ་ཀྱི་ཕ་རོལ་ཏུ་ཕྱིན་པ་སྟོང་ཕྲག་བརྒྱའི་པ་དུམ་བུ་གསུམ་པ་བམ་པོ་སུམ་ཅུ་གཅིག་གོ།།

十萬頌般若波羅蜜多經第三卷第三十一品　　(11—3)

246

甘圖 GL.t.068 (R-V)　ཤེས་རབ་ཀྱི་ཕ་རོལ་དུ་ཕྱིན་པ་སྟོང་ཕྲག་བརྒྱ་པ་དུམ་བུ་གསུམ་པ་བམ་པོ་སུམ་ཅུ་གཅིག་གོ།།།

十萬頌般若波羅蜜多經第三卷第三十一品　　（11—4）

甘圖 GL.t.068 (R-V) ཤེས་རབ་ཀྱི་ཕ་རོལ་དུ་ཕྱིན་པ་སྟོང་ཕྲག་བརྒྱའ་པ་དུམ་བུ་གསུམ་པ་བམ་པོ་སུམ་ཅུ་གཅིག་གོ།།།

十萬頌般若波羅蜜多經第三卷第三十一品　　(11—5)

248

甘圖 GL.t.068 (R-V)　ཤེས་རབ་ཀྱི་ཕ་རོལ་ཏུ་ཕྱིན་པ་སྟོང་ཕྲག་བརྒྱ་པ་དུམ་བུ་གསུམ་པ་བམ་པོ་སུམ་ཅུ་གཅིག་གོ།།

十萬頌般若波羅蜜多經第三卷第三十一品　　(11—6)

249

甘圖 GL.t.068 (R-V)　ཤེས་རབ་ཀྱི་ཕ་རོལ་ཏུ་ཕྱིན་པ་སྟོང་ཕྲག་བརྒྱ་པ་དུམ་བུ་གསུམ་པ་བམ་པོ་སུམ་ཅུ་གཅིག་གོ།།

十萬頌般若波羅蜜多經第三卷第三十一品　　(11—7)

250

甘圖 GL.t.068 (R-V)　ཤེས་རབ་ཀྱི་ཕ་རོལ་དུ་ཕྱིན་པ་སྟོང་ཕྲག་བརྒྱ་པ་དུམ་བུ་གསུམ་པ་བམ་པོ་སུམ་ཅུ་གཅིག་གོ།།།

十萬頌般若波羅蜜多經第三卷第三十一品　　（11—8）

甘圖 GL.t.068 (R-V) ཤེས་རབ་ཀྱི་ཕ་རོལ་ཏུ་ཕྱིན་པ་སྟོང་ཕྲག་བརྒྱའ་པ་དུམ་བུ་གསུམ་པ་བམ་པོ་སུམ་ཅུ་གཅིག་གོ།།

十萬頌般若波羅蜜多經第三卷第三十一品　　(11—9)

252

甘圖 GL.t.068 (R-V) ཤེས་རབ་ཀྱི་ཕ་རོལ་ཏུ་ཕྱིན་པ་སྟོང་ཕྲག་བརྒྱ་པ་དུམ་བུ་གསུམ་པ་བམ་པོ་སུམ་ཅུ་གཅིག་གོ།།

十萬頌般若波羅蜜多經第三卷第三十一品　　(11—10)

甘圖 GL.t.068 (R-V) ཤེས་རབ་ཀྱི་ཕ་རོལ་ཏུ་ཕྱིན་པ་སྟོང་ཕྲག་བརྒྱ་པ་དུམ་བུ་གསུམ་པ་བམ་པོ་སུམ་ཅུ་གཅིག་གོ།།

十萬頌般若波羅蜜多經第三卷第三十一品　　(11—11)

254

甘圖 GL.t.069 (R-V)　ཤེས་རབ་ཀྱི་ཕ་རོལ་ཏུ་ཕྱིན་པ་སྟོང་ཕྲག་བརྒྱ་པ་དུམ་བུ་གསུམ་པ་བམ་པོ་ཉི་ཤུ་དགུ་དང་སུམ་ཅུ་བཞུགོ།།

十萬頌般若波羅蜜多經第三卷第二十九、三十品　　(3—1)

255

甘圖 GL.t.069 (R-V)　ཤེས་རབ་ཀྱི་ཕ་རོལ་ཏུ་ཕྱིན་པ་སྟོང་ཕྲག་བརྒྱ་པ་དུམ་བུ་གསུམ་པ་བམ་པོ་ཏེ་ཉི་ཤུ་དགུ་དང་སུམ་ཅུ་བཞིའོ།།

十萬頌般若波羅蜜多經第三卷第二十九、三十品　　(3—2)

256

甘圖 GL.t.069 (R-V)　ཤེས་རབ་ཀྱི་ཕ་རོལ་ཏུ་ཕྱིན་པ་སྟོང་ཕྲག་བརྒྱ་པ་དུམ་བུ་གསུམ་པ་བམ་པོ་ཉི་ཤུ་དགུ་དང་སུམ་ཅུ་བཞུགས་སོ།།
十萬頌般若波羅蜜多經第三卷第二十九、三十品　　(3—3)

甘圖 GL.t.070 (R-V)　ཤེས་རབ་ཀྱི་ཕ་རོལ་ཏུ་ཕྱིན་པ་སྟོང་ཕྲག་བརྒྱ་པ།

十萬頌般若波羅蜜多經

258

甘圖 GL.t.071 (R-V)　ཤེས་རབ་ཀྱི་ཕ་རོལ་ཏུ་ཕྱིན་པ་སྟོང་ཕྲག་བརྒྱ་པ་ལས་ཉི་ཤུ་བདུན་ནོ།།
十萬頌般若波羅蜜多經

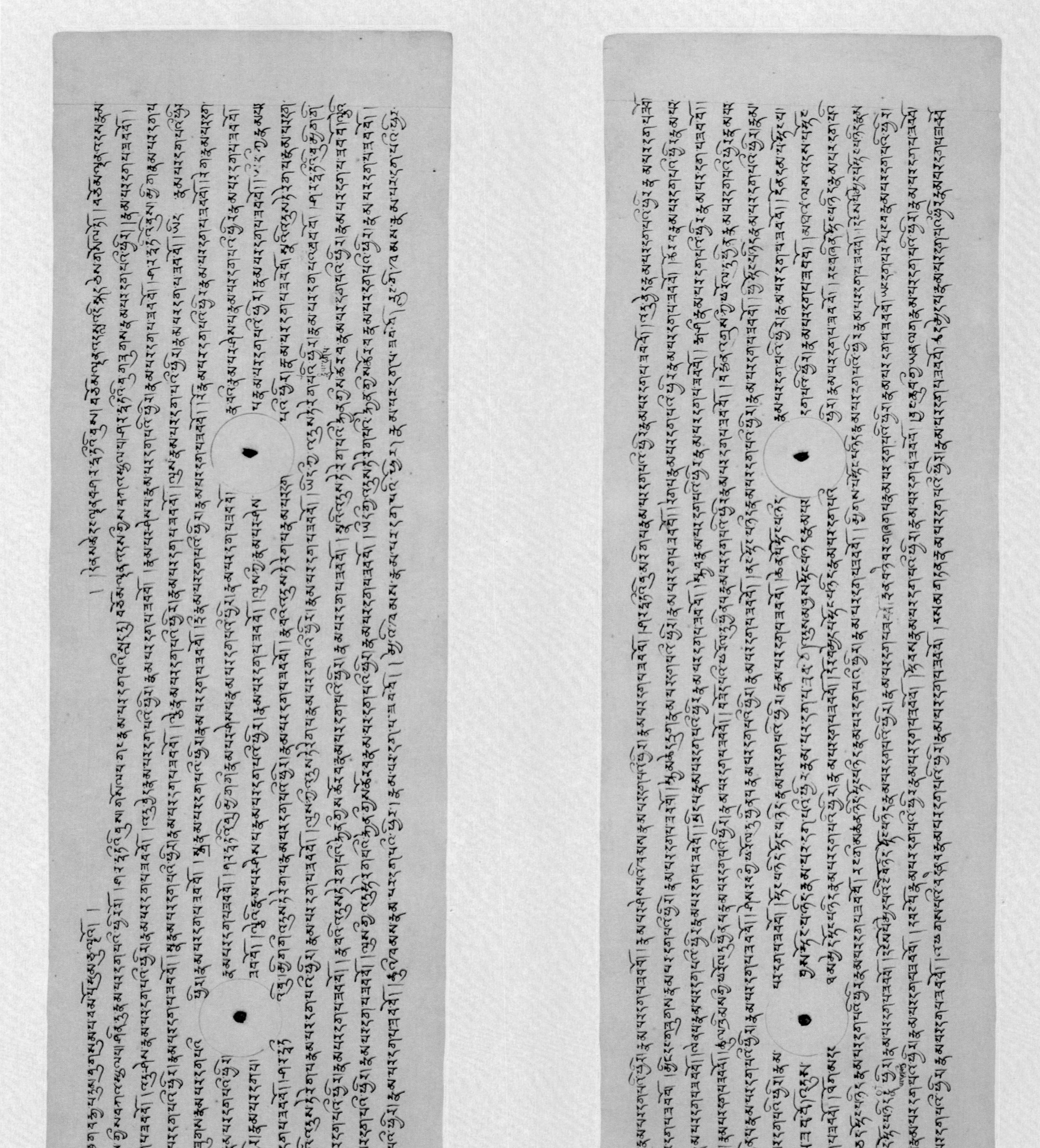

甘圖 GL.t.072 (R-V) ཤེས་རབ་ཀྱི་ཕ་རོལ་ཏུ་ཕྱིན་པ་སྟོང་ཕྲག་བརྒྱ་པ་དུམ་བུ་གསུམ་པ་བམ་པོ་སུམ་ཅུ་ལྔ་པོ།།

十萬頌般若波羅蜜多經第三卷第三十五品 (8—1)

甘圖 GL.t.072 (R-V) ཤེས་རབ་ཀྱི་ཕ་རོལ་ཏུ་ཕྱིན་པ་སྟོང་ཕྲག་བརྒྱ་པ་དུམ་བུ་གསུམ་པ་བམ་པོ་སུམ་ཅུ་ལྔ་པའོ།།

十萬頌般若波羅蜜多經第三卷第三十五品　　(8—2)

261

甘圖 GL.t.072 (R-V) ཤེས་རབ་ཀྱི་ཕ་རོལ་དུ་ཕྱིན་པ་སྟོང་ཕྲག་བརྒྱ་པ་དུམ་བུ་གསུམ་པ་བམ་པོ་སུམ་ཅུ་ལྔའོ།།

十萬頌般若波羅蜜多經第三卷第三十五品　　（8—3）

262

甘圖 GL.t.072 (R-V)　ཤེས་རབ་ཀྱི་ཕ་རོལ་ཏུ་ཕྱིན་པ་སྟོང་ཕྲག་བརྒྱ་པ་དུམ་བུ་གསུམ་པ་བམ་པོ་སུམ་ཅུ་ལྔ་པའོ།།

十萬頌般若波羅蜜多經第三卷第三十五品　　(8—4)

甘圖 GL.t.072 (R-V)　ཤེས་རབ་ཀྱི་ཕ་རོལ་ཏུ་ཕྱིན་པ་སྟོང་ཕྲག་བརྒྱ་པ་དུམ་བུ་གསུམ་པ་བམ་པོ་སུམ་ཅུ་ལྔ་པའོ།།

十萬頌般若波羅蜜多經第三卷第三十五品　　(8—5)

264

甘圖 GL.t.072 (R-V)　ཤེས་རབ་ཀྱི་ཕ་རོལ་ཏུ་ཕྱིན་པ་སྟོང་ཕྲག་བརྒྱ་པ་དུམ་བུ་གསུམ་པ་བམ་པོ་སུམ་ཅུ་ལྔ་པའོ།།

十萬頌般若波羅蜜多經第三卷第三十五品　　（8—6）

265

甘圖 GL.t.072 (R-V) ཤེས་རབ་ཀྱི་ཕ་རོལ་ཏུ་ཕྱིན་པ་སྟོང་ཕྲག་བརྒྱ་པ་དུམ་བུ་གསུམ་པ་བམ་པོ་སུམ་ཅུ་ལྔ་པོ།།
十萬頌般若波羅蜜多經第三卷第三十五品　　(8—7)

266

甘圖 GL.t.072 (R-V) ཤེས་རབ་ཀྱི་ཕ་རོལ་དུ་ཕྱིན་པ་སྟོང་ཕྲག་བརྒྱ་པ་དུམ་བུ་གསུམ་པ་བམ་པོ་སུམ་ཅུ་ལྔ་པའོ།།

十萬頌般若波羅蜜多經第三卷第三十五品 （8—8）

甘圖 GL.t.073 (R-V) ཤེས་རབ་ཀྱི་ཕ་རོལ་ཏུ་ཕྱིན་པ་སྟོང་ཕྲག་བརྒྱ་པ།

十萬頌般若波羅蜜多經　　(2—1)

甘圖 GL.t.073 (R-V)　ཤེས་རབ་ཀྱི་ཕ་རོལ་ཏུ་ཕྱིན་པ་སྟོང་ཕྲག་བརྒྱ་པ།

十萬頌般若波羅蜜多經　　(2—2)

甘圖 GL.t.074 (R-V)　ཤེས་རབ་ཀྱི་ཕ་རོལ་དུ་ཕྱིན་པ་སྟོང་ཕྲག་བརྒྱ་པ།

十萬頌般若波羅蜜多經

甘圖 GL.t.075 (R-V) ཤེས་རབ་ཀྱི་ཕ་རོལ་ཏུ་ཕྱིན་པ་སྟོང་ཕྲག་བརྒྱ་པ།

十萬頌般若波羅蜜多經 (2—1)

甘圖 GL.t.075 (R-V) ཤེས་རབ་ཀྱི་ཕ་རོལ་ཏུ་ཕྱིན་པ་སྟོང་ཕྲག་བརྒྱ་པ།

十萬頌般若波羅蜜多經 (2—2)

甘圖 GL.t.076 (R-V) ཤེས་རབ་ཀྱི་ཕ་རོལ་ཏུ་ཕྱིན་པ་སྟོང་ཕྲག་བརྒྱ་པ།

十萬頌般若波羅蜜多經　　(4—1)

甘圖 GL.t.076 (R-V)　ཤེས་རབ་ཀྱི་ཕ་རོལ་དུ་ཕྱིན་པ་སྟོང་ཕྲག་བརྒྱ་པ།

十萬頌般若波羅蜜多經　　(4—2)

甘圖 GL.ɪ.076 (R-V)　ཤེས་རབ་ཀྱི་ཕ་རོལ་ཏུ་ཕྱིན་པ་སྟོང་ཕྲག་བརྒྱ་པ།
十萬頌般若波羅蜜多經　　(4—3)

甘圖 GL.t.076 (R-V)　ཤེས་རབ་ཀྱི་ཕ་རོལ་ཏུ་ཕྱིན་པ་སྟོང་ཕྲག་བརྒྱ་པ།

十萬頌般若波羅蜜多經　　(4—4)

甘圖 GL.t.077 (R-V)　ཤེས་རབ་ཀྱི་ཕ་རོལ་ཏུ་ཕྱིན་པ་སྟོང་ཕྲག་བརྒྱ་པ་དུམ་བུ་གསུམ་པ་བམ་པོ་བཞི་བཅུ་གཅིག་གོ །།
十萬頌般若波羅蜜多經第三卷第四十一品　　(2—1)

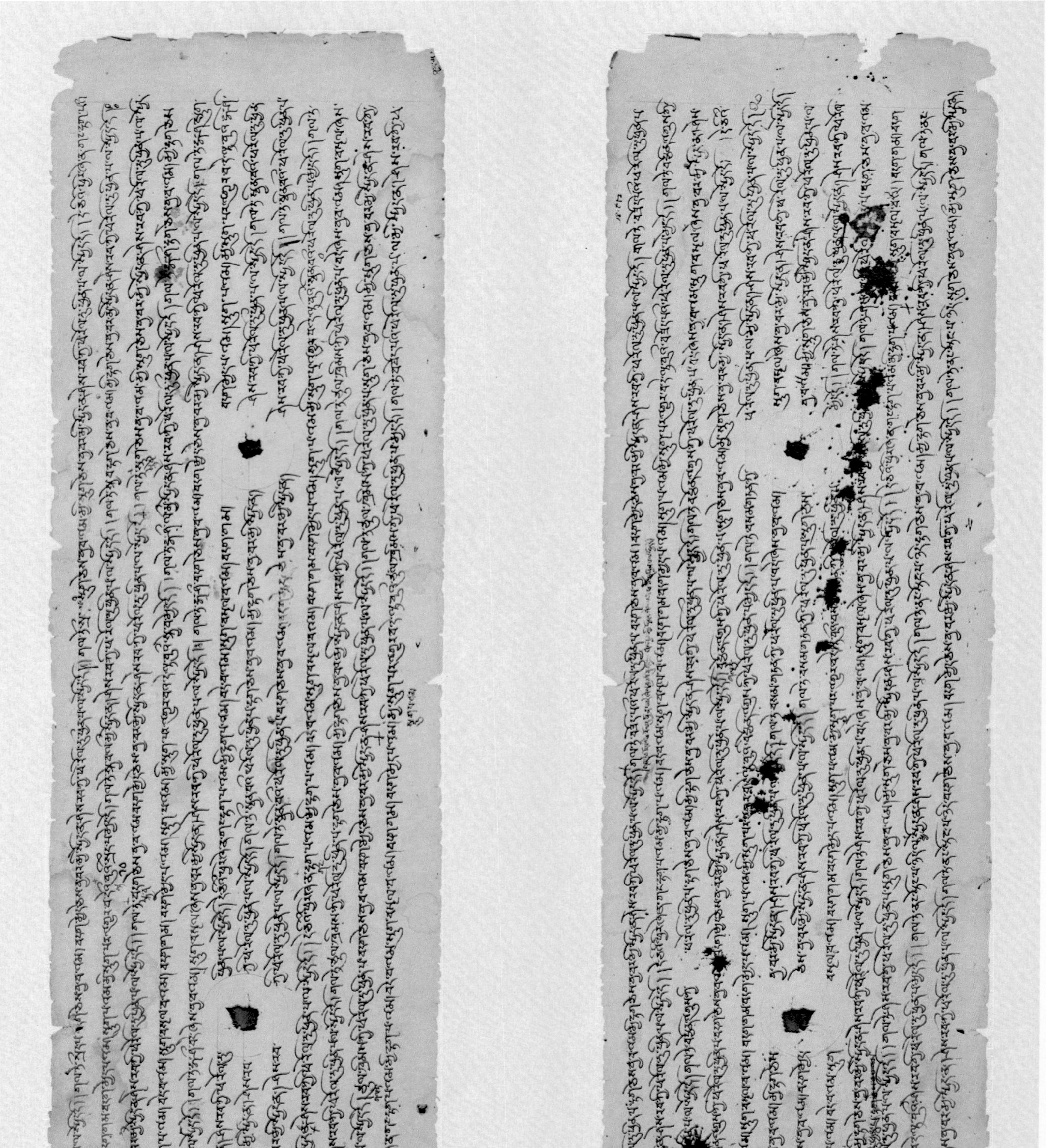

甘圖 GL.t.077 (R-V) ཤེས་རབ་ཀྱི་ཕ་རོལ་ཏུ་ཕྱིན་པ་སྟོང་ཕྲག་བརྒྱ་པ་དུམ་བུ་གསུམ་པ་བམ་པོ་བཞི་བཅུ་གཅིག་གོ།།

十萬頌般若波羅蜜多經第三卷第四十一品 (2—2)

甘圖 GL.t.078 (R-V)　ཤེས་རབ་ཀྱི་ཕ་རོལ་དུ་ཕྱིན་པ་སྟོང་ཕྲག་བརྒྱ་པ།

十萬頌般若波羅蜜多經　　(5—1)

甘圖 GL.t.078 (R-V) ཤེས་རབ་ཀྱི་ཕ་རོལ་ཏུ་ཕྱིན་པ་སྟོང་ཕྲག་བརྒྱ་པ།
十萬頌般若波羅蜜多經 　　(5—2)

280

甘圖 GL.t.078 (R-V)　ཤེས་རབ་ཀྱི་ཕ་རོལ་ཏུ་ཕྱིན་པ་སྟོང་ཕྲག་བརྒྱ་པ།

十萬頌般若波羅蜜多經　　(5—3)

甘圖 GL.t.078 (R-V) ཤེས་རབ་ཀྱི་ཕ་རོལ་ཏུ་ཕྱིན་པ་སྟོང་ཕྲག་བརྒྱ་པ།

十萬頌般若波羅蜜多經　　(5—4)

甘圖 GL.t.078 (R-V) ཤེས་རབ་ཀྱི་ཕ་རོལ་དུ་ཕྱིན་པ་སྟོང་ཕྲག་བརྒྱ་པ།

十萬頌般若波羅蜜多經　　(5—5)

甘圖 GL.t.079 (R-V)　ཤེས་རབ་ཀྱི་ཕ་རོལ་ཏུ་ཕྱིན་པ་སྟོང་ཕྲག་བརྒྱ་པ་དུམ་བུ་གསུམ་པ་བམ་པོ་བཞི་བཅུ་གཉིས་སོ།།
十萬頌般若波羅蜜多經第三卷第四十二品　　(7—1)

284

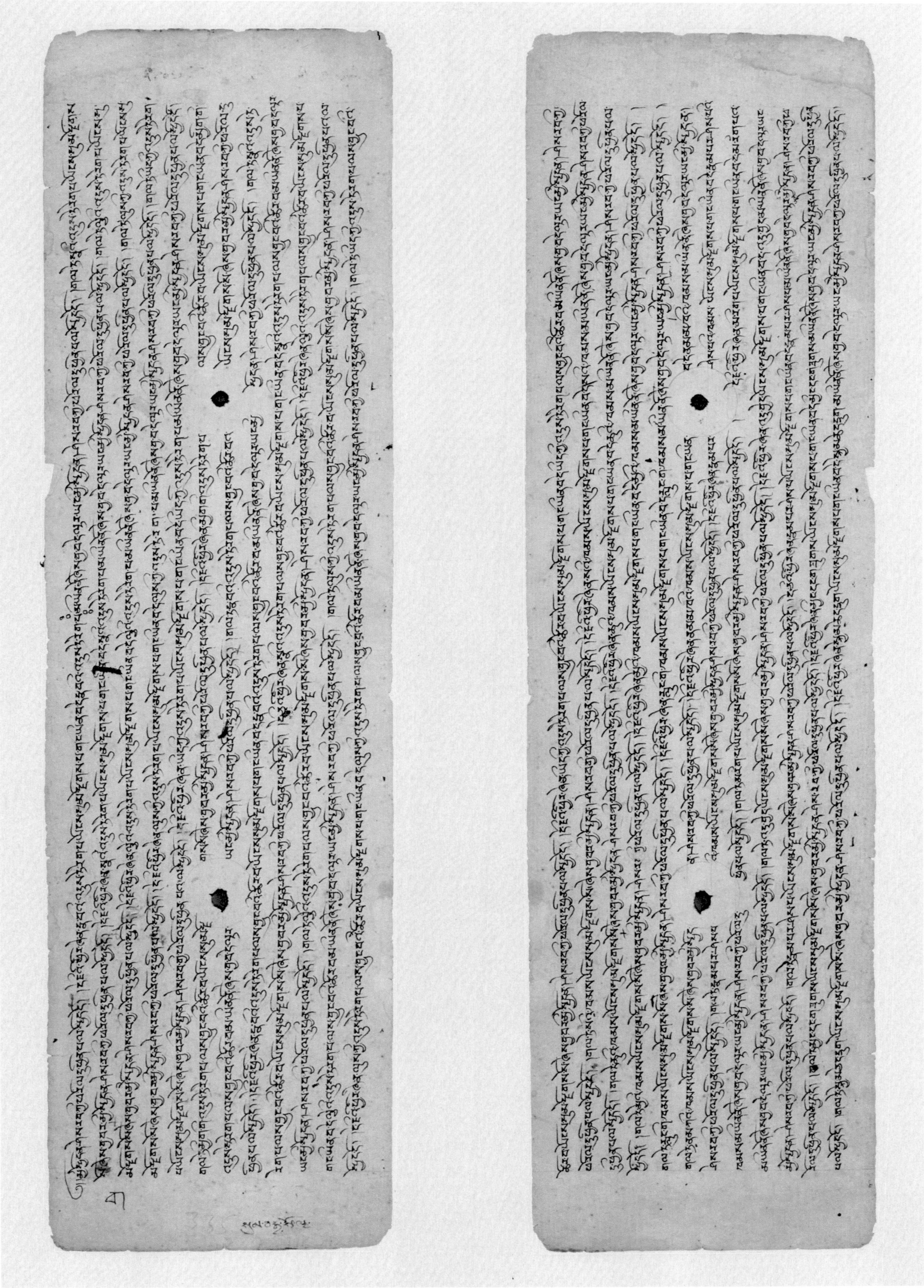

甘圖 GL.t.079 (R-V)　ཤེས་རབ་ཀྱི་ཕ་རོལ་ཏུ་ཕྱིན་པ་སྟོང་ཕྲག་བརྒྱད་པ་དུམ་བུ་གསུམ་པ་བམ་པོ་བཞི་བཅུ་གཉིས་སོ།།

十萬頌般若波羅蜜多經第三卷第四十二品　(7—2)

甘圖 GL.t.079 (R-V) ཤེས་རབ་ཀྱི་ཕ་རོལ་ཏུ་ཕྱིན་པ་སྟོང་ཕྲག་བརྒྱ་པ་དུམ་བུ་གསུམ་པ་བམ་པོ་བཞི་བཅུ་གཉིས་སོ།།

十萬頌般若波羅蜜多經第三卷第四十二品　　(7—3)

甘圖 GL.t.079 (R-V) ཤེས་རབ་ཀྱི་ཕ་རོལ་ཏུ་ཕྱིན་པ་སྟོང་ཕྲག་བརྒྱ་པ་དུམ་བུ་གསུམ་པ་བཞི་བཅུ་གཉིས་སོ།།
十萬頌般若波羅蜜多經第三卷第四十二品　　（7—4）

甘圖 GL.t.079 (R-V) ཤེས་རབ་ཀྱི་ཕ་རོལ་དུ་ཕྱིན་པ་སྟོང་ཕྲག་བརྒྱའི་པ་ཏུམ་དུ་གསུམ་པ་བམ་པོ་བཞི་བཅུ་གཉིས་སོ།།

十萬頌般若波羅蜜多經第三卷第四十二品　　(7—5)

288

甘圖 GL.t.079 (R-V)　ཤེས་རབ་ཀྱི་ཕ་རོལ་ཏུ་ཕྱིན་པ་སྟོང་ཕྲག་བརྒྱའ་པ་དུམ་བུ་གསུམ་པ་བམ་པོ་བཞི་བཅུ་གཉིས་སོ།།

十萬頌般若波羅蜜多經第三卷第四十二品　　(7—6)

289

甘圖 GL.t.079 (R-V)　ཤེས་རབ་ཀྱི་ཕ་རོལ་ཏུ་ཕྱིན་པ་སྟོང་ཕྲག་བརྒྱ་པ་དུམ་བུ་གསུམ་པ་བམ་པོ་བཞི་བཅུ་གཉིས་སོ།།

十萬頌般若波羅蜜多經第三卷第四十二品　　(7—7)

290

甘圖 GL.t.080 (R-V)　ཤེས་རབ་ཀྱི་ཕ་རོལ་ཏུ་ཕྱིན་པ་སྟོང་ཕྲག་བརྒྱ་པ་དུམ་བུ་གསུམ་པ་བམ་པོ་བཞི་བཅུ་གསུམ་མོ།།
十萬頌般若波羅蜜多經第三卷第四十三品　　（3—1）

甘圖 GL.t.080 (R-V)　ཤེས་རབ་ཀྱི་ཕ་རོལ་ཏུ་ཕྱིན་པ་སྟོང་ཕྲག་བརྒྱ་པ་དུམ་བུ་གསུམ་པ་བམ་པོ་བཞི་བཅུ་གསུམ་མོ།།

十萬頌般若波羅蜜多經第三卷第四十三品　　(3—2)

292

甘圖 GL.t.080 (R-V)　ཤེས་རབ་ཀྱི་ཕ་རོལ་ཏུ་ཕྱིན་པ་སྟོང་ཕྲག་བརྒྱ་པ་དུམ་བུ་གསུམ་པ་བམ་པོ་བཞི་བཅུ་གསུམ་མོ།།

十萬頌般若波羅蜜多經第三卷第四十三品　　(3—3)

甘圖 GL.t.081 (R-V) ཤེས་རབ་ཀྱི་ཕ་རོལ་ཏུ་ཕྱིན་པ་སྟོང་ཕྲག་བརྒྱ་པ་དུམ་བུ་གསུམ་པ་བམ་པོ་བཞི་བཅུ་གསུམ་མོ།།
十萬頌般若波羅蜜多經第三卷第四十三品　　(8—1)

294

甘圖 GL.t.081 (R-V) ཤེས་རབ་ཀྱི་ཕ་རོལ་ཏུ་ཕྱིན་པ་སྟོང་ཕྲག་བརྒྱ་པ་དུམ་བུ་གསུམ་པ་བམ་པོ་བཞི་བཅུ་གསུམ་མོ།།

十萬頌般若波羅蜜多經第三卷第四十三品　(8—2)

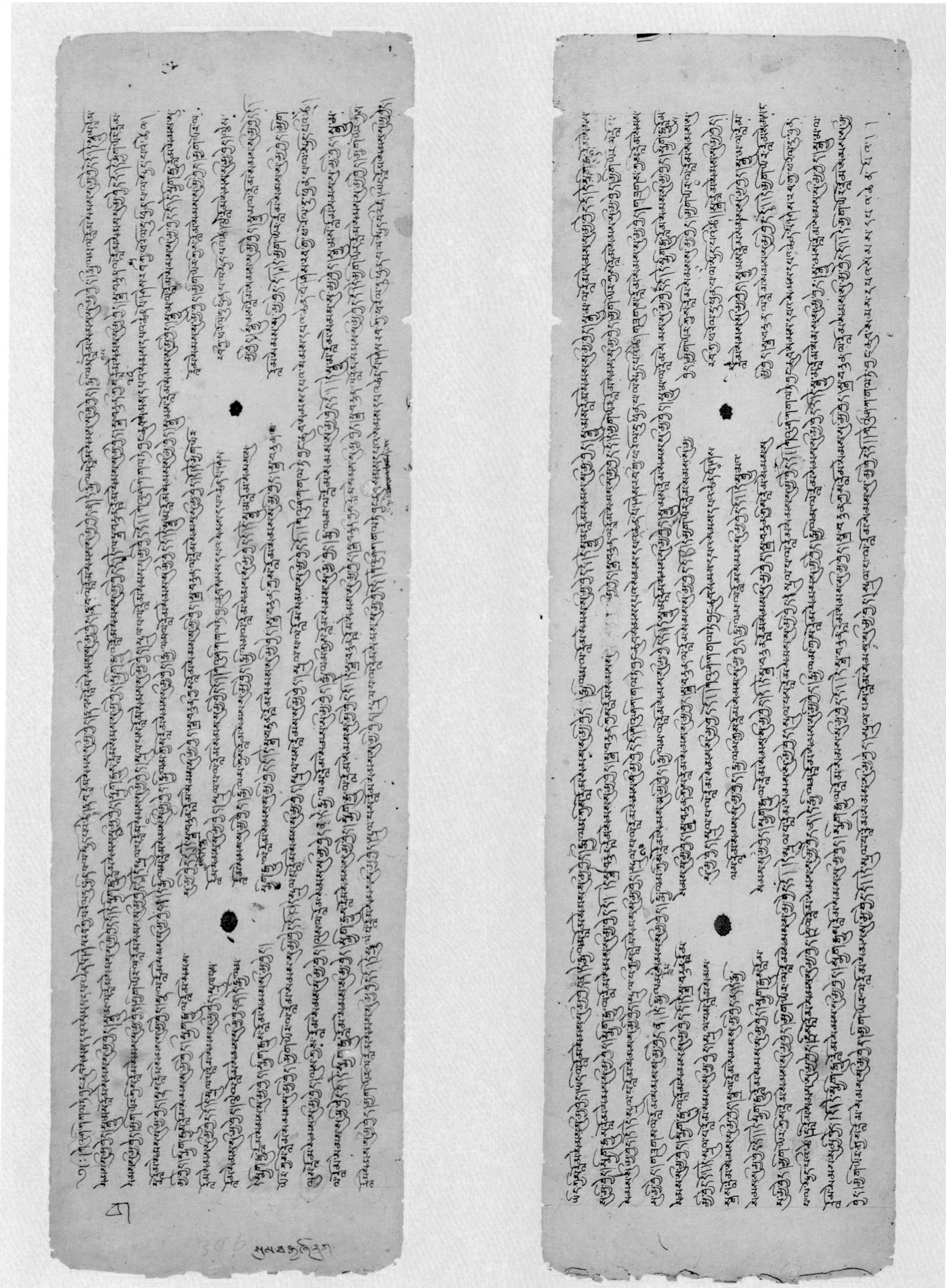

甘圖 GL.t.081 (R-V) ཤེས་རབ་ཀྱི་ཕ་རོལ་ཏུ་ཕྱིན་པ་སྟོང་ཕྲག་བརྒྱ་པ་དུམ་བུ་གསུམ་པ་བམ་པོ་བཞི་བཅུ་གསུམ་མོ།།
十萬頌般若波羅蜜多經第三卷第四十三品 (8—3)

甘圖 GL.t.081 (R-V)　ཤེས་རབ་ཀྱི་ཕ་རོལ་ཏུ་ཕྱིན་པ་སྟོང་ཕྲག་བརྒྱ་པ་དུམ་བུ་གསུམ་པ་བམ་པོ་བཞི་བཅུ་གསུམ་མོ།།

十萬頌般若波羅蜜多經第三卷第四十三品　　(8—4)

297

甘圖 GL.t.081 (R-V) ཤེས་རབ་ཀྱི་ཕ་རོལ་ཏུ་ཕྱིན་པ་སྟོང་ཕྲག་བརྒྱ་པ་དུམ་བུ་གསུམ་པ་བམ་པོ་བཞི་བཅུ་གསུམ་མོ།།

十萬頌般若波羅蜜多經第三卷第四十三品　(8—5)

298

甘圖 GL.t.081 (R-V)　ཤེས་རབ་ཀྱི་ཕ་རོལ་ཏུ་ཕྱིན་པ་སྟོང་ཕྲག་བརྒྱ་པ་དུམ་བུ་གསུམ་པ་བམ་པོ་བཞི་བཅུ་གསུམ་མོ།།

十萬頌般若波羅蜜多經第三卷第四十三品　　(8—6)

甘圖 GL.t.081 (R-V)　ཤེས་རབ་ཀྱི་ཕ་རོལ་ཏུ་ཕྱིན་པ་སྟོང་ཕྲག་བརྒྱ་པ་དུམ་བུ་གསུམ་པ་བམ་པོ་བཞི་བཅུ་གསུམ་མོ།།

十萬頌般若波羅蜜多經第三卷第四十三品　　(8—7)

300

甘圖 GL.t.081 (R-V) ཤེས་རབ་ཀྱི་ཕ་རོལ་དུ་ཕྱིན་པ་སྟོང་ཕྲག་བརྒྱ་པ་དུམ་བུ་གསུམ་པ་བམ་པོ་བཞི་བཅུ་གསུམ་མོ།།

十萬頌般若波羅蜜多經第三卷第四十三品　　(8—8)

甘圖 GL.t.082 (R-V)　ཤེས་རབ་ཀྱི་ཕ་རོལ་ཏུ་ཕྱིན་པ་སྟོང་ཕྲག་བརྒྱ་པ་དུམ་བུ་གསུམ་པ་བམ་པོ་བཞི་ཅུ་བཞི་བོ།།

十萬頌般若波羅蜜多經第三卷第四十四品　　(7—1)

甘圖 GL.t.082 (R-V)　ཤེས་རབ་ཀྱི་ཕ་རོལ་དུ་ཕྱིན་པ་སྟོང་ཕྲག་བརྒྱའ་པ་དུམ་བུ་གསུམ་པ་བམ་པོ་བཞི་ཅུ་བཞི་པ།།

十萬頌般若波羅蜜多經第三卷第四十四品　　（7—2）

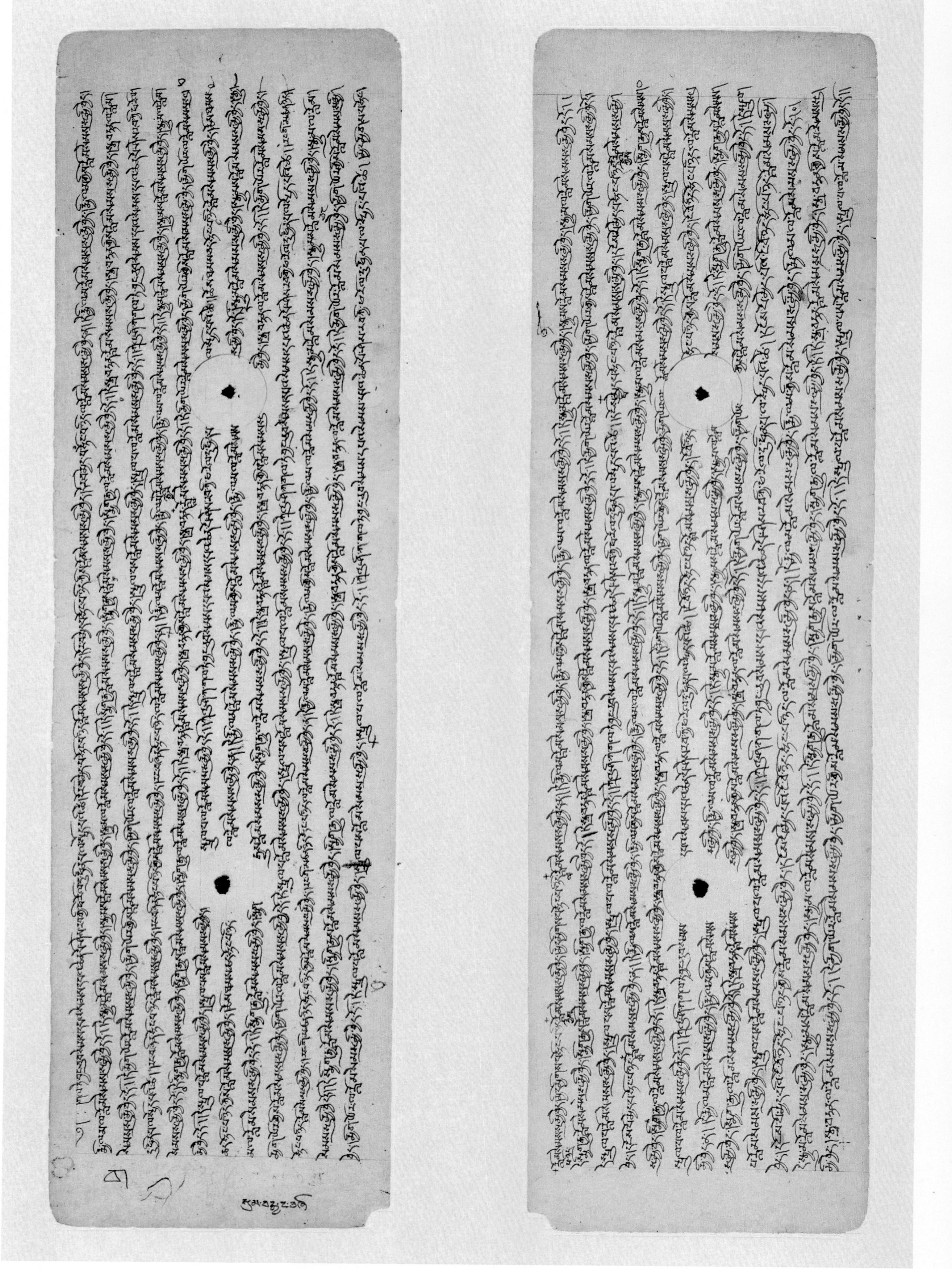

甘圖 GL.t.082 (R-V) ཤེས་རབ་ཀྱི་ཕ་རོལ་ཏུ་ཕྱིན་པ་སྟོང་ཕྲག་བརྒྱའ་པ་དུམ་བུ་གསུམ་པ་བམ་པོ་བཞི་ཅུ་བཞི་པོ།།
十萬頌般若波羅蜜多經第三卷第四十四品 (7—3)

甘圖 GL.t.082 (R-V)　ཤེས་རབ་ཀྱི་ཕ་རོལ་ཏུ་ཕྱིན་པ་སྟོང་ཕྲག་བརྒྱ་པ་དུམ་བུ་གསུམ་པ་བཞི་བཅུ་རྩ་བཞི་པོ།།

十萬頌般若波羅蜜多經第三卷第四十四品　　(7—4)

甘圖 GL.t.082 (R-V)　ཤེས་རབ་ཀྱི་ཕ་རོལ་ཏུ་ཕྱིན་པ་སྟོང་ཕྲག་བརྒྱན་པ་དུམ་བུ་གསུམ་པ་བམ་པོ་བཞི་ཅུ་བཞི་པོ།།
十萬頌般若波羅蜜多經第三卷第四十四品　　(7—5)

甘圖 GL.t.082 (R–V) ཤེས་རབ་ཀྱི་ཕ་རོལ་ཏུ་ཕྱིན་པ་སྟོང་ཕྲག་བརྒྱ་པ་དུམ་བུ་གསུམ་པ་བམ་པོ་བཞི་བཅུ་རྩ་བཞི་པོ།།

十萬頌般若波羅蜜多經第三卷第四十四品　　(7—6)

甘圖 GL.t.082 (R-V)　ཤེས་རབ་ཀྱི་ཕ་རོལ་ཏུ་ཕྱིན་པ་སྟོང་ཕྲག་བརྒྱ་པ་དུམ་བུ་གསུམ་པ་བམ་པོ་བཞི་ཅུ་བཞི་པོ།།

十萬頌般若波羅蜜多經第三卷第四十四品　　(7—7)

308

甘圖 GL.t.083 (R-V)　ཤེས་རབ་ཀྱི་ཕ་རོལ་ཏུ་ཕྱིན་པ་སྟོང་ཕྲག་བརྒྱ་པ་དུམ་བུ་གསུམ་པ་བམ་པོ་བཞི་བཅུ་ལྔ་པའོ།།

十萬頌般若波羅蜜多經第三卷第四十五品　　（7—1）

309

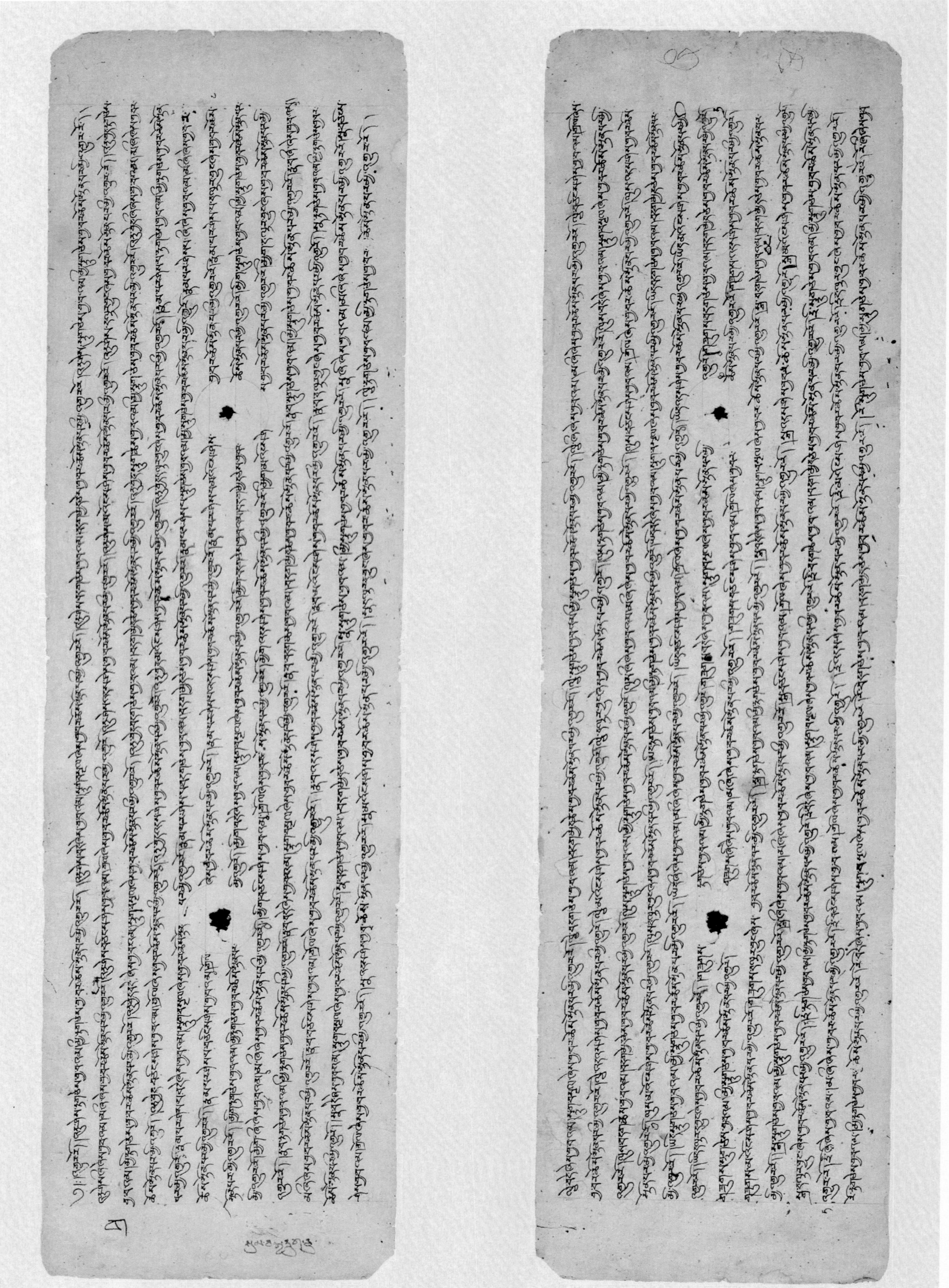

甘圖 GL.t.083 (R-V) ཤེས་རབ་ཀྱི་ཕ་རོལ་ཏུ་ཕྱིན་པ་སྟོང་ཕྲག་བརྒྱ་པ་དུམ་བུ་གསུམ་པ་བམ་པོ་བཞི་བཅུ་ལྔའོ།།

十萬頌般若波羅蜜多經第三卷第四十五品 (7—2)

甘圖 GL.t.083 (R-V)　ཤེས་རབ་ཀྱི་ཕ་རོལ་དུ་ཕྱིན་པ་སྟོང་ཕྲག་བརྒྱ་པ་དུམ་བུ་གསུམ་པ་བམ་པོ་བཞི་བཅུ་ལྔ་པའོ།།

十萬頌般若波羅蜜多經第三卷第四十五品　　(7—3)

甘圖 GL.t.083 (R-V) ཤེས་རབ་ཀྱི་ཕ་རོལ་ཏུ་ཕྱིན་པ་སྟོང་ཕྲག་བརྒྱ་པ་དུམ་བུ་གསུམ་པ་བམ་པོ་བཞི་བཅུ་ལྔ་པའོ།།
十萬頌般若波羅蜜多經第三卷第四十五品 (7—4)

甘圖 GL.t.083 (R-V)　ཤེས་རབ་ཀྱི་ཕ་རོལ་ཏུ་ཕྱིན་པ་སྟོང་ཕྲག་བརྒྱ་པ་དུམ་བུ་གསུམ་པ་བམ་པོ་བཞི་བཅུ་ལྔ་པོ།།

十萬頌般若波羅蜜多經第三卷第四十五品　　(7—5)

甘圖 GL.t.083 (R-V) ཤེས་རབ་ཀྱི་ཕ་རོལ་ཏུ་ཕྱིན་པ་སྟོང་ཕྲག་བརྒྱ་པ་དུམ་བུ་གསུམ་པ་བམ་པོ་བཞི་བཅུ་ལྔའོ།།

十萬頌般若波羅蜜多經第三卷第四十五品　　(7—6)

314

甘圖 GL.t.083 (R-V) ཤེས་རབ་ཀྱི་ཕ་རོལ་ཏུ་ཕྱིན་པ་སྟོང་ཕྲག་བརྒྱ་པ་དུམ་བུ་གསུམ་པ་བམ་པོ་བཞི་བཅུ་ལྔའོ།།

十萬頌般若波羅蜜多經第三卷第四十五品　　（7—7）

甘圖 GL.t.084 (R-V) ཤེས་རབ་ཀྱི་ཕ་རོལ་ཏུ་ཕྱིན་པ་སྟོང་ཕྲག་བརྒྱལ་པ་དུམ་བུ་གསུམ་པ་བམ་པོ་བཞི་བཅུ་བདུན་དང་
བཞི་བཅུ་བརྒྱད་དོ།།

316   十萬頌般若波羅蜜多經第三卷第四十七、四十八品　　(4—1)

甘圖 GL.t.084 (R-V) ཤེས་རབ་ཀྱི་ཕ་རོལ་དུ་ཕྱིན་པ་སྟོང་ཕྲག་བརྒྱ་པ་དུམ་བུ་གསུམ་པ་བམ་པོ་བཞི་བཅུ་བདུན་དང་
བཞི་བཅུ་བརྒྱད་དོ།།

十萬頌般若波羅蜜多經第三卷第四十七、四十八品　　(4—2)

甘圖 GL.t.084 (R-V) ཤེས་རབ་ཀྱི་ཕ་རོལ་ཏུ་ཕྱིན་པ་སྟོང་ཕྲག་བརྒྱ་པ་དུམ་བུ་གསུམ་པ་བམ་པོ་བཞི་བཅུ་བདུན་དང་
བཞི་བཅུ་བརྒྱད་དོ།།

318   十萬頌般若波羅蜜多經第三卷第四十七、四十八品   (4—3)

甘圖 GL.t.084 (R-V)　ཤེས་རབ་ཀྱི་ཕ་རོལ་ཏུ་ཕྱིན་པ་སྟོང་ཕྲག་བརྒྱ་པ་དུམ་བུ་གསུམ་པ་བམ་པོ་བཞི་བཅུ་བདུན་དང་
བཞི་བཅུ་བརྒྱད་དོ༎

十萬頌般若波羅蜜多經第三卷第四十七、四十八品　　(4—4)

甘圖 GL.t.085 (R-V)　ཤེས་རབ་ཀྱི་ཕ་རོལ་དུ་ཕྱིན་པ་སྟོང་ཕྲག་བརྒྱ་པ།
十萬頌般若波羅蜜多經

320

甘圖 GL.t.086 (R-V)　ཤེས་རབ་ཀྱི་ཕ་རོལ་ཏུ་ཕྱིན་པ་སྟོང་ཕྲག་བརྒྱ་པ།

十萬頌般若波羅蜜多經　　(4—1)

甘圖 GL.t.086 (R-V)　ཤེས་རབ་ཀྱི་ཕ་རོལ་ཏུ་ཕྱིན་པ་སྟོང་ཕྲག་བརྒྱ་པ།
十萬頌般若波羅蜜多經　　(4—2)

甘圖 GL.t.086 (R-V)　ཤེས་རབ་ཀྱི་ཕ་རོལ་དུ་ཕྱིན་པ་སྟོང་ཕྲག་བརྒྱ་པ།

十萬頌般若波羅蜜多經　　(4—3)

甘圖 GL.t.086 (R-V) ཤེས་རབ་ཀྱི་ཕ་རོལ་ཏུ་ཕྱིན་པ་སྟོང་ཕྲག་བརྒྱ་པ།
十萬頌般若波羅蜜多經　　(4—4)

甘圖 GL.t.087 (R-V)　ཤེས་རབ་ཀྱི་ཕ་རོལ་ཏུ་ཕྱིན་པ་སྟོང་ཕྲག་བརྒྱ་པ་དུམ་བུ་གསུམ་པ་བམ་པོ་བཞི་བཅུ་དགུའོ།།

十萬頌般若波羅蜜多經第三卷第四十九品　　(3—1)

325

甘圖 GL.t.087 (R-V) ཤེས་རབ་ཀྱི་ཕ་རོལ་དུ་ཕྱིན་པ་སྟོང་ཕྲག་བརྒྱན་པ་དུམ་བུ་གསུམ་པ་བམ་པོ་བཞི་བཅུ་དགུའོ།།
十萬頌般若波羅蜜多經第三卷第四十九品　　(3—2)

甘圖 GL.t.087 (R-V)　ཤེས་རབ་ཀྱི་ཕ་རོལ་དུ་ཕྱིན་པ་སྟོང་ཕྲག་བརྒྱ་པ་དུམ་བུ་གསུམ་པ་བམ་པོ་བཞི་བཅུ་དགུའོ།།

十萬頌般若波羅蜜多經第三卷第四十九品　　(3—3)

甘圖 GL.t.088 (R-V) ཤེས་རབ་ཀྱི་པ་རོལ་དུ་ཕྱིན་པ་སྟོང་ཕྲག་བརྒྱ་པ།
十萬頌般若波羅蜜多經

328

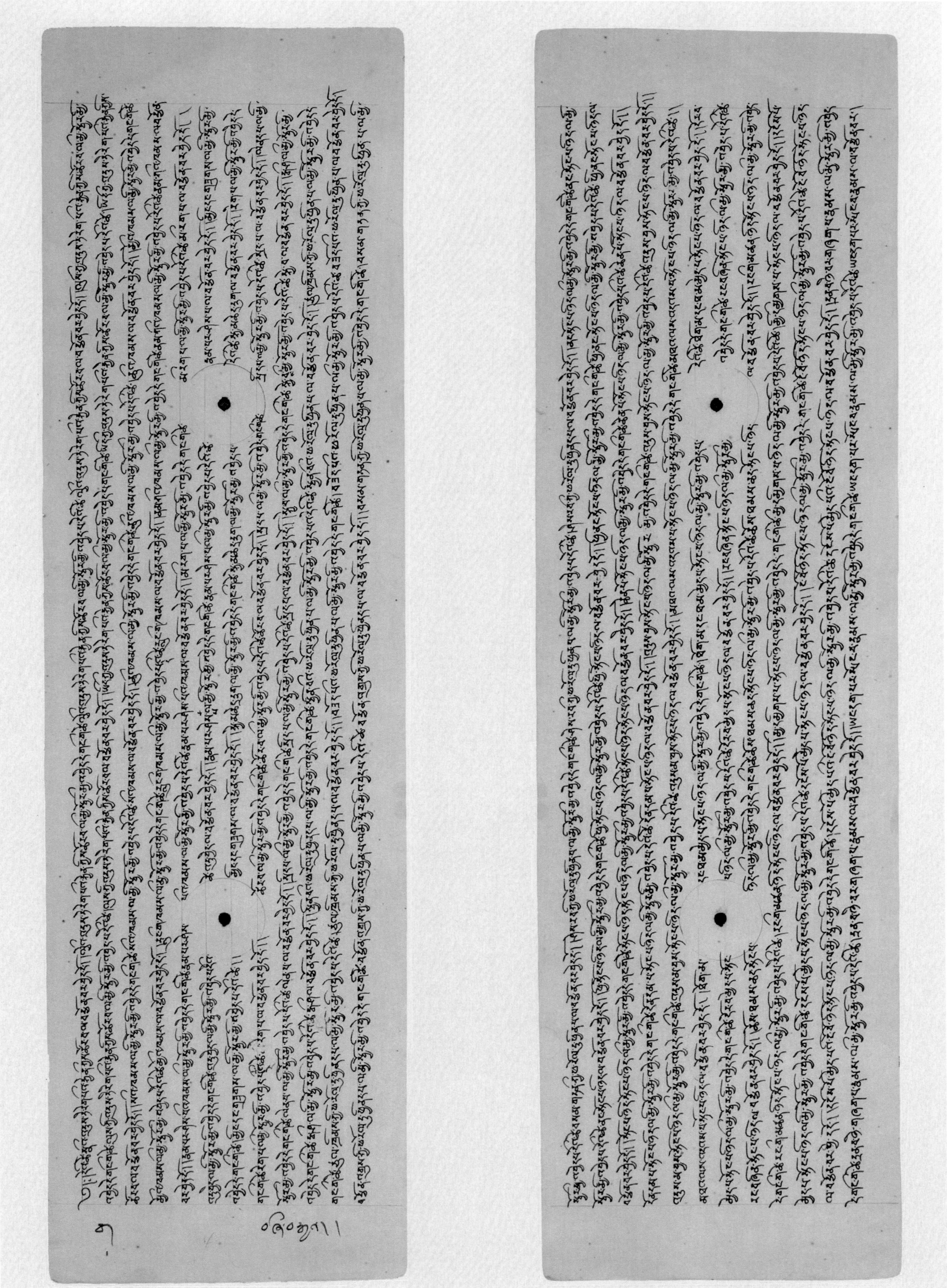

甘圖 GL.t.089 (R-V) ཤེས་རབ་ཀྱི་ཕ་རོལ་ཏུ་ཕྱིན་པ་སྟོང་ཕྲག་བརྒྱ་པ།

十萬頌般若波羅蜜多經 (2—1)

甘圖 GL.t.089 (R-V)　ཤེས་རབ་ཀྱི་ཕ་རོལ་ཏུ་ཕྱིན་པ་སྟོང་ཕྲག་བརྒྱ་པ།

十萬頌般若波羅蜜多經　　(2—2)

甘圖 GL.t.090 (R-V)　ཤེས་རབ་ཀྱི་ཕ་རོལ་ཏུ་ཕྱིན་པ་སྟོང་ཕྲག་བརྒྱ་པ།

十萬頌般若波羅蜜多經　　(7—1)

甘圖 GL.t.090 (R-V)　ཤེས་རབ་ཀྱི་ཕ་རོལ་ཏུ་ཕྱིན་པ་སྟོང་ཕྲག་བརྒྱ་པ།

十萬頌般若波羅蜜多經　　(7—2)

甘圖 GL.t.090 (R-V)　ཤེས་རབ་ཀྱི་ཕ་རོལ་དུ་ཕྱིན་པ་སྟོང་ཕྲག་བརྒྱ་པ།

十萬頌般若波羅蜜多經　　(7—3)

甘圖 GL.t.090 (R-V)　ཤེས་རབ་ཀྱི་ཕ་རོལ་ཏུ་ཕྱིན་པ་སྟོང་ཕྲག་བརྒྱ་པ།
十萬頌般若波羅蜜多經　　(7—4)

334

甘圖 GL.t.090 (R-V) ཤེས་རབ་ཀྱི་ཕ་རོལ་ཏུ་ཕྱིན་པ་སྟོང་ཕྲག་བརྒྱ་པ།
十萬頌般若波羅蜜多經 (7—5)

甘圖 GL.t.090 (R-V)　ཤེས་རབ་ཀྱི་ཕ་རོལ་ཏུ་ཕྱིན་པ་སྟོང་ཕྲག་བརྒྱ་པ།

十萬頌般若波羅蜜多經　　(7—6)

甘圖 GL.t.090 (R-V)　ཤེས་རབ་ཀྱི་ཕ་རོལ་ཏུ་ཕྱིན་པ་སྟོང་ཕྲག་བརྒྱ་པ།

十萬頌般若波羅蜜多經　　(7—7)

甘圖 GL.t.091 (R-V) ཤེས་རབ་ཀྱི་ཕ་རོལ་ཏུ་ཕྱིན་པ་སྟོང་ཕྲག་བརྒྱ་པ་དུམ་བུ་གསུམ་པ་བམ་པོ་ལྔ་བཅུ་གཉིས་སོ།།

十萬頌般若波羅蜜多經第三卷第五十二品　　(9—1)

338

甘圖 GL.t.091 (R-V)　ཤེས་རབ་ཀྱི་ཕ་རོལ་དུ་ཕྱིན་པ་སྟོང་ཕྲག་བརྒྱའ་པ་དུམ་བུ་གསུམ་པ་བམ་པོ་ལྔ་བཅུ་གཉིས་སོ།།

十萬頌般若波羅蜜多經第三卷第五十二品　　(9—2)

甘圖 GL.t.091 (R-V) ཤེས་རབ་ཀྱི་ཕ་རོལ་ཏུ་ཕྱིན་པ་སྟོང་ཕྲག་བརྒྱ་པ་དུམ་བུ་གསུམ་པ་བམ་པོ་ལྔ་བཅུ་གཉིས་སོ།།
十萬頌般若波羅蜜多經第三卷第五十二品　　(9—3)

甘圖 GL.t.091 (R-V) ཤེས་རབ་ཀྱི་ཕ་རོལ་ཏུ་ཕྱིན་པ་སྟོང་ཕྲག་བརྒྱ་པ་དུམ་བུ་གསུམ་པ་བམ་པོ་ལྔ་བཅུ་གཉིས་སོ།།

十萬頌般若波羅蜜多經第三卷第五十二品　　（9—4）

341

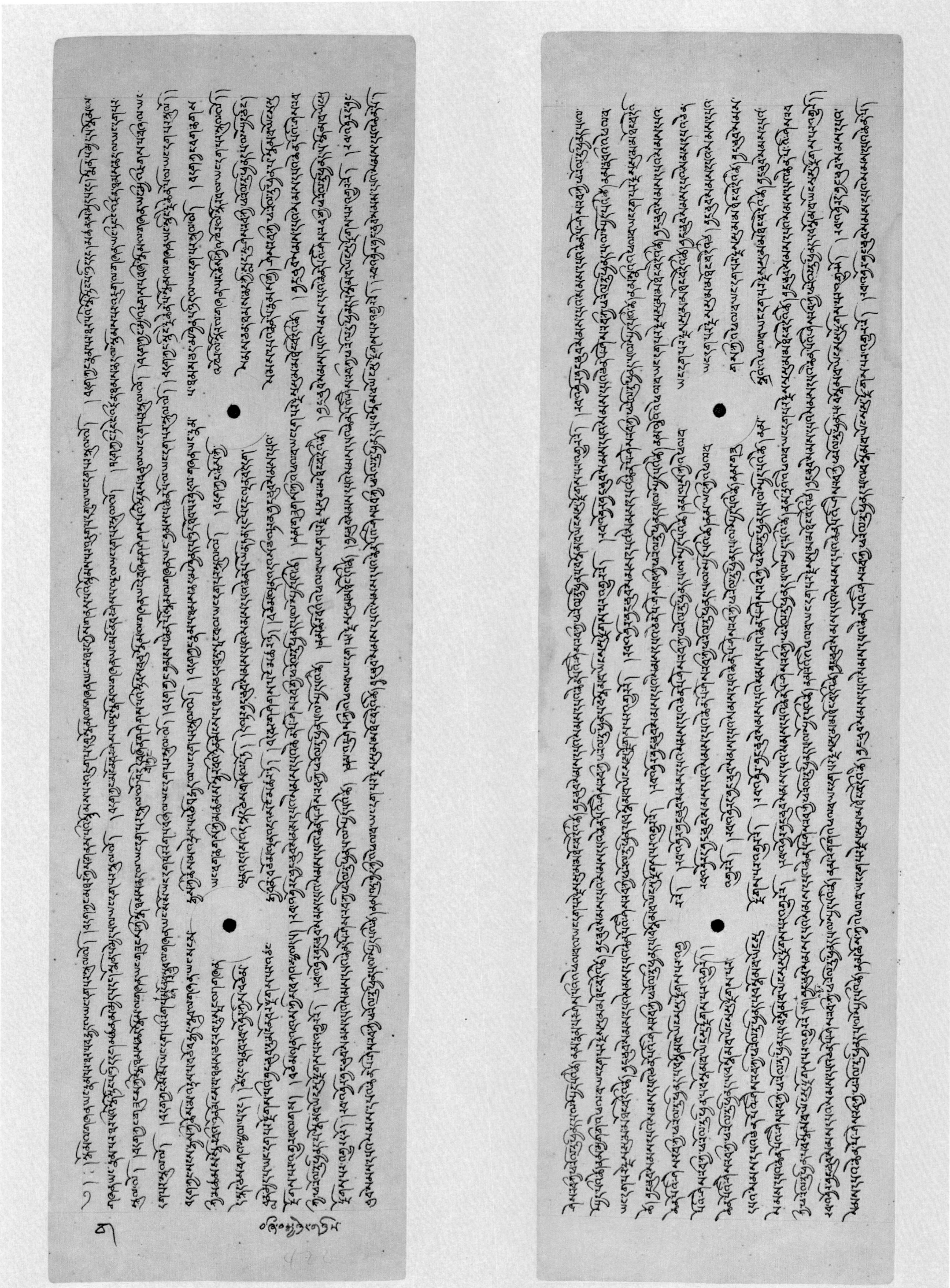

甘圖 GL.t.091 (R-V) ཤེས་རབ་ཀྱི་ཕ་རོལ་ཏུ་ཕྱིན་པ་སྟོང་ཕྲག་བརྒྱ་པ་དུམ་བུ་གསུམ་པ་བམ་པོ་ལྔ་བཅུ་གཉིས་སོ།།
十萬頌般若波羅蜜多經第三卷第五十二品 (9—5)

甘圖 GL.t.091 (R-V)　ཤེས་རབ་ཀྱི་ཕ་རོལ་ཏུ་ཕྱིན་པ་སྟོང་ཕྲག་བརྒྱད་པ་ཏུམ་བུ་གསུམ་པ་བམ་པོ་ལྔ་བཅུ་གཉིས་སོ།།

十萬頌般若波羅蜜多經第三卷第五十二品　　（9—6）

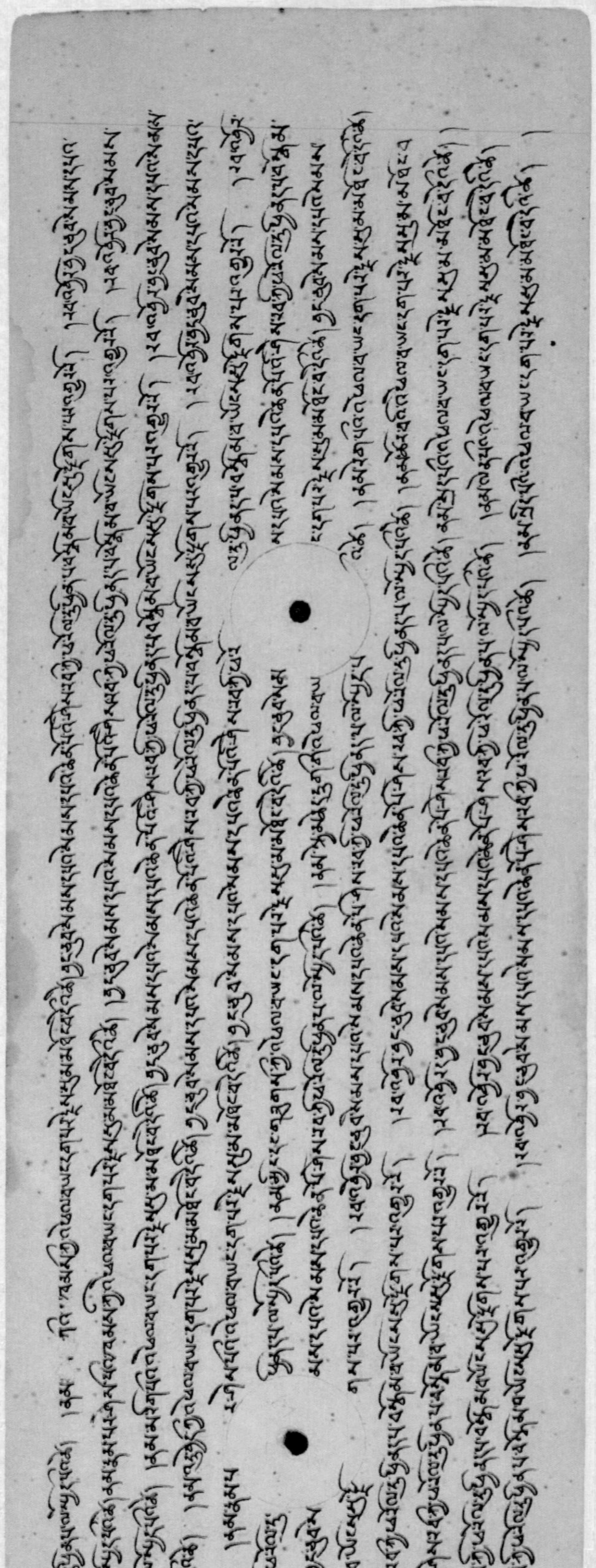

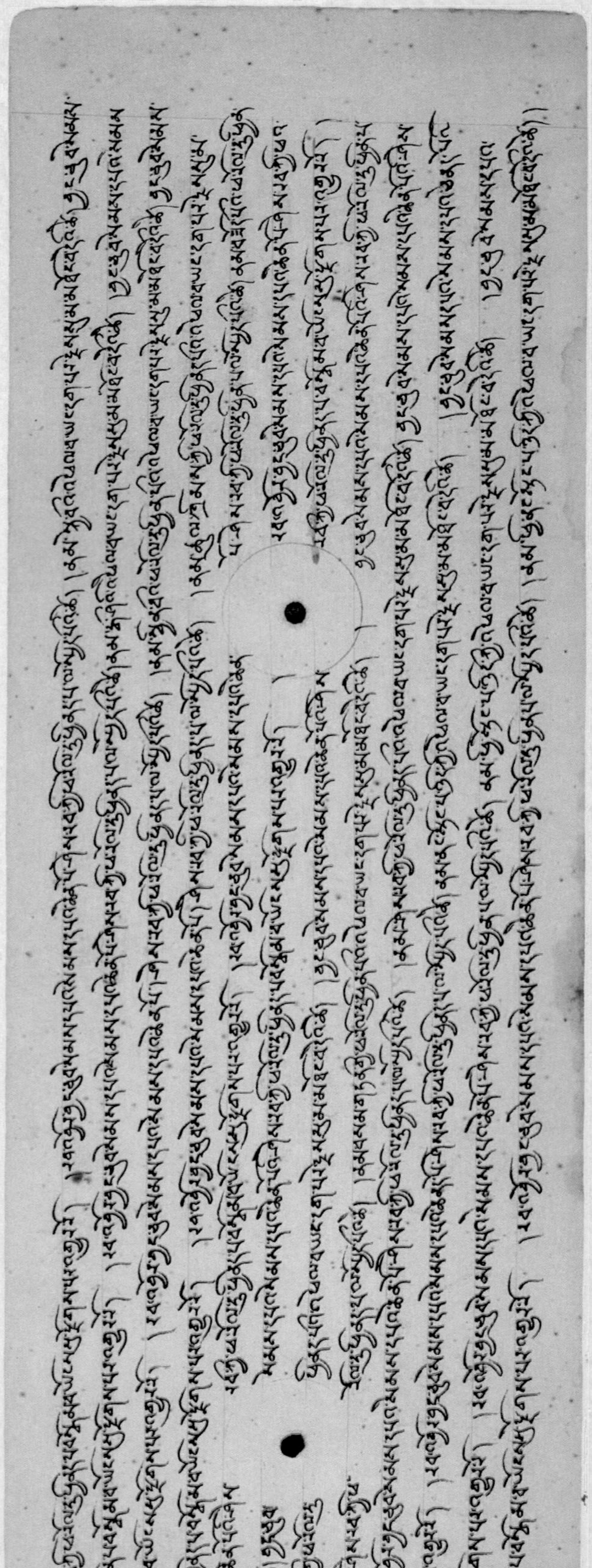

甘圖 GL.t.091 (R-V) ཤེས་རབ་ཀྱི་ཕ་རོལ་ཏུ་ཕྱིན་པ་སྟོང་ཕྲག་བརྒྱ་པ་དུམ་བུ་གསུམ་པ་བམ་པོ་ལྔ་བཅུ་གཉིས་སོ།།

十萬頌般若波羅蜜多經第三卷第五十二品 (9—7)

甘圖 GL.t.091 (R-V)　ཤེས་རབ་ཀྱི་ཕ་རོལ་ཏུ་ཕྱིན་པ་སྟོང་ཕྲག་བརྒྱ་པ་དུམ་བུ་གསུམ་པ་བམ་པོ་ལྔ་བཅུ་གཉིས་སོ།།

十萬頌般若波羅蜜多經第三卷第五十二品　　（9—8）

345

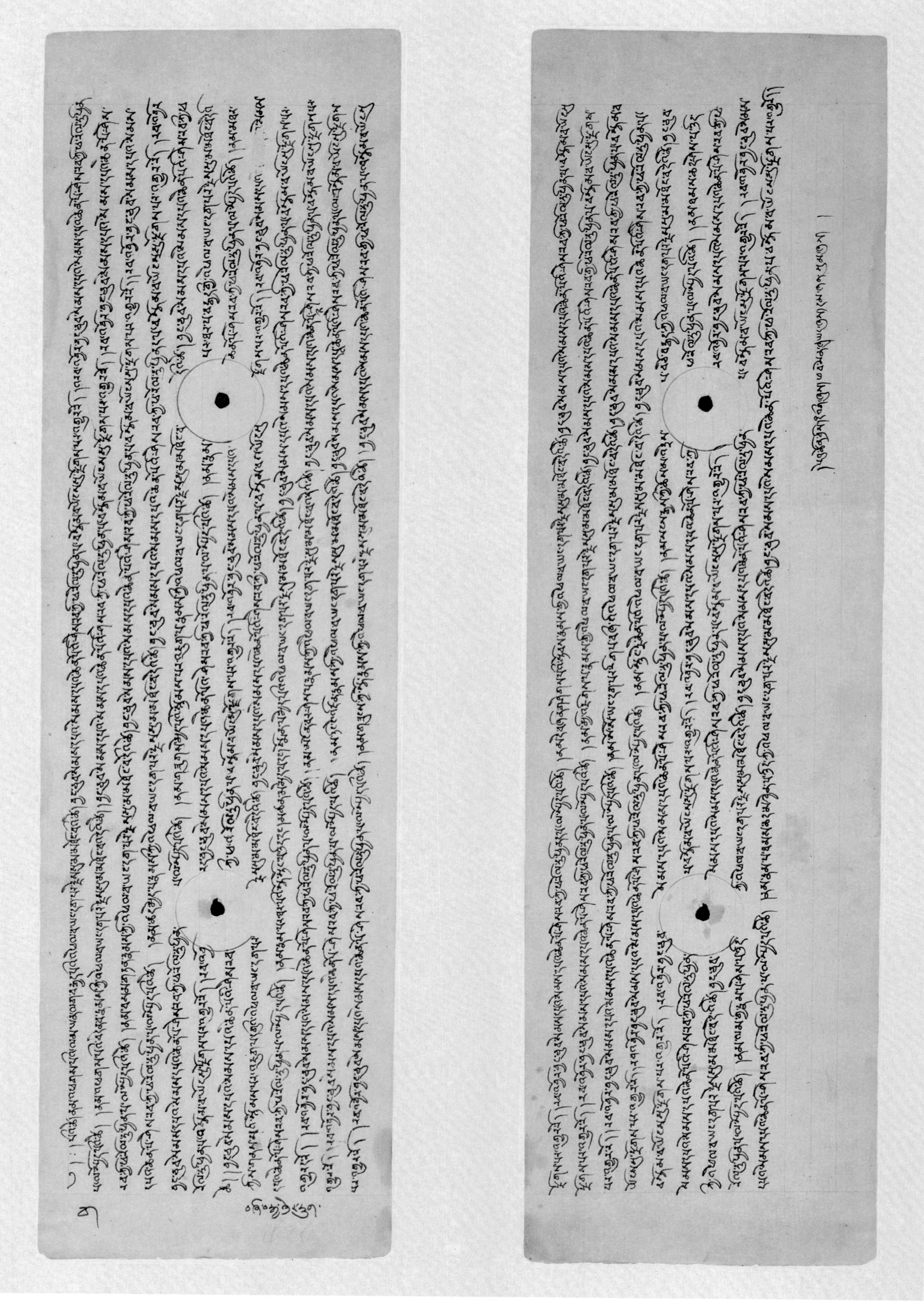

甘圖 GL.t.091 (R-V) ཤེས་རབ་ཀྱི་ཕ་རོལ་ཏུ་ཕྱིན་པ་སྟོང་ཕྲག་བརྒྱ་པ་དུམ་བུ་གསུམ་པ་བམ་པོ་ལྔ་བཅུ་གཉིས་སོ།།
十萬頌般若波羅蜜多經第三卷第五十二品 (9—9)

甘圖 GL.t.092 (R-V)　ཤེས་རབ་ཀྱི་ཕ་རོལ་ཏུ་ཕྱིན་པའི་སྟོང་ཕྲག་བརྒྱ་པའི་དུམ་བུ་གསུམ་པའི་བམ་པོ་ལྔ་བཅུན་གསུམ་མོ།།

十萬頌般若波羅蜜多經第三卷第五十三品　　（7—1）

甘圖 GL.t.092 (R-V) ཤེས་རབ་ཀྱི་ཕ་རོལ་དུ་ཕྱིན་པའི་སྟོང་ཕྲག་བརྒྱ་པ་དུམ་བུ་གསུམ་པ་བམ་པོ་ལྔ་བཅུ་ར་གསུམ་མོ།།

十萬頌般若波羅蜜多經第三卷第五十三品　　(7—2)

甘圖 GL.t.092 (R-V) ཤེས་རབ་ཀྱི་ཕ་རོལ་ཏུ་ཕྱིན་པའི་སྟོང་ཕྲག་བརྒྱ་པའི་དུམ་བུ་གསུམ་པའི་བམ་པོ་ལྔ་བཅུ་རྩ་གསུམ་མོ།།

十萬頌般若波羅蜜多經第三卷第五十三品　　（7—3）

甘圖 GL.t.092 (R-V) ཤེས་རབ་ཀྱི་ཕ་རོལ་ཏུ་ཕྱིན་པའི་སྟོང་ཕྲག་བརྒྱ་པའི་དུམ་བུ་གསུམ་པའི་བམ་པོ་ལྔ་བཅུར་གསུམ་མོ།།

十萬頌般若波羅蜜多經第三卷第五十三品　　(7—4)

甘圖 GL.t.092 (R-V)　ཤེས་རབ་ཀྱི་ཕ་རོལ་ཏུ་ཕྱིན་པ་སྟོང་ཕྲག་བརྒྱ་པ་དུམ་བུ་གསུམ་པ་བམ་པོ་ལྔ་བཅུ་གསུམ་མོ།།

十萬頌般若波羅蜜多經第三卷第五十三品　　(7—5)

甘圖 GL.t.092 (R-V)　ཤེས་རབ་ཀྱི་ཕ་རོལ་ཏུ་ཕྱིན་པ་སྟོང་ཕྲག་བརྒྱ་པ་དུམ་བུ་གསུམ་པ་བམ་པོ་ལྔ་བཅུ་ར་གསུམ་མོ།།

十萬頌般若波羅蜜多經第三卷第五十三品　　(7—6)

352

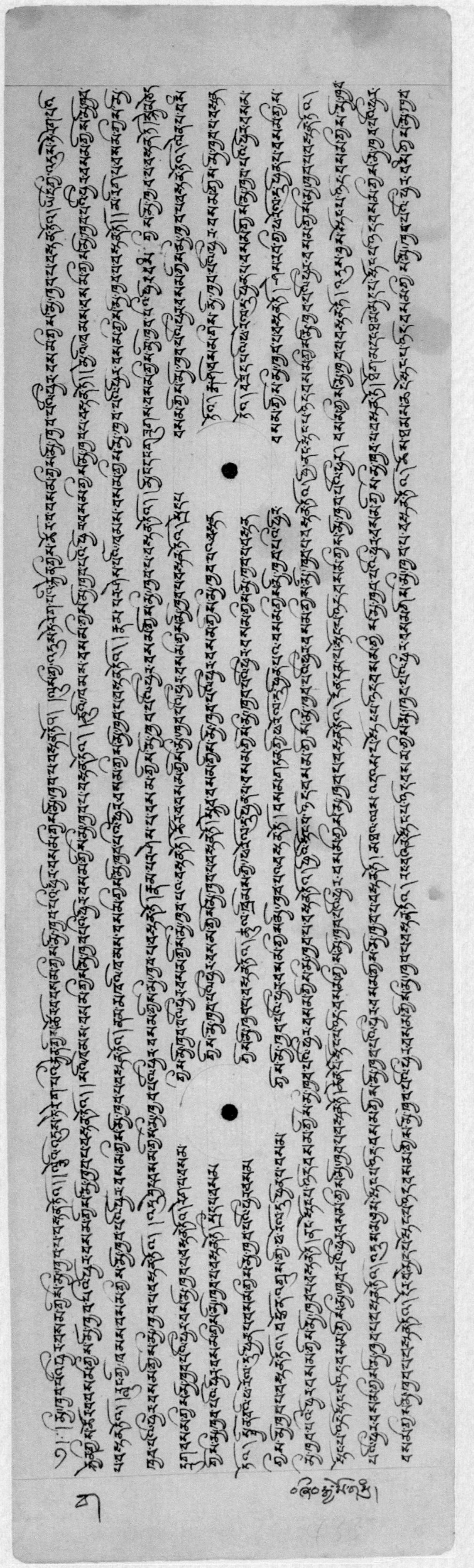

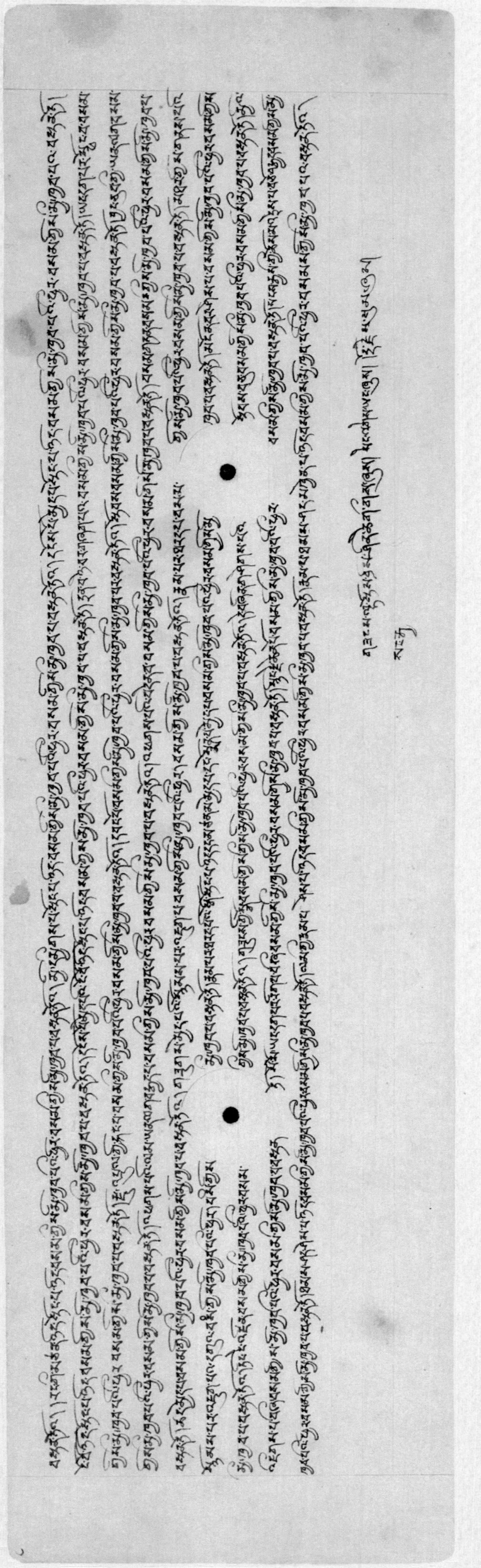

甘圖 GL.t.092 (R-V) ཤེས་རབ་ཀྱི་ཕ་རོལ་ཏུ་ཕྱིན་པ་སྟོང་ཕྲག་བརྒྱ་པ་དུམ་བུ་གསུམ་པ་བམ་པོ་ལྔ་བཅུ་གསུམ་མོ།།
十萬頌般若波羅蜜多經第三卷第五十三品 (7—7)

甘圖 GL.t.093 (R-V) ཤེས་རབ་ཀྱི་ཕ་རོལ་ཏུ་ཕྱིན་པ་འ་སྟོང་ཕྲག་བརྒྱད་པ་དུམ་བུ་གསུམ་པ་བམ་པོ་ལྔ་བཅུ་ལྔ་པའོ།།
十萬頌般若波羅蜜多經第三卷第五十五品　　(7—1)

354

甘圖 GL.t.093 (R-V) ཤེས་རབ་ཀྱི་ཕ་རོལ་ཏུ་ཕྱིན་པ་འབུམ་ཕྲག་བརྒྱད་པ་དུམ་བུ་གསུམ་པ་བམ་པོ་ལྔ་བཅུ་ལྔ་པའོ།།
十萬頌般若波羅蜜多經第三卷第五十五品　　(7—2)

甘圖 GL.t.093 (R-V)　ཤེས་རབ་ཀྱི་ཕ་རོལ་ཏུ་ཕྱིན་པ་འབུམ་ཕྲག་བརྒྱད་པ་དུམ་བུ་གསུམ་པ་བམ་པོ་ལྔ་བཅུ་ལྔ་པོ།།

十萬頌般若波羅蜜多經第三卷第五十五品　　(7—3)

甘圖 GL.t.093 (R-V)　ཤེས་རབ་ཀྱི་ཕ་རོལ་ཏུ་ཕྱིན་པ་འ་སྟོང་ཕྲག་བརྒྱ་པ་དུམ་བུ་གསུམ་པ་བམ་པོ་ལྔ་བཅུ་ལྔ་པོ།།

十萬頌般若波羅蜜多經第三卷第五十五品　　(7—4)

357

甘圖 GL.t.093 (R-V) ཤེས་རབ་ཀྱི་ཕ་རོལ་ཏུ་ཕྱིན་པ་འ་སྟོང་ཕྲག་བརྒྱལ་པ་དུམ་བུ་གསུམ་པ་བམ་པོ་ལྔ་བཅུ་ལྔ་པའོ།།

十萬頌般若波羅蜜多經第三卷第五十五品　　(7—5)

358

甘圖 GL.t.093 (R-V)　ཤེས་རབ་ཀྱི་ཕ་རོལ་ཏུ་ཕྱིན་པ་འ་སྟོང་ཕྲག་བརྒྱད་པ་དུམ་བུ་གསུམ་པ་བམ་པོ་ལྔ་བཅུ་ལྔ་འོ།།
十萬頌般若波羅蜜多經第三卷第五十五品　　(7—6)

甘圖 GL.t.093 (R-V)　ཤེས་རབ་ཀྱི་ཕ་རོལ་ཏུ་ཕྱིན་པ་འབུམ་ཕྲག་བརྒྱད་པ་དུམ་བུ་གསུམ་པ་བམ་པོ་ལྔ་བཅུ་ལྔ་པའོ།།

十萬頌般若波羅蜜多經第三卷第五十五品　　（7—7）

360

甘圖 GL.t.094 (R-V)　ཤེས་རབ་ཀྱི་ཕ་རོལ་ཏུ་ཕྱིན་པ་སྟོང་ཕྲག་བརྒྱ་བ་དུམ་བུ་གསུམ་པ་བམ་པོ་ལྔ་བཅུ་བརྒྱད་དོ།།

十萬頌般若波羅蜜多經第三卷第五十八品　　(7—1)

甘圖 GL.t.094 (R-V) ཤེས་རབ་ཀྱི་ཕ་རོལ་དུ་ཕྱིན་པ་སྟོང་ཕྲག་བརྒྱ་པ་དུམ་བུ་གསུམ་པ་བམ་པོ་ལྔ་བཅུ་བརྒྱད་དོ།།

十萬頌般若波羅蜜多經第三卷第五十八品　　(7—2)

甘圖 GL.t.094 (R-V)　ཤེས་རབ་ཀྱི་ཕ་རོལ་ཏུ་ཕྱིན་པ་སྟོང་ཕྲག་བརྒྱ་པ་དུམ་བུ་གསུམ་པ་བམ་པོ་ལྔ་བཅུ་བརྒྱད་དོ།།

十萬頌般若波羅蜜多經第三卷第五十八品　　(7—3)

甘圖 GL.t.094 (R-V)　ཤེས་རབ་ཀྱི་ཕ་རོལ་ཏུ་ཕྱིན་པ་སྟོང་ཕྲག་བརྒྱ་པ་དུམ་བུ་གསུམ་པ་བམ་པོ་ལྔ་བཅུ་བརྒྱད་དོ།།

十萬頌般若波羅蜜多經第三卷第五十八品　　(7—4)

364

甘圖 GL.t.094 (R-V)　ཤེས་རབ་ཀྱི་ཕ་རོལ་ཏུ་ཕྱིན་པ་སྟོང་ཕྲག་བརྒྱ་པ་དུམ་བུ་གསུམ་པ་བམ་པོ་ལྔ་བཅུ་བརྒྱད་དོ།།

十萬頌般若波羅蜜多經第三卷第五十八品　　　(7—5)

甘圖 GL.t.094 (R-V) ཤེས་རབ་ཀྱི་ཕ་རོལ་དུ་ཕྱིན་པ་སྟོང་ཕྲག་བརྒྱན་པ་དུམ་བུ་གསུམ་པ་བམ་པོ་ལྔ་བཅུ་བརྒྱད་དོ།།
十萬頌般若波羅蜜多經第三卷第五十八品　　(7—6)

甘圖 GL.t.094 (R-V)　ཤེས་རབ་ཀྱི་ཕ་རོལ་ཏུ་ཕྱིན་པ་སྟོང་ཕྲག་བརྒྱ་པ་དུམ་བུ་གསུམ་པ་བམ་པོ་ལྔ་བཅུ་བརྒྱད་དོ།།

十萬頌般若波羅蜜多經第三卷第五十八品　　(7—7)

甘圖 GL.t.095 (R-V)　ཤེས་རབ་ཀྱི་ཕ་རོལ་ཏུ་ཕྱིན་པ་སྟོང་ཕྲག་བརྒྱ་པ་དུམ་བུ་གསུམ་པ་བམ་པོ་ལྔ་བཅུ་དགུ་པོ།།

十萬頌般若波羅蜜多經第三卷第五十九品　　(7—1)

368

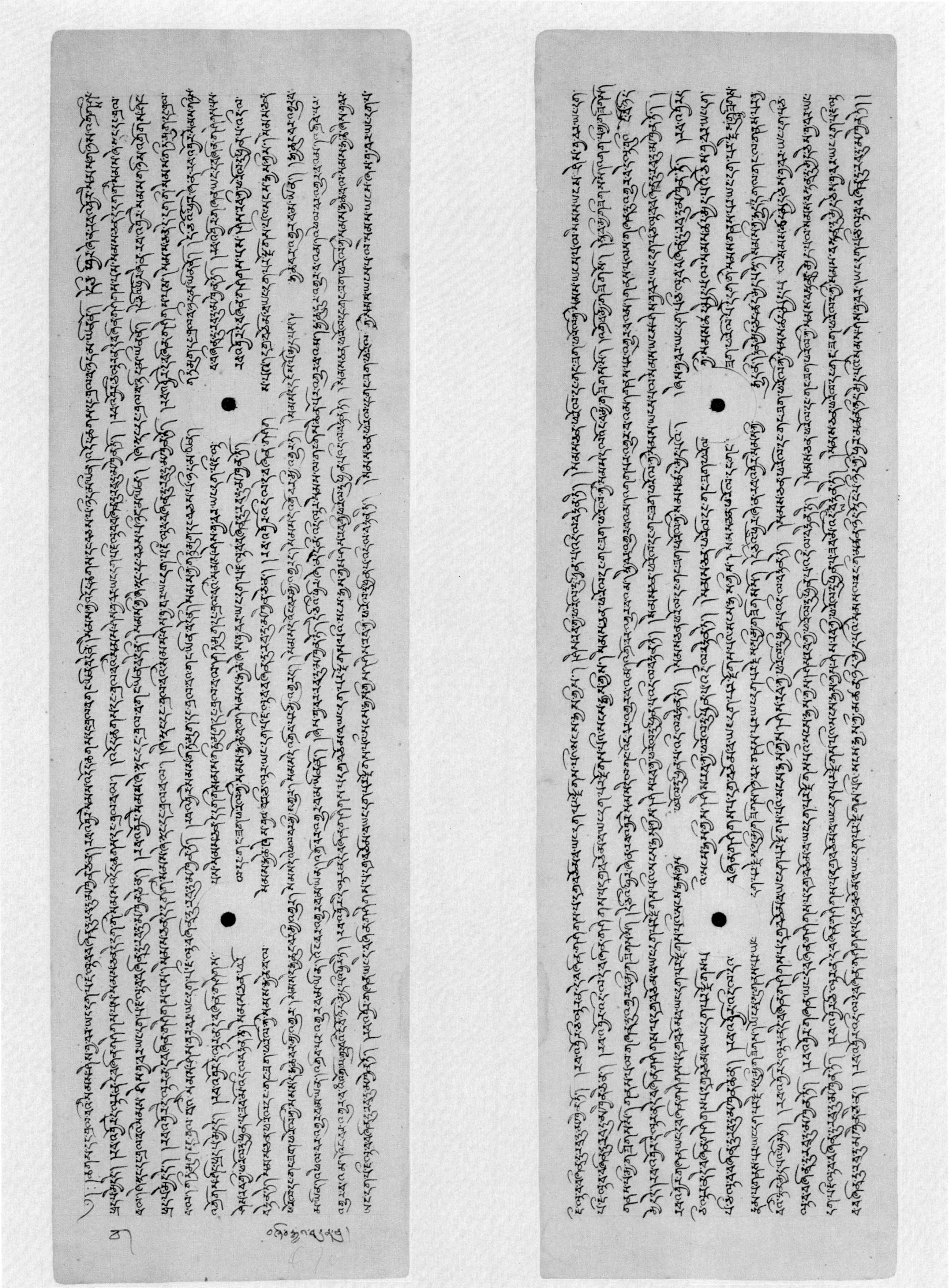

甘圖 GL.t.095 (R-V) ཤེས་རབ་ཀྱི་ཕ་རོལ་ཏུ་ཕྱིན་པ་སྟོང་ཕྲག་བརྒྱ་པ་དུམ་བུ་གསུམ་པ་བམ་པོ་ལྔ་བཅུ་དགུ་པ།།

十萬頌般若波羅蜜多經第三卷第五十九品 (7—2)

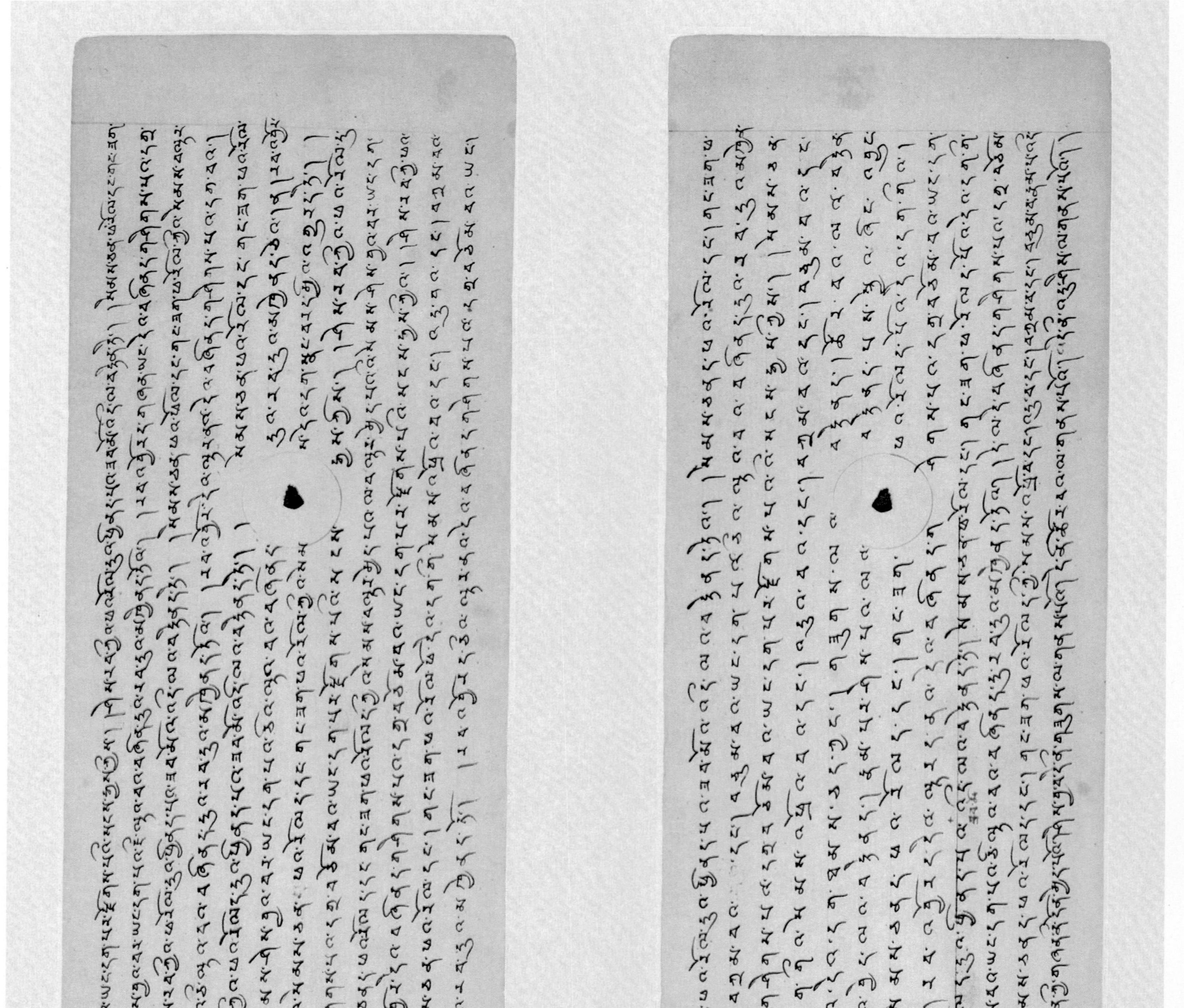

甘圖 GL.t.095 (R-V) ཤེས་རབ་ཀྱི་ཕ་རོལ་ཏུ་ཕྱིན་པ་སྟོང་ཕྲག་བརྒྱ་པ་དུམ་བུ་གསུམ་པ་བམ་པོ་ལྔ་བཅུ་དགུའོ།།
十萬頌般若波羅蜜多經第三卷第五十九品 (7—3)

甘圖 GL.t.095 (R-V) ཤེས་རབ་ཀྱི་ཕ་རོལ་ཏུ་ཕྱིན་པ་སྟོང་ཕྲག་བརྒྱ་པ་དུམ་བུ་གསུམ་པ་བམ་པོ་ལྔ་བཅུ་དགུའོ།།

十萬頌般若波羅蜜多經第三卷第五十九品　　(7—4)

371

甘圖 GL.t.095 (R-V) ཤེས་རབ་ཀྱི་ཕ་རོལ་དུ་ཕྱིན་པ་སྟོང་ཕྲག་བརྒྱ་པ་དུམ་བུ་གསུམ་པ་བམ་པོ་ལྔ་བཅུ་དགུའོ།།

十萬頌般若波羅蜜多經第三卷第五十九品　　(7—5)

372

甘圖 GL.t.095 (R-V)　ཤེས་རབ་ཀྱི་ཕ་རོལ་ཏུ་ཕྱིན་པ་སྟོང་ཕྲག་བརྒྱ་པ་དུམ་བུ་གསུམ་པ་བམ་པོ་ལྔ་བཅུ་དགུའོ།།

十萬頌般若波羅蜜多經第三卷第五十九品　　(7—6)

甘圖 GL.t.095 (R-V) ཤེས་རབ་ཀྱི་ཕ་རོལ་ཏུ་ཕྱིན་པ་སྟོང་ཕྲག་བརྒྱ་པ་དུམ་བུ་གསུམ་པ་བམ་པོ་ལྔ་བཅུ་དགུའོ།།

十萬頌般若波羅蜜多經第三卷第五十九品　　(7—7)

圖書在版編目（CIP）數據

甘肅藏敦煌藏文文獻 . 28，甘肅省圖書館卷 / 甘肅
省圖書館，敦煌研究院編纂；李芬林，勘措吉主編 .
－上海：上海古籍出版社，2021.4
ISBN 978-7-5325-9891-5

Ⅰ . ①甘… Ⅱ . ①甘… ②敦… ③李… ④勘… Ⅲ . ①敦煌學－文獻－藏語
Ⅳ . ①K870.6

中國版本圖書館 CIP 數據核字（2021）第 043622 號

本書爲
“十三五”國家重點圖書出版規劃項目
國家出版基金資助項目

甘肅藏敦煌藏文文獻 ㉘

主 編

李芬林　勘措吉

編 纂

甘肅省圖書館　敦煌研究院

出版發行

上海古籍出版社

上海市瑞金二路 272 號

郵編 200020　傳真（86－21）64339287

網址：　www.guji.com.cn

電子郵件：　guji1@guji.com.cn

易文網：　www.ewen.co

印 刷

上海世紀嘉晉數字信息技術有限公司

開本：787×1092　1/8　印張：52　插頁：4
版次：2021 年 4 月第 1 版　印次：2021 年 4 月第 1 次印刷
ISBN 978-7-5325-9891-5/K.2965
定價：2800.00圓

ཏུན་ཧོང་མའོ་གའོ་ཤག་ཕུག་གི་བྱང་ཁུལ་ཤག་ཕུག

敦煌莫高窟北區石窟

ཁྱམས་པ་འབུམ་སྐྱིང་དུ་བཞུགས་པའི་ཐང་རྒྱལ་རབས་དུས་ཀྱི་རྒྱལ་བ་བྱམས་པ།
永靖炳靈寺唐代彌勒大佛

ཇོ་མོ་གླང་མ།
珠穆朗玛峰